융복합 담론과 국어교육의 만남

설계와 실천

김혜숙 교수 퇴임 기념 논문집

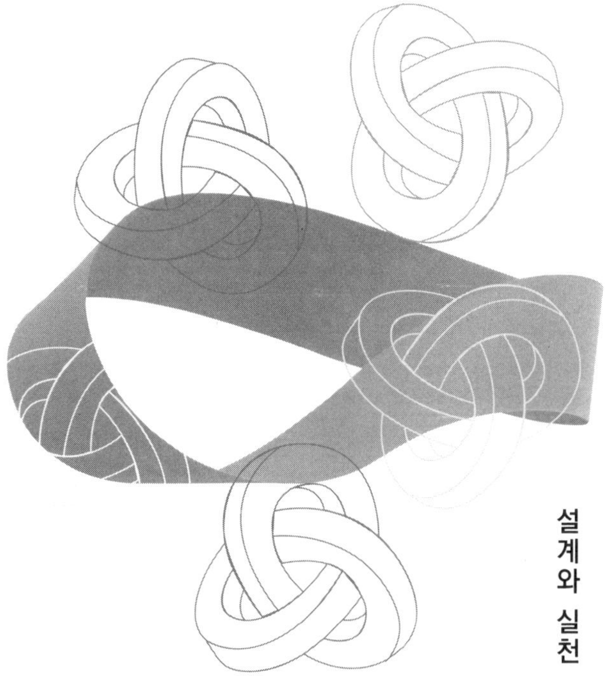

설계와 실천

융복합 담론과 국어교육의 만남

김혜숙 외

도서출판 월인

| **발간사** | '국어교육학총서' 9권을 펴내며

그래도 우리는 산에 올라야 한다

산에 오른다. 예전부터 우리는 은사님의 발걸음을 따라 크고 작은 산을 오르고 또 올랐다. 산은 밖에서는 전체 지형을 한 눈에 보여주다가도, 막상 안에 들어서면 쉽게 정상으로 가는 길을 내주지 않았다. 계곡이 길을 끊고, 바위가 길을 막고, 눈이 길을 지우고, 안개가 앞을 흐리고. 수십 년을 오른 산이지만 지금도 그리 달라진 것은 없어 보인다. 마라톤이 그렇듯이 등산도 삶의 여정에 비유할 수 있다. 특히나 스스로 배움을 구하는 사람들에게 산은 홀로 짊어지고 가야 할 자신의 학문적 과제와 같다. 그래서 우리는 산을 오르내리며 질문을 쏟아내고 깊이 반성하고 오롯이 혼자 성찰하는 시간을 가졌었다.

세월이 흘러 그때의 은사님처럼 나도 내 제자들과 함께 산을 오르게 되었다. 국어교육이라는 산맥에 새롭게 자리한 매체언어, 텍스트 중심 교육, 생태학, 상호문화성 등의 산봉우리를 탐사하는 원정대를 꾸리게 된 것이다. 영화 속의 원정대가 항상 그러하듯 정상은 우리의 발걸음을 쉽게 허락하지 않았다. 어찌 보면 아직 우리는 아직 단 하나의 정상에도 올라 본 적이 없었는지 모른다. 정상에 대한 의문은 다른 원정대가 다시 도전할 것을 믿으며 약은 척 발걸음을 돌린

것일 수도 있다.

이번에 오르기로 한 산봉우리는 '융복합'이다. 익숙한 듯하지만 아직은 낯설다. 융합과 복합, 통합과 통섭의 개념들이 난무하면서 가로지르며 학교 밖 어디쯤에서 주춤하고 있는 모양새이다. 학교 교육만으로 본다면 STEAM 교육과 융합과학교육이 들어오면서 주로 과학(공학) 관련 교과에서의 성과가 눈에 들어올 뿐이다. 인문학에 포함되는 교과들 사이에서의 융합은 아직 걸음마 수준이라고 볼 수 있다. 다만 학문적 수준에서 논의되고 있는 '빅히스토리(big history)'는 인문학을 넘어서 교과의 경계를 초월하는 모습을 보이고 있다.

빅히스토리는 인공지능의 탄생을 경계하면서 인간에 대한 궁극적인 질문을 던지고 있다. 그래서 우주의 시원을 밝히는 물리학과 생명의 시작을 탐구하는 진화생물학이 '인간'을 접점으로 삼아 인간의 역사를 다루는 역사학과 인간들이 이룬 문화를 다루는 문화철학과의 만남을 추진하고 있다. 교과의 경계가 굳건한 학교 교육에서 그 경계를 허물고 새로운 구조를 쌓아 올린다는 시도는 좋으나 아직 충분한 기반이 자리잡은 것은 아니리라.

학문의 경계를 허물든 그 경계를 굳건히 지키든 국어교과와 다른 (비)교과와의 융합은 미진한 상태이다. 그나마 그동안 연구된 논의들 중 국어교과와 과학(공학)교과의 융합은 국어교과의 소통적 측면만을 부각시켜 국어를 도구적인 수단으로 활용하여 왔다. 한편 국어교과와 비교적 친근한 사회교과들과의 융합 시도는 기존의 국어 수업에서 충분히 다룰 수 있는 것을 굳이 힘들게 융합하고 있다는 핀잔을 들어야 했다.

이에 이번 총서에서는 융복합 교육 담론에 주목하여 국어교과가 다른 (비)교과와 융합될 수 있는 접점을 제시하거나 국어교과 내부에서 발견할 수 있는 융복합적 가능성에 천착하고자 하였다. 이러한 논의는 대체로 융복합 교육 담론의 이론을 국어교과에 적용하려는 시도와 학교 현장에서의 실천에 적용하고자 하는 시도로 전개되었다. 이론적 측면에서는 융복합 교육 담론이 학교 교육, 특히 국어교과에 적용될 때 필요한 이론의 정련화 작업에 주의를 기울였다. 핵심개념을 근간으로 융복합 국어 능력의 개념을 설정하였으며, 융복합적 국어교육이 나아갈 평가의 방향성을 제시하였다. 이러한 작업은 융복합적 국어교육이 생태언어학, 상호문화성, 창의・인성의 모습을 보이면서 국어교육의 영역을 보다 확장하고자 하는 시도라고 볼 수 있다. 실천적 측면에서는 융복합적 국어교육이 학교에서 실제로 실행될 수 있는 모습을 담아보았다. 이 측면에서 특이한 것은 기존의 국어교과 내부에서 찾아 볼 수 있는 융복합적 특성을 추출하여 그것의 교육적 설계도를 그리고 있다는 점이다. 그래서 국어교과에서 제안할 수 있는 빅 아이이어를 매체언어와 문학교육, 문학관 체험학습, 학교문화예술교육에서 찾아 그것이 실현될 수 있는 교수 학습 방법을 모색하였다.

'산에 올라 산을 물어보아도 산은 없다'는 시 구절은 거꾸로 산은 항상 거기에 있음을 증빙한다. 산에 오르지 않았는데 어찌 산에 물어볼 수 있으며, 산이 없음을 어찌 알 것인가. 산은 항상 거기에 있어 왔다. 산 하나를 넘으면 없을 것 같았던 산이 다시 하나 그 자리에 서 있었을 뿐이다. 우리는 지금도 국어교육의 험준한 산맥을 오르고 있다. 설악의 장대한 공룡능선과 용아장성에 비해 결코 손색이 없다. 거대한 담론들이 지배하는 학문 세계의 산맥들은 결코 지치지 않는다. 항상 왕성한 지각 변동을 거듭한다. 그러한 지각 변동은 반드시 다른 학문들과의 만남을 예약하기 마련이다. 일상 삶에서의 만남이 그러하듯 학문세계에서의 만남 또한 언제나 설렘과 걱정, 기대와 두려움이 교차한다. 험산준령을 넘나드는 원정대가 가질 수밖에 없는 자세는 함께 오르는 사람들과의 끈끈한 연대뿐이다. 원정대가 항상 굳건한 믿음을 가졌으면 하는 마음뿐이다. 이번 총서부터는 그 연대의 자리에 월인이 함께 한다. 출판을 흔쾌히 허락해 주신 도서출판 월인의 박성복 대표님과 직원분들께 감사드린다.

힘든 길임을 알지만 가야함 역시 알기에 그 길을 서슴지 않고 알려주신 사랑하는 장호 선생님의 말씀으로 출판의 변을 갈무리한다.

> 얽매임을 싫어하고, 굴레를 마다하며, 빤질빤질 잔꾀를 부려 사람을 휘어잡는 그 치사함을 애당초 꺼려하는, 무엇보다 어둡고 칙칙함을 질색하는 그는, 가는 길목에 비록 쓰러질지언정 어쩔 수 없이 나아가는 사람, 넘어서는 사람일 수밖에 없는 것이다. 바람이 인다. 새해 아침 먼동이 트면서 저기 장밋빛 노을이 손짓한다.
>
> 배낭을 챙기자. 나는 아무래도 산으로 가야겠다.[1]

제주의 반딧불이 마을 '예래'에서

김혜숙 씀

1 김장호(2007), 나는 아무래도 산으로 가야겠다, 일진사.

| **헌사** | 김혜숙 선생님의 퇴임에 즈음하여

삼천 배(拜)에 배인 땀방울

이번 국어교육학총서 9권은 김혜숙 교수님의 퇴임을 기념하는 의미를 가지고 있습니다. 선생님께서 퇴임을 하신 지 한 해를 넘긴 지금에서야 퇴임 기념 논문집을 헌정하는 것은 못난 제자들의 게으름이지만, 어쩌면 보내지 않는 제자들의 마음이기도 합니다. 늦은 만큼 시끌벅적한 자리를 만들어야 했으나, 선생님의 엄정한 거절의 뜻을 따라 이렇게 작은 편지로나마 선생님을 사랑하는 우리 제자들의 마음을 대신하고자 합니다.

우리들 가슴에는 사진첩이 한 권 놓여 있습니다. 사진첩 속 사진이야 제각각 모두 다르겠지만, 그래도 선생님의 모습이 오롯이 담긴 사진은 모든 사진첩에서 각각의 추억으로 그 세월을 빛내고 있습니다. 지금부터 사진첩의 사진을 한 장씩 열어보려 합니다.

사진첩의 시작은 선생님의 헌신입니다. 선생님을 기억하는 우리에게 안타까운 순간이 있었습니다. 하산하면서 다리를 다친 후 목발을 짚고 강의를 하시던 순간입니다. 그 당시 제일병원 병실에서는 전무후무한 병실 강의가 열렸는데, 그때 국어를 가르치고 국어교육을 연구하는 일은 함께 이루어져야 한다고 힘주어하시던 말씀이 귓가에 아련합니다. 선생님께서는 당신의 몸이 불편함도 참으시고 사범대 학장을 맡으셔 동악에서의 대학원 국어교육학과가 자리매김할 수 있도록 단초를 만드시고 든든한 울타리가 되어 주셨습니다.

사진첩의 다음 장에서는 열강하시는 선생님의 모습이 가슴 가득 펼쳐집니다. 매번 강의실에 쩌렁쩌렁 울리는 선생님의 열정적인 강의를 기억합니다. 몇 시간을 수업해도 처음부터 끝까지 우리의 눈과 귀를 사로잡는, 그런 멋진 수업을 오랫동안 들을 수 있었다는 사실은 제자들에게 더할 나위 없는 복이었습니다. 선생님의 한결같은 모습을 보며 우리가 아이들을 가르치는 일 또한 힘과 열정으로 가득 채워져야 함을 다짐하고, 또 다짐하였습니다.

사진첩의 사진은 항상 애정어린 시선으로 제자들을 돌보신 사제동행의 실천으로 이어집니다. 선생님께서는 강의실에서뿐만 아니라 제자들의 삶에서도 항상 버팀목이 되어 주셨습니다. 제자들의 학문적 성숙을 살피는 것은 물론이거니와 제자들의 근황이나 먹고사는 문제도 당신의 일처럼 챙기시느라 항상 분주하셨습니다. 앞가림 못하는 제자들이 시시콜콜한 연애사를 늘어놓아도 끝까지 듣고 보듬어 주셨던 것은 선생님의 무한한 제자 사랑이 있었기에 가능한 일임을 알고 있습니다. 자고로 선생이란 제자를 아끼는 마음에서 비롯된다는 진리를 삶 속에서 보여주신 선생님이셨습니다. 간혹 하늘같은 선생님이라는 것을 잊고 엄마인 냥 투정도 부리고 말도 안 되는 떼도 썼던 철없던 시절, 지금은 되레 그 시절이 무척 그립습니다.

사진첩의 마지막 장은 부처님 앞에서 삼천 배를 올리시던 구도의 몸짓입니다. 동국대학교에 국어교육학 전공이 처음 만들어지던 해, 국어교육 연구의 기틀을 다지겠다는 일념으로 남산의 밤을 밝히며 정각원에서 삼천 배를 하시던 선생님의 뒷모습을 기억합니다. 삼천 배로 흥건히 젖은 옷자락과 떨어지는 땀방울 속에는 제자들이 탄탄한 국어교육학의 토대에서 공부하기를 바라시는 선생님의 염원이 눈물과 함께 배어 있었습니다.

이제 선생님께서는 정들었던 배움의 숲, '學林'을 떠나 삶과 사색의 숲에서 제자들을 지켜보고 계십니다. 선생님께서 계시지 않는 룸비니 동산에는 언제나 변함없이 자목련이 필 것이고, 저희들은 나름의 산을 하나씩 짊어지고 국어교육의 산맥을 뚜벅뚜벅 황소걸음으로 걸어갈 것입니다. 선생님께서 몸소 보여주신 올곧은 가르침 하나하나를 깨우쳐 실천해 가며 저희 역시 아이들의 참스승이 되고자 합니다.

이번 총서 역시 조금은 성장한 제자들이 국어교육 연구의 울타리에 새로운 화두를 던지는 작업이었습니다. 융복합적 국어교육의 실천은 궁극적으로 아이들 삶의 이야기에 다가가는 일이기에, 이 책에 선생님의 가르침을 집약하고 싶었습니다. 끝없이 펼쳐질 국어교육 연구의 노정을 묵묵히 걸어가는 제자들의 뒤에서, 길을 잃지 않고 정진할 수 있도록 밝은 빛으로 등대처럼 서 계시는 선생님께 이 책을 바칩니다.

그립고 또 그리운 마음에 소중한 이 사진첩을 닫기가 너무나 아쉽습니다. 하지만 끝은 또 다른 시작이라는 말처럼 이 사진첩에는 아직도 많은 여백이 있기에 앞으로의 추억들을 새로이 채워나갈 것입니다. 평생을 두고 만날 인연이기에 함께 삶의 얼개를 돌리며 아름다운 삶의 비단을 만들 것을 약속드리며, 제주에서 만날 그날을 기다리겠습니다.

사랑합니다, 우리 선생님!

함께 사진 한 장 찍을 날을 애타게 기다리는
제자 일동 올림

차례

융합형 국어교육의 창의·인성 교수학습 방향*

이 연구는 융합형 국어교육의 방향을 설정하는 작업이다. 특히 빅 아이디어와 창의·인성의 담론을 바탕으로 융합형 국어교육의 소통 모형을 창안하는 데 집중한다.

융복합, 융합형 국어교육, 빅 아이디어, 창의성, 인성, 창의·인성 교육, 융합형 국어교육의 소통 모형

이 연구를 통해 국어교육 융복합의 이론적이고 실천적인 논의가 보다 활성화되길 기대한다.

---

* 이 논의는 "김규훈·김혜숙(2015), 「융합형 국어교육의 창의·인성 교수학습 방향」, 『동악어문학』 65, 동악어문학회"를 수정 및 보완한 것이다.

1. 연구의 목적과 필요성

이 연구는 미래 국어교육의 모습을 가늠하고 그에 적합한 교수학습 방향을 모색하는 작업의 일환이다. 미래 국어교육의 모습 가운데 하나는 영역과 과목의 통합뿐만 아니라 교과 간 결합을 중심에 둔 '융합형 국어교육'이다. 융합형 국어교육은 하나의 단편적인 교수학습으로 실행될 수 없으며 다양하고 다층적인 내용을 실행할 수 있는 방법적 기제가 요청된다. 이것이 바로 '창의 · 인성 함양을 위한 교수학습 방법'이다. 이 연구는 융합형 국어교육과 창의 · 인성 교수학습의 상관성을 밝혀 융합형 국어교육의 체계화를 추동하는 소통 모형을 구안하는 데 집중하고자 한다.

융합형 국어교육은 국어교육의 융복합적 내용 구성과 실천을 아우르는 명제이다. 융복합(convergence)은 융합(fusion)과 복합(complex)의 합성어이다. 융합이 두 대상 간 질적 혹은 화학적인 결합이라면 복합은 두 대상 간 양적 혹은 물리적인 결합을 의미한다. 이에 융복합은 두 대상의 질적 혹은 양적 결합을 두루 아우르는 용어라고 할 수 있다. 이때 교육 담론에서 융복합이라는 용어가 사용될 때에는 하나의 교과에서 일어나는 결합이 아닌 교과와 교과의 결합을 가리킨다(김성원 외 2012: 394). 이렇게 볼 때 융합형 국어교육은 국어 교과를 중심으로 다른 (비)교과와 내용적 결합을 도모하고 이를 어떻게 실천할 것인가에 대한 국어교육의 새로운 명제라고 할 수 있다.[1]

---

1 이 연구에서 사용하는 '융합형(convergency-type)'이라는 용어는 '융합(fusion)'과 '복합(complex)'의 의미역을 포함한 것이다. 이에 '융합형 국어교육'은 곧 '융복합적 국어교육'을 가리키는 말이다. 그럼에도 '융합형'이라는 말을 전면에 내세운 것은 '융복합'의 지향점인 '총체(the whole)'에 더 가까운 개념을 '융합'이 갖고 있기 때문이다. 따라서 이 연구에서는 문맥에 따라 '융합형'과 '융복합'을 혼용하여 사용함을 미리 밝혀둔다. 한편 '융복합'은 '교과'의 범주를 넘어선 것인데, '교

여기에서 국어교육의 새로운 명제라는 말은 국어교육이 지닌 본질을 간과하지 않으면서도 융복합적인 관점에서 국어교육을 재개념화할 필요성이 있음을 내포한다. 주지하다시피 국어교육의 본질은 학습자가 텍스트를 비판적으로 수용하고 창의적으로 생산할 수 있는 능력, 곧 텍스트 소통 능력을 중심에 두고 있다. 따라서 융합형 국어교육의 담론화를 위해서는 '텍스트 소통'이라는 국어교육의 명제를 융복합적 관점에서 조명해야 한다.

'텍스트'의 경우, 국어교육적 텍스트에 다른 교과의 내용이 다양하게 연계될 수 있다. 이때 연계의 양상은 워낙 방대하여 이를 모두 제시하는 것은 불가능하다. 또한 국어교육에서 다루는 모든 영역의 텍스트가 융합형 국어교육에서도 사용된다. 이에 중요한 것은 바로 어떻게 '접점'을 이루게 할 것인지에 대한 방법이다. 가령 '주제(theme)를 중심으로' 혹은 '기능(function)을 중심으로' 하는 방법과 같이, 이들 접점을 이루게 하는 개념을 살피고 이를 어떻게 범주화할 것인지를 고민해야 한다. 이와 같은 접점에 관한 개념을 '빅 아이디어(big idea)'라고 한다.[2] 이에 이 연구에서는 빅 아이디어가 무엇인지 파악하고 융합형 국어교육에 적합한 빅 아이디어의 범주를 제안해 보고자 한다.

빅 아이디어를 접점으로 연계된 텍스트는 융복합적 교육 내용 요소를 갖고 있다. 그렇기에 이러한 텍스트가 '어떻게 소통되는가'의 문제는 단일 교과의 소통보다도 훨씬 복잡해진다. 교과와 교과가 결

과' 뿐만 아니라 '비교과(체험 등)' 또한 여기에 포함된다. 이를 고려하되 이 연구에서는 논의 전개의 편의상 '교과'로 통칭한다.

2 '빅 아이디어'는 논자에 따라 '핵심 주제', '핵심 개념', '연결 개념', '관통 개념' 등으로 사용되는데, 이 연구에서는 이 용어의 본래 의미를 존중하는 입장에서 '빅 아이디어'를 그대로 노출하여 사용하고자 한다.

합하면 단일 교과에서 배우는 것보다 학습 내용이 넓고 깊어진다. 곧 교과 지식은 교과의 결합을 통해 형성된 만큼 다양한 관점의 의미를 지닐 수 있기에 복잡하고도 새롭다.[3] 이는 창의성 교육이 지향하는 바와 맞닿아 있다. 복잡하고 다양한 문제를 해결하고, 새로운 해결의 방식을 창안하는 능력이 융복합적 소통에서 반드시 요구된다. 이때 창의성 교육은 올바른 인성이 바탕을 이룰 때 진정으로 꽃을 피울 수 있다. 협력적으로 문제를 해결하여 궁극적으로 바람직한 공동체의 형성을 지향하는 것이다. 이와 같은 창의성과 인성의 친연성을 바탕에 둔 교육 담론을 '창의·인성 교육'이라고 한다.[4] 이 연구는 융합형 국어교육이 창의·인성 교육과 밀접한 관련을 맺고 있음에 주목하고, 특히 융합형 국어교육의 소통이 궁극적으로 창의·인성의 함양을 지향한다는 사실을 강조하고자 한다.

요컨대 융합형 국어교육은 빅 아이디어로 매개된 텍스트와 이를 소통하는 과정에서 발현되는 창의·인성의 함양을 추구하는 미래 국어교육의 모습 가운데 하나이다. 이 연구는 융합형 국어교육을 명제화하고, 융합형 국어교육에 관한 이론과 실천의 담론화를 위한 근

---

3 박인기(2009: 318-322)에서는 교과의 생태와 교과의 진화를 논하면서 '결합을 통한 역동적 진화'가 필요함을 언급하였다. 여기에서 간과하지 말아야 하는 사실은 이러한 결합이 경계를 완전히 허무는 것이 아니라 경계의 넘나듦을 의미한다는 점이다(차윤경 외, 2014: 26). 그리고 이 넘나듦은 각 울타리의 경계를 낮추는 것과 더불어 구멍도 뚫고 소통하게끔 울타리를 다듬고 고치는 행위임을 간과해서는 안 된다(최재천 2009: 7; 노상우 외 2012: 70).

4 참고로 국어과 창의·인성 교수학습과 관련하여 우한용(2010: 50-51)에서는 인문학적 사유를 바탕에 두고 국어교육에서의 창의·인성이 어떻게 관계되는지 그 요소를 밝히고 있다. 이는 주로 '내러티브'를 중심에 둔 창의·인성 교육 방안이다. 한편 김규훈·김혜숙(2013: 429)에서는 국어과 창의·인성 교수학습을 핵심 역량의 실현태로 보고 '창의성 본래 속성으로서의 사고', '창의성 발현으로서의 발견과 해결', '인성 덕목으로서의 관계적 태도'를 국어과 창의·인성 교육에서 강조하고 있다.

간의 체계를 마련하는 첫 걸음이다. 이를 위하여 먼저 융복합의 개념을 바탕으로 융합형 국어교육의 개념을 정립하고자 한다. 다음으로 텍스트의 접점으로 기능하는 빅 아이디어가 무엇인지 정리하고, 융합형 국어교육에서의 범주화 방안을 제안해 보고자 한다. 끝으로 소통의 문제에 집중하여 융합형 국어교육과 창의·인성 요소의 관련성을 밝히고, 융합형 국어교육의 실천적 담론화를 이끌 소통 모형을 구안해 볼 것이다.

2. 융복합의 개념과 융합형 국어교육의 명제

시의적으로 교육에서 '융복합'은 뜨거운 화두이지만 아직 세부 교과 영역에서 정밀한 담론화는 이루어지지 않은 상태이다. 이에 '융합형 국어교육' 혹은 이에 상당한 국어교육 분야의 논문은 아직 풍부하게 발표되지는 않았다. 이러한 점에서 융합형 국어교육의 의미를 찾기 위해서는 먼저 '융복합의 개념'을 파악하고 '융합형 교육의 유형'에 대하여 확인해야 한다. 그런 다음 국어교육의 중핵적 명제를 확인하여 융합형 국어교육이 어떠한 방향으로 연구·실천되어야 하는지 가늠해 보고자 한다.

융복합의 개념은 다른 학문 분야, 가령 융합 연구 분야로부터 추출할 수도 있지만 이미 국어교육에서 이와 유사한 개념역을 지닌 용어가 존재한다. 이에 국어교육의 융복합을 논의하고자 하는 이 연구에서는 융복합과 유사한 국어교육적 개념을 통하여 융복합의 의미를 추출할 수 있다고 본다. 이 개념은 바로 '통합(integration)'이다. 통합은 둘 이상의 영역이나 과목 간 내용 요소의 질적 관계 맺기를 말한다.[5] 여기에서 중요한 것은 '내용 요소가 유기적으로 관계를 맺는다'

는 사실이다. 이 말은 통합이 이루어지기 위해서는 통합을 시도하는 대상 간 교집합, 즉 핵심 내용 요소를 공유해야 함을 의미한다. 한편 통합의 유형은 위에서 언급했듯이 영역 간 통합과 과목 간 통합이 대표적이다. 물론 하나의 영역이나 과목 내에서 내용 요소의 질적 관계성을 따지는 것 역시 포함된다. 이와 같은 통합의 개념과 유형은 통합이 지닌 의미의 층위에 따라 국어교육에서 적용되는 차원이 달라지기도 한다. 가령 이론에서의 학문적 통합, 교육과정에서의 통합, 그리고 실행 차원, 즉 교과서나 교수학습의 통합 등으로 세분화될 수 있다.

융복합의 개념은 근본적으로 이와 같은 통합이 지닌 개념과 층위의 의미역을 공유한다. 융복합 역시 둘 이상의 '대상' 간 내용 요소의 유기적 관계 맺기가 중시된다는 말이다. 융복합이 융합과 복합의 합성어임을 직시할 때, 관계 맺음의 정도성이 큰 것이 융합이고 그 정도성이 작은 것이 복합이라고 할 수 있다.[6] 융복합 역시 학문과 교육

5 '통합'에 대해서는 다음 논의를 참고할 수 있다. 민현식(2010: 2-5)는 국어교육의 통합 개념 정립을 위하여 영어교육의 통합 개념을 살펴보았는데, 그 양상을 '총체적 언어교수법, 내용 중심 교육, 문법 강화 의사소통 교육'으로 제시하였다. 전은주(2010: 91)에서는 국어과 교육에서 그간 사용해 온 '통합'의 개념은 영역 간, 영역 내 혹은 교과목 간의 '교육 내용'이 '수평적으로 유기적 관계를 맺는 것'이라고 하였다. 김명순(2004: 66-67)은 통합을 '분리가 아닌 포함'으로 볼 수 있다고 하면서, Harris & Hodges(1989: 158)을 바탕으로 '분리된 여러 부분이나 특성 등을 하나의 통일되고 기능적인 총체로 묶는 것'이라고 하였다. 주세형(2006: 29)는 문법교육의 통합성을 제시하고 있는데, 이는 그저 문법교육 담론에만 국한된 것이 아니라 국어교육의 총체성과 관련이 있다고 하겠다. 한편 교육과정 담론에서 김주환(2010: 73-77)은 Tyler의 교육과정 내용 조직의 원리 가운데 하나인 '통합성'을 근거로 국어과 교육과정의 통합성을 '영역 간 혹은 영역 내 교육 내용 요소 간의 수평적 관련성'이라고 하였다. 그리고 김평원(2010: 52-55)는 Forgaty의 교육과정 통합론을 바탕으로 '교육과정 교과 내, 교과 간, 학습자 간 통합'이 존재한다고 하였다.

6 둘 이상의 교과나 지식 체계 등이 만나 전혀 새로운 제3의 지식 체계나 교과를

과정, 그리고 실제 수업 적용 차원에서의 논의가 다르게 나타난다. 예를 들면 학문에서는 주로 대학 교양 교육의 실천, 학교 교육과정과 관련해서는 내러티브 혹은 혁신적인 모형을 활용한 교육과정 개발, 실제 수업 적용 차원에서는 소위 융합형 프로그램이라는 명명 하에 논의되고 있다.

그런데 융복합은 통합이 지니고 있는 개념역을 '뛰어넘는다'. 여기에서 뛰어넘는다는 표현은 '대상'의 문제와 긴밀히 관련되어 있음을 뜻한다. 융복합의 대상은 영역이나 과목이 아닌 교과(course; subject matter)인 것이다. 국어과를 예로 들자면 국어과 안에서 여러 과목들, 혹은 특정 과목 안의 영역 사이의 결합이 아닌, 국어과와 다른 교과의 결합을 의미하는 것이 융복합이다. 이때 대상의 문제는 대상에 의해 수반되는 내용과 방법의 변화를 추동한다는 점을 간과해서는 안 된다. 전통적으로 형성되어 온 교과의 울타리를 넘어서는 작업은 보다 폭넓은 결합의 스펙트럼을 갖게 되는 것이다.

일련의 논의를 바탕으로 국어교육에서 논의된 통합의 담론으로부터 정립한 융복합의 개념을 아래와 같이 정리해 볼 수 있다.

> 융복합은 교과와 교과 간 내용 요소의 유기적 결합을 의미한다. 이때 결합의 정도에 따라 융합과 복합으로 나눌 수 있다. 또한 융복합의 교육적 적용 층위는 이론, 교육과정, 실제에 따라 다채롭게 나타난다.

형성하는 것을 융합 교육이라고 한다면, 교과나 지식 체계 간의 결합을 통해 하나의 교과로 마련되나 본래 결합의 대상이 되었던 것들이 그 본래적 성격을 유지할 때 복합 교과라는 용어를 쓸 수 있을 것이다(김시정 · 이삼형 2012: 129). 다만 '복합'의 경우 반드시 두 교과가 만나 하나의 교과를 이루는 것뿐만 아니라, 두 교과가 공존하는 상태 그 자체도 의미하는 것이 타당하다고 본다.

이러한 융복합의 개념에서 '결합의 정도성'은 융합형 교육의 설계에 중요한 변인으로 작용한다. 그것은 두 교과 이상의 결합 정도에 따라, 곧 각 교과의 내용이 어떠한 정도성으로 결합되는가에 따라, 융합형 교육의 유형이 달라지기 때문이다. 이러한 융합형 교육의 유형과 관련하여 Drake(2007)은 다음 세 가지로 이 유형을 구분할 수 있다고 한다. 그것은 바로 '다학문적 융합, 간학문적 융합, 탈학문적 융합'이다. 다학문적 융합은 한 학문을 축으로 다른 학문의 연계성을 고려하는 것이다. 간학문적 융합은 학문 간 수평적인 위상을 중시하여 융복합을 꾀하는 것이다. 탈학문적 융합은 학문 간 경계가 허물어지고 그야말로 실생활 맥락에서 융복합을 실천하는 것이다(Drake 2007; 김성원 외 2012: 395). 이들 융합의 방식 가운데 어떤 것이 더 낫다고 할 수는 없다. 물론 탈학문의 관점에서 실생활 맥락을 중심으로 융합이 이루어지는 것이 온전한 융합(fusion)의 의미에 가깝다고 볼 수는 있다. 다만 이는 다학문적이고 간학문적인 융합을 토대에 두고 이루어질 수 있는 지점이기도 하다. 이에 이들 세 융합의 적용 모형은 단계적으로 이해할 필요가 있다.

이때 중등학교 현장을 고려하여 이들 세 모형 가운데 무엇이 적절한지 생각해 볼 필요가 있다. 주지하다시피 중등학교 현장은 일반 대학의 교양 교육과는 달리 교과의 범주가 분명하다.[7] 이는 전통적으로 해당 교과의 내용이 중시되어 왔음을 의미한다. 이와 같이 교육 현장에서의 적용 가능성을 중시한다면 아직 탈학문, 즉 탈교과적

---

7 이러한 이유에서 일반 대학 교양 교육에서 융복합이 활발히 논의되고 있다고 본다. '교양'이라는 의미 자체에 이미 융복합적 내용 자질이 내포하고 있는 것이다. 한편 '전공' 과목에도 이러한 융복합의 적용 시도가 반드시 필요하다고 본다. 중등 교육에서의 융복합은 이러한 전공 학문적 융복합의 논의와 일정 부분 맥을 같이 한다고 할 수 있다.

융합은 이상론에 지나지 않을지도 모른다. 다학문적 융합이나 간학문적 융합을 고려하는 것이 바람직하다. 다만 교과의 위상을 존중하면서도 수업의 실현 가능성을 전제한다면, '간학문적 융합을 중심으로 다학문적 융합을 포함하는 것'이 실효성이 높을 것이다. 혹자는 다학문적 융합이 가장 소극적이라고 비판할지도 모르지만, 교과와 유리되지 않는 융복합 교육을 지향하는 입장에서, 특히 교과 교육에서 본격적으로 융합형 교육의 논의를 확장해 가기 위해서는 다학문적인 융합 역시 간학문적 융합과 더불어 시의적으로 고려해야 한다.

이처럼 간학문적 융합을 중심으로 융합형 국어교육을 바라본다면, 국어 교과를 중심으로 융복합이 가능한 다른 교과에 대한 탐색이 중요한 과제로 남는다. 곧 국어과와 융복합이 가능한 교과가 '무엇으로 매개되어 어떻게 소통되는가'의 문제를 심도 있게 고민해 보아야 한다. 이를 위해서는 융복합의 중심에 위치한 국어교육의 본질이 무엇인지 다시 돌아볼 필요가 있다. 그리고 자명하게도 이것은 텍스트의 수용과 생산임을 알 수 있다.

국어과는 텍스트의 비판적 수용과 창의적 생산 과정에 관여하는 국어를 질료로 한 사고, 소통, 문화 현상을 탐구하는 교과이다.[8] 이에 국어과의 핵심은 '텍스트 소통'이라고 할 수 있다. 범박하게 말하면 다양한 목적을 가진 '텍스트'가 사용된다. 여기에서의 목적은 언어사용역(register)이나 장르(genre)의 개념까지 포섭한 것으로 국어 활동,

---

8 '사고, 소통, 문화'는 국어교육을 나타내는 핵심 성격 내지 정체성으로 학계에서 대체로 인정하고 있다. 박순경 외(2014: 80)에서는 국어과 공통 과목의 세 영역은 국어교육이 추구하는 대표적인 핵심 역량(사고력, 소통능력, 문화소양)을 중심으로 구성하고, 선택 과목은 공통 과목을 연계·심화하되 영역별 특화가 이루어지는 구조라고 하면서, '사고력, 소통능력, 문화소양'은 국어과의 특정 영역과 대응된다기보다 국어과의 모든 영역이 추구하는 세 가지 목표 차원이라고 한 바 있다.

문법, 문학에 따라서 다르게 개념화될 수 있다. 그리고 이들 텍스트는 반드시 '소통'된다. 이는 일반적으로 말하는 의사소통의 작은 개념역이 아닌 사회문화적 맥락을 공유한, 이른바 '사회문화적 소통'의 의미이다. 국어 활동에 중요하게 작동하는 맥락, 문법이 국어 활동에 기여하는 통합론과 생활 문법, 문학의 심미적 소통 등은 이와 동궤를 형성하고 있다.

이처럼 국어교육이 텍스트 소통의 제 국면을 다루고 있다고 할 때, 국어교육을 중심에 둔 융복합 교육의 설계는 융복합적 관점에서 텍스트와 소통의 의미를 재개념화하는 것에서 비롯된다. 범박하게 말해 '융복합적 텍스트'와 '융복합적 소통'이 무엇인지 분명하게 밝히는 작업이 반드시 필요한 것이다. 이것은 국어교육의 텍스트가 다른 교과의 내용과 어떻게 연계시킬 것인지에 대한 논의, 그리고 그러한 텍스트를 소통하는 과정에서 간과해서는 안 되는 융복합적 내용 요소가 무엇인지에 대한 논의를 통해 구체화될 수 있다.[9] 이들 각각에 대하여 이 연구에서는 텍스트의 접점을 이루는 개념으로 '빅 아이디어(big idea)'를 고려해야 하고, 빅 아이디어로 매개된 텍스트는 '창의성(creativity)'과 '인성(character)' 함양을 위해 소통된다는 점을 주장한다.

지금까지의 논의를 종합하여 '융합형 국어교육'의 명제를 아래와

---

9 이 말은 '국어과를 중심에 둔 융복합'에 관한 연구는 국어과와 유기적으로 결합되는 다른 교과가 무엇인지에 대한 고민과 그 내용 요소를 어떻게 결합시킬 것인지에 대한 고민을 수반하지 않을 수 없음을 의미한다. 가령 '국어와 역사'의 융복합을 구상한다고 한다면 과연 역사가 국어와 결합될 수 있는 대상인지 고민해야 하고, 만일 결합이 가능하다면 국어와 역사의 어떤 내용이 각기 결합 가능한지에 대해 생각해 보아야 한다. 분명 국어과와 어울리는 교과가 있을 것이며, 국어과와 어울리는 교과라고 할지라도 세부 내용에서 친연성의 차이는 존재할 것이다.

같이 정리하고자 한다. 이는 융복합의 개념을 바탕으로 국어교육의 본질인 텍스트 소통의 명제를 융복합적 관점에서 바라본 것이다.

> 융합형 국어교육은 국어과를 중심으로 다른 교과와 내용 요소의 유기적 결합을 바탕에 둔 텍스트의 소통을 핵심에 둔다. 빅 아이디어를 접점으로 연계된 텍스트의 소통은 궁극적으로 창의·인성의 함양을 목표로 삼는다.

이제 이러한 융합형 국어교육의 명제 가운데 '텍스트'에 초점을 두고 논의를 진행해 보도록 하자. 텍스트와 결합의 매개를 이루는 '빅 아이디어'에 주목해 보고자 한다.

3. 텍스트 접점의 빅 아이디어(big idea) 범주

국어교육의 내용(contents)은 텍스트로부터 비롯된다. 텍스트에 내재된 구조적인 특성을 밝히는 작업은 문법 영역에서 담당하고, 텍스트가 어떻게 소통되는지의 문제는 국어 활동 영역에서 다룬다. 그리고 텍스트가 지닌 심미성과 가치, 혹은 문화적 차원은 문학 영역의 관심사이다. 물론 이들 영역을 정확하게 재단할 수 있는 것은 아니지만, 국어교육은 텍스트를 중심으로 이와 같은 영역별 성격을 공유해 왔다.

이와 마찬가지로 융합형 국어교육에서 가장 중요하게 주목해야 하는 것은 바로 텍스트이다. 융합형 국어 수업을 가정해 보자. 국어 시간에서 빠질 수 없는 질료가 텍스트라고 볼 때, 이 텍스트에 어떠한 교과의 내용(지식, 원리, 가치 등)이 결합될 것인지의 문제는 융합형 국어 수업에서 가장 중요할 것이다. 따라서 융합형 국어교육의 논의는 이른바 국어교육적 텍스트와 다른 교과 내용의 접점을 이루는 개념이 무엇이고 특히 국어교육에서 어떻게 세분화되는지를 확인하는 작업부터 시작해야 한다. 이 연구에서는 이 개념을 '빅 아이디어'라고 본다. 이에 이 장에서는 빅 아이디어가 무엇인지 확인하고, 융합형 국어교육을 위한 빅 아이디어가 어떻게 범주화될 수 있는지 생각해 보고자 한다.

'big idea'는 문자 그대로 해석하면 '대주제'이다. 대주제는 소주제를 묶는 상위라고도 해석할 수 있으며, 소주제의 근간이 되는 바탕이라고도 해석할 수 있다. 교육 담론에서 'big idea'는 주로 후자의 입장에서 사용된다. 곧 특정 교과 내용의 근간을 이루는 핵심적인 개념이라고 할 수 있는 것이다. 이와 관련하여 Wiggins & McTighe(2005, 강현석 외 역 2008b: 94-102)에서는 빅 아이디어에 대하여 자세히 설명하고 있는데, 이들 설명 중에서 주목할 만한 구절을 발췌하면 아래와 같다.[10]

· 교사의 입장에서 빅 아이디어는 '개념적 접착테이프(conceptual Velcro)'이다. 빅 아이디어들은 사실과 기능을 하나로 만들고, 이해되도록 돕

10 참고로 Wiggins & McTighe(2005, 강현석 외 역 2008b: 94-102)에서는 빅 아이디어를 '주요 아이디어'로 번역하고 있다. 이 연구에서는 서론에서 밝힌 바와 같이 '빅 아이디어'라는 용어를 그대로 사용하고자 한다. 따라서 아래 제시한 발췌 구절에서도 주요 아이디어라는 말을 빅 아이디어로 바꾸어 사용한다. 한편 빅 아이디어의 개념은 교육과정 담론적으로 '이해 중심 교육과정(혹은 이를 백워드 교육과정 설계라고 명명하기도 함)'에 기대어 있다. 참고로 소경희 외(2011: 66)에서 제시한 ACARA(2010)의 '일반 능력'과 '범교과적 고려사항' 등을 담은 교육과정 설계는 이와 일정 부분 관련이 있다. Tomlinson & McTighe(2006, 김경자 외 역 2011) 등을 통해서도 이해 중심 교육과정에 대한 심도 있는 논의를 살펴볼 수 있다.

는다(94쪽).

- 빅 아이디어는 바퀴의 고정핀(linchpin)과 같은 요체가 되는 것이다(94쪽).
- 빅 아이디어는 과목에서의 기초(basic)가 아닌 핵심(core)이다(95쪽).
- 빅 아이디어는 사실을 보다 이해 가능하고 유용하게 만들기 위해 개념적 연관성과 연구 분야에서의 일관된 연관성에 초점을 둔다(97쪽).
- 빅 아이디어는 지적인 범위에서 단순히 '큰' 것은 아니다. 그것은 교수학적 힘(pedagogical power)을 가져야 한다. 빅 아이디어는 학습자들이 그 전에 무엇이 와야 하는지를 이해할 수 있도록 해야 하고, 새롭고 친숙하지 않은 아이디어를 보다 친숙하게 하는 데 유용해야만 한다. 이와 같이 빅 아이디어는 애매한 추상적 개념이나 단지 또 하나의 사실이 아니라 사고를 날카롭게 하고, 단편적 지식을 연결해 주며, 학생이 전이 가능한 적용을 해 주는 개념적 도구이다(99쪽).

위의 구절을 종합해 볼 때 빅 아이디어는 '핵심(혹은 요체)', '연관성', '교수학적 전이'를 중심 요소로 갖고 있는 개념임을 알 수 있다. 먼저 '핵심'은 빅 아이디어가 여러 단편적인 지식의 근간을 이루는 것임을 말한다. '개념적 접착테이프'라는 말은 이를 잘 대변하고 있는데, 이것은 학습자들이 배우는 지식의 근원을 찾아 묶어 주는 역할을 빅 아이디어가 수행하고 있음을 알 수 있다. 다음으로 '연관성'은 빅 아이디어를 통하여 다른 지식을 서로 관련지어서 보다 심도 있는 이해를 가능하게 함을 뜻한다. 학습자들이 어떤 특정한 지식을 배울 때, 그 지식의 이전에 관련된 내용을 떠올리고 그 지식과 연관되는 다른 지식을 연결해 주는 중심에 빅 아이디어가 위치하는 것이다. '교수학적 전이'는 바로 이러한 핵심적인 개념을 연관시켜 학습자들의 '지식의 전이'를 돕는 것이 빅 아이디어임을 증명하는 말이다. Tomlinson & McTighe(2006, 김경자 외 역 2011: 18)에서 지적하였듯이, '학습자가 특정 맥락과 상황에서 습득한 사실, 개념, 일반화를 다른 상황에 유연하게 적용하는 통로'로서 빅 아이디어가 존재한다.[11]

이를 바탕으로 하여 '교과'의 차원에서 빅 아이디어의 개념을 정립해 보면, "빅 아이디어란, 여러 교과가 관통할 수 있는 전이력을 지닌 교과의 핵심 내용(개념, 원리, 이론 등)이다."라고 정의할 수 있다.

중요한 것은 이러한 빅 아이디어를 교과에서 어떻게 선정할 것인지에 대한 문제이다. 이 '어떻게'의 문제는 해당 교과의 개별성에 따라 빅 아이디어를 바라보는 시각이 다양하다는 점에 기인한다. Wiggins & McTighe(2005, 강현석 외 역 2008b: 99)에서 언급한 것처럼, 교육적 실제에서 빅 아이디어는 '개념, 테마(주제), 지속적인 논쟁과 관점, 역설, 이론, 잠재적인 가정, 반복되는 질문, 이해 혹은 원리' 등과 같이 다양한 형태로 나타날 수 있기 때문이다. 더욱이 융합형 교육의 장에서 각 교과를 긴밀하게 묶어주는 빅 아이디어는 해당 교과의 개별성을 면밀히 고려할 때 비로소 타당하게 선정될 수 있을 것이다.[12]

---

11 Erickson(2001: 35)는 빅 아이디어의 정의를 다음과 같이 제안하였다(Wiggins & McTighe 2005, 강현석 외 역 2008: 98b 재인용). "넓고 추상적이다. 하나 혹은 두 단어 이상으로 나타난다. 적용에 보편적이다. 모든 시대에 적용되며 영속적이다. 일반적인 태도를 공유하는 다양한 사례를 나타낸다." 그리고 McTighe & Wiggins(강현석 외 역 2008a: 76)에서는 빅 아이디어에 대하여 다음과 같은 다섯 가지의 기술(description)로 정리하고 있다. "빅 아이디어는 내용의 우선순위를 정하는 '개념 렌즈'를 제공한다. 빅 아이디어는 중요한 사실, 기능과 행동을 연결하는 조직자의 역할을 한다. 빅 아이디어는 다른 맥락으로 전이시킨다. 빅 아이디어는 학문 내에서 다양한 방식으로 그 자체를 명백하게 한다. 빅 아이디어는 추상적이기 때문에 심층적 학습을 필요로 한다."

12 빅 아이디어에 대한 교과 연구는 활성화되어야 한다. 이춘식(2015: 54-63)에서는 실과(기술·가정 교과)에서의 빅 아이디어를 추출하고 있다. 참고로 중학교 '기술의 세계 영역'의 빅 아이디어로 '생활 기술, 제품 설계, 창의적 사고' 등을 제시하고 있다. 방담이 외(2013: 1046)에서는 과학과의 빅 아이디어로 '다양성, 구조, 상호작용, 변화'를 제시하였다. 특히 빅 아이디어가 지닌 '간학문적 개념'도 함께

그렇다면 융합형 국어교육을 위한 '국어과 빅 아이디어'에는 어떤 것들이 있을까? 일견 국어교육이 텍스트를 소통하는 명제를 전통적으로 중시해 왔고, 이를 위한 지식과 기능(skill) 그리고 태도를 강조해 왔기에, 국어과의 빅 아이디어는 국어과의 핵심적인 '(텍스트 소통에 기여하는) 지식, 기능, 태도'와 밀접히 관련된다고 할 수 있다. 사실 국어과 하위 영역별로 이와 같은 핵심적인 내용은 달라지기 마련이다. 수많은 주제가 될 수도 있고, 기능이나 원리가 빅 아이디어로 자리 매김할 수도 있다. 이에 중요한 것은 국어과의 빅 아이디어에 대한 범주화를 탐색하여 융복합의 방안을 구체적으로 열어 주는 작업이다.

이와 관련하여 김창원(2014)에서 통합의 방향 혹은 방법 가운데 하나로서 언급된 빅 아이디어를 살펴보는 것은 의미가 있다. 여기에서 논의된 빅 아이디어는 다른 영역을 가로지르며 통합의 토대가 되는 아이디어의 뜻에서 '연결 개념'이라고 명명되어 있다(김창원, 2014: 26). 문·이과 통합형 국어과 교육과정의 방향에 대한 논의에서 사용된 이 개념은 국어과에서 다른 교과와 연결되는 접점을 두루 확인할 수 있게 한다. 여기에서 제시된 빅 아이디어를 인용하면 아래와 같다.

언급하고 있다는 점은 인상적이다. 이를 표로 살펴보면 아래와 같다.

Big idea의 성격		Big idea	Big idea에 포함된 간학문적 개념
정적	수평적	**다양성** 자연에는 각각의 특징을 가진 다양한 것들이 존재한다.	특성, 공통점/차이점
	수직적	**구조** 전체는 각각의 부분이 모여 구조화되어 있으며, 각 부분은 특정 기능을 수행하는 구조를 가진다.	구성요소, 관련성, 기능
동적	양방향	**상호작용** 자연을 구성하는 요소들은 서로 연관되어 영향을 주고 받으며, 이로 인해 여러 현상들이 나타난다.	영향, 적응, 지속가능성
	일방향	**변화** 자연은 변화하며, 변화에는 원인이 있고 변화하는 동안 규칙성이 나타난다.	변화/보존, 전환, 순환, 규칙성

▸ 상황(의사소통 상황), 역량(사고력, 소통 능력, 언어문화 소양), 기능(아이디어 생성, 표현 등 언어 활동의 특정 機能), 주제, 과제(의사 결정, 문제 해결 등의 구체적인 과제), 텍스트, 활동(보기, 만들기 등 비언어적 활동)

결국 이들 각각을 접점으로 국어과와 다른 교과가 결합 가능하다는 논리를 생각해 볼 수 있다. 아마 위에서 제시된 빅 아이디어 가운데 가장 친숙하고 일반적인 것은 '주제'일 것이다. 통합 교육의 담론에서도 '주제 중심 통합'은 이미 빈번하게 사용되어 왔다. 어떠한 주제이든 접점의 매개로 삼기가 용이한데, 가령 '아름다움'이라는 주제를 바탕으로 국어, 미술, 철학 등의 교과가 함께 결합될 수 있을 것이다. 한편 주제 이외에도 다른 빅 아이디어를 통한 결합의 가능성도 충분히 생각해 볼 수 있다. 예를 들면 '의사소통 상황'을 중심에 두고, 국어과에서는 '공감하는 의사소통'을 배우고, 윤리(도덕)과에서는 '의사소통 윤리'를 연계할 수 있는 것이다. 이처럼 위에서 언급된 국어과의 빅 아이디어는 그야말로 융복합을 가능하게 하는 접점이라고 볼 수 있다.

그런데 이들 가운데 한 가지 고려해 볼 만한 대상은 '텍스트'이다. 국어교육의 본질을 텍스트 소통이라고 할 때, 사실 위에서 언급된 '상황, 역량, 기능, 주제, 과제, 활동' 등은 모두 텍스트를 중심으로 생성되는 주요 개념들이다. 곧 텍스트의 소통 상황, 텍스트를 소통할 수 있는 복합적인 힘, 텍스트 소통으로써 추구하는 목표, 텍스트가 지닌 주제, 텍스트 소통의 과제, 텍스트를 소통하는 활동으로 치환해서 생각해도 충분히 이해 가능하다. 이렇게 볼 때 김창원(2014: 26)에서 구체적으로 설명되지는 않았지만, 이 '텍스트'는 본질적인 혹은 기본적인 의미로서의 '텍스트'라기보다는 일종의 '장르' 개념으로 접근하는 것이 타당해 보인다. 예를 들어, '자연과학 텍스트'라면 그 텍스트의 '내용'을 통해서는 자연과학 분야의 지식을 습득할 수 있고, 그 텍스트의 '구조'를 통해서는 국어과의 읽기나 문법을 다룰 수 있다. 장르의 개념 속에 주제나 활동 등이 함께 빅 아이디어로서 작동할 수도 있는 것이다.

이에 따라 이 연구에서는 융합형 국어교육을 위한 가장 우선적인 조건으로서 '텍스트'의 결합을 가능하게 하는 국어과 빅 아이디어에는 대체로 '상황, 역량, 기능, 주제, 과제, 활동, 장르'의 범주를 제시할 수 있음을 제안한다. 그리고 이 연구에서 강조하는 '텍스트 소통'에 따라 이들을 재분류하여, '텍스트적 요인: 장르, 주제, 과제'과 '텍스트 소통적 요인: 역량, 상황, 기능, 활동'으로 국어과의 빅 아이디어를 범주화하는 시도는 일정 부분 의의를 지닐 수 있다.[13]

물론 이와 같은 국어과 빅 아이디어의 범주화는 국어교육에서 아직 심도 있는 빅 아이디어에 대한 연구가 부족한 상태에서 조작적일 수밖에 없다. 추후 다양한 양적, 질적 연구와 개인적, 사회적 차원의 연구가 함께 이루어져야 하리라 본다. 그럼에도 한 가지 간과하지 말아야 하는 사실은, 융합형 국어교육을 가능케 하는 동인(動因)으로 빅 아이디어가 존재하며, 특히 국어과 빅 아이디어가 정밀하게 고안될 때 융합형 국어교육이 이론과 실천의 실효성을 획득할 수 있다는 점이다.

이제 텍스트 접점으로서의 빅 아이디어에 대한 논의에 이어, 빅

---

13 여기서 제시한 범주화의 한계를 인정하지 않을 수 없다. 아직 국어과에서 '빅 아이디어'의 범주가 무엇인지에 대한 논의가 부족하기 때문이다. 한편 빅 아이디어는 학계가 함께 고민해야 하는 대상이라고도 본다. 문·이과 통합형 국어과 교육과정 개정과 관련하여서는 더욱 더 그러하다고 하겠다. 텍스트에 대한 중층적인 개념을 고려하여 텍스트 중심의 빅 아이디어에 대해 논의해 갈 것이다.

아이디어로 접점을 이룬 텍스트 소통이 어떠한 특성을 지녀야 하는지 확인하는 장으로 옮겨가 보도록 하자.

4. 창의·인성 함양을 위한 소통 모형의 제안

융합형 국어교육은 빅 아이디어로 접점을 이룬 텍스트와 그러한 텍스트의 소통을 통해 실행된다. 국어교육의 장에서 여전히 자명한 이 명제에서 소통의 문제는 텍스트에 대한 논의와 결코 분리될 수 없다. 빅 아이디어를 접점으로 하면, 오로지 국어교육적 텍스트를 소통할 때보다 훨씬 더 다양한 교육 내용이 소통의 대상으로 상정될 것이다. 이에 이러한 소통이 과연 어떠한 양상으로 펼쳐질 것인지에 대해서 고민해 보아야 한다.

이를 위하여 융합형 국어 수업이 기존 수업과 달리 어떠한 모습을 보이는지 다음 〈표 1〉의 예를 통하여 살펴보고자 한다.[14]

〈표 1〉 융합형 국어 수업 설계의 예

대상 과목	국어(문법)와 음악
학습 내용	·문법: 음운 체계와 변동 ·음악: 음악적 분위기를 나타내는 장치(조성, 화음)

14 여기에서 보이는 융합형 국어 수업 설계는 2015년 1학기 서울 D대학교 국어교육과 전공 강의에서 실현된 것이다. 참고로 아래 〈표 1〉의 강의는 실제로 국어 교사와 음악 교사가 함께 설계하였으며, 수업 역시 팀티칭의 형태로 이루어진 것임을 밝혀둔다. 한편 이와 같은 수업을 국어과 중심의 융합형 수업이라고 할 수 있는 이유는 국어과 빅 아이디어가 접점으로 작용하여 다른 교과와 내용적으로 연계된 국어과의 내용을 통해 국어과의 목표를 달성하기 때문이다. 국어과 빅 아이디어에 대한 연구가 축적되면 보다 다양한 형태의 국어과 중심 융합형 수업을 확인할 수 있을 것이다. 국어과 중심의 융복합 수업 모델에 대한 후속 연구를 기약한다.

빅 아이디어	기능(機能) - 자음과 모음의 결합이 주는 뉘앙스(분위기)
핵심 내용 요소	A. 음운 체계와 변동에 대한 이해 B. 음악적 분위기를 나타내는 장치의 이해 C. 음운 지식과 음악적 분위기의 결합적 탐구 D. 음악적 분위기에 맞게 작사하고 가창하기 (가창을 통한 음운의 기능 체득)

위 〈표 1〉은 국어와 음악의 융합형 수업을 예로 든 것이다. 구체적으로 국어과의 문법 영역 가운데 '음운 체계와 변동'이 음악과의 교육 내용 가운데 하나인 '음악적 분위기'와 함께 융복합될 수 있음을 제시하였다. 빅 아이디어로서 '기능(function)'이 작동하기 때문인데, 문법의 음운이 지니는 기능 가운데 뉘앙스 혹은 분위기의 형성이 있음에 착안하였다. 이것이 가능한 이유는, 단편적인 예이지만 '의성어'의 경우 양성 모음과 음성 모음에 따라 분위기가 달라지며, 이에 따라 의미의 생동감이 다르게 파악되기 때문이다. 이와 같은 '음운이 형성하는 분위기'의 문제는 음악과에도 적용 가능하다. '동요'의 가사는 어떤 자음과 모음을 결합하는가에, 곧 자음과 모음 결합에 따른 어떤 단어를 선택하는가에 따라서, 이른바 '음악적 색깔'이 달라진다. 중요한 것은 음악이 지닌 분위기를 드러내는 장치와 음운의 조화이며, 이들 조화를 탐색하는 작업은 국어교육적으로는 음운 자체가 지닌 확장성에 대한 탐구로 나아갈 수 있다.[15] 이와 같은 국어와 음악의 융복합 가능성을 고려한다면, 위 〈표 1〉에서도 명시하였듯이 이 수업은 '음운 지식 학습(A)', '음악적 분위기 학습(B)', '음운 지식과 음악적 분위기의 결합적 탐구(C)', '가창을 통한 음운의 기능 체득(D)'

15 이러한 점에서 위 〈표 1〉에서는 구체적으로 밝히지는 않았지만 초등학교 음악 시간에 '동요'를 배울 때 이러한 '우리말의 특성을 놀이로써 풀어내는 수업'을 기획해 볼 수도 있을 것이다. 한편 '민요' 역시 각 나라의 '발성(phonation)'에 따라 다양한 의미가 나타날 수 있기에 이와 같은 접근은 충분히 가능할 것이다.

와 같은 네 가지의 핵심 내용 요소를 함유하게 된다.

여기에서 융복합적 소통과 관련하여 주목해 볼 수 있는 대상은 바로 '음운 지식과 음악적 분위기의 결합적 탐구(C)'와 '가창을 통한 음운의 기능 체득(D)' 항목이다. 음운 지식(A)과 음악적 분위기(B) 각각에 대한 교수학습은 문법 시간, 그리고 음악 시간에 따로 이루어질 수도 있다. 이러한 점에서 음운 지식과 음악적 분위기, 이들 두 내용의 결합이 갖는 상승적 상호작용이 융합형 수업의 핵심이라고 할 수 있다.

이때 이러한 두 가지의 융복합된 교육 내용이 교실에서 실행되는 현상을 가늠해 보면, 교사가 어떤 답을 주는 것이 아니라 학습자가 스스로 탐구하고 다양한 답을 창안하는 것으로부터 융복합의 의미가 드러남을 예상할 수 있다. 곧 음운 지식과 음악적 분위기가 긴밀한 관련이 있음을 탐구하기 위하여 자음의 특성에 따른 음성적 차이, 모음조화에 따른 분위기 차이 등이 음악의 장조나 단조, 화음과 결합하는 다양한 방법에 대한 탐구를 학습자가 주체적으로 수행해야 하는 것이다. 이는 초점화된 융복합의 문제를 다양한 방식을 고려하여 능동적으로 해결하는 학습자 중심의 활동이 융합형 국어교육의 소통에서 매우 중요함을 파악할 수 있다. 이처럼 주어진 문제를 다양한 방식으로 해결하고, 두 교과 분과의 지식을 결합시켜 새로움을 창안하는 능력, 곧 '창의성(creativity)'은 융합형 국어교육의 소통이 지향해야 하는 필수적인 지향점이라고 하겠다.

비록 하나의 융합형 수업 사례를 통해 추출한 논증이지만, 융합형 국어교육에서는 분명 단일 교과에서 교수학습하는 내용(지식, 원리, 이론 등)보다 다양하고 복잡하며 새로운 내용을 탐구하기 위하여, '창의성'이 소통의 과정에서 필수적으로 요청된다. 이를 거꾸로 생각해 보면, 창의성을 고려하지 않는 융합형 국어교육은 그 정체성을 잃게

될 지도 모른다.[16] 곧 '창조를 위한 융합(박창원, 2015)'의 기치는 융합형 국어교육에서도 반드시 생동해야 한다.

이때 '창의성'의 담론이 '인성'과 긴밀히 결합될 수 있다는 사실 또한 고려할 필요가 있다. '창의 · 인성 교육'이라는 정책적 기조를 논하기 전에, '다양한 문제를 해결하는 능력 혹은 새로운 현상'을 발견하고 해결하는 작업은 오직 개인의 노력만으로 달성하기 힘들다는 사실은 비교적 자명하다. 창의성과 인성의 결합이 지지되는 이유가 바로 '관계 지향적이고 협력적으로 문제를 해결하는 힘'을 길러서 그야말로 '더불어 사는 삶의 공동체'를 형성하는 데 있다고 볼 때, 이와 같은 창의 · 인성은 함께 논의되어야 하는 담론체이다.[17] 곧 창의 · 인성 교육은 '창의성의 배양과 발휘를 촉진하는 인성과 사회문화적 가치와 풍토를 조성하고 올바른 인성과 도덕적 판단력을 구비한 창의적 인재를 육성하기 위한 교육철학 및 교육전략(문용린 2010: 2)'으로서의 가치를 지니며, 이는 융합형 국어교육이 추구해야 할 궁극적 목표로서 자리매김한다고 하겠다.

이를 바탕으로 이 연구는 융합형 국어교육의 소통, 즉 빅 아이디어를 접점으로 한 텍스트의 소통에는 반드시 '창의성과 인성의 교육 요소'가 포함되어야 함을 강조한다. 다시 말해서 융합형 국어교육의 실제 수업을 설계할 때에는 반드시 창의성과 인성이 텍스트의 소통 과정에서 발현되는지를 점검해야 한다. 이러한 창의성과 인성의 교

---

16 문 · 이과 통합형 교육과정 개정 역시 이러한 취지가 반영되었다. 참고로 국어과의 경우 김창원 외(2014: 1-6)에서 언급하고 있듯이 '실제적 국어 역량을 갖춘 창의 · 융합형 인재 양성'이 개정의 필요성 가운데 하나로 강조되고 있다.

17 그럼에도 창의성과 인성의 정책적 결합에 대한 비판적 목소리도 크게 들린다. 분명 창의성과 인성의 친연성은 존재하지만 모든 융합형 교육이 이 둘을 동시에 달성할 수 있지는 않을 것이다. 융합형 교육에 대한 담론화와 실천의 과정에서 이를 염두에 둘 필요가 있다.

육 요소에 대하여, 문용린(2010: 24-26)에서 '창의성'을 '인지적, 성향적, 동기적 요소'로, '인성'을 '인간 관계 덕목과 인성 판단 능력'으로 나누며, 창의성과 인성의 배양을 촉진하는 '사회문화적 풍토'를 학급과 학교 요소로 각각 제시하고 있다.[18] 융합형 국어교육은 바로 이와 같은 창의성과 인성의 요소가 소통의 과정에서 반드시 드러나도록 그 실제를 설계해야 한다. 그리고 이들 각각의 요소는 각 교과의 성격을 중시하는 입장에서 재개념화되어야 하며, 접점을 이루는 빅 아이디어와 연계되어 보다 정밀하게 그 요소가 추출되어야 할 것이다.[19]

지금까지의 논의를 정리해 보면, 융합형 국어교육은 국어교육의 융복합적 내용 구성과 실천의 명제임을 알 수 있다. 국어교육이 텍스트 소통을 본질로 삼고 있는바, 융합형 국어교육은 텍스트와 소통

---

18 문용린(2010: 24-26)에서 언급된 구체적인 요소를 제시하면 아래와 같다.
- 창의성-인지적 요소: 사고의 확장, 수렴, 문제해결력
- 창의성-성향적 요소: 개방성, 독립성
- 창의성-동기적 요소: 호기심, 흥미, 몰입
- 인성-인간 관계 덕목: 정직, 약속, 용서, 배려, 책임, 소유
- 인성-인성 판단 능력: 도덕적 예민성, 도덕적 판단력, 의사결정능력, 행동실천력
- 사회문화적 풍토-학급 요소: 교육 방법(PBL 등), 교육 철학(자율적 분위기 등)
- 사회문화적 풍토-학교 요소: 학교문화와 분위기, 학교운영방식(창의적 체험활동 중시 등)

19 이 연구는 창의성과 인성의 요소를 구체적으로 밝히는 것이 아니므로 여기에서는 이를 논의하지 않기로 한다. 참고로 창의성의 요소는 윤여탁(2014: 190)을 통해 확인할 수 있다. 그리고 인성의 요소는 특히 '역량 중심 인성'이 대두됨에 따라, 인간 관계 덕목을 실천할 수 있는 힘에 대한 세밀한 연구가 진행되고 있다. 이와 관련해서는 천세영 외(2012: 42-45), 양정실 외(2013: 12) 등을 통해 인성의 요소를 구체적으로 확인할 수 있다. 한편 각 교과별로 창의·인성 요소를 규명한 연구도 풍부한데, 국어과의 경우 김규훈·김혜숙(2013: 429)에서 '사고, 행위, 태도'의 범주에 따라 창의성과 인성의 요소를 제시한 바 있다.

각각의 융복합적 재개념화가 요청된다. 융복합적 관점에서 텍스트에 접근할 때 중요한 담론은 텍스트와 접점을 이루는 빅 아이디어이다. 빅 아이디어로 접점을 맺는 텍스트의 소통은 창의·인성의 함양을 지향한다. 결국 융합형 국어교육의 설계는 텍스트 접점으로서 빅 아이디어의 범주에 대한 확장적 논의와 소통 지향으로서의 창의·인성의 요소에 대한 결합적 논의에 천착할 때 비로소 실효성을 갖출 수 있다. 일련의 논의를 종합하여 다음 [그림 1]과 같이 창의·인성 함양을 위한 융합형 국어교육의 소통 모형을 제안한다. 교실 소통을 가정하여 교사와 학습자의 역할, 교실 환경의 특성 등을 함께 담아 보고자 한다.

〔**그림 1**〕 융합형 국어교육의 소통 모형

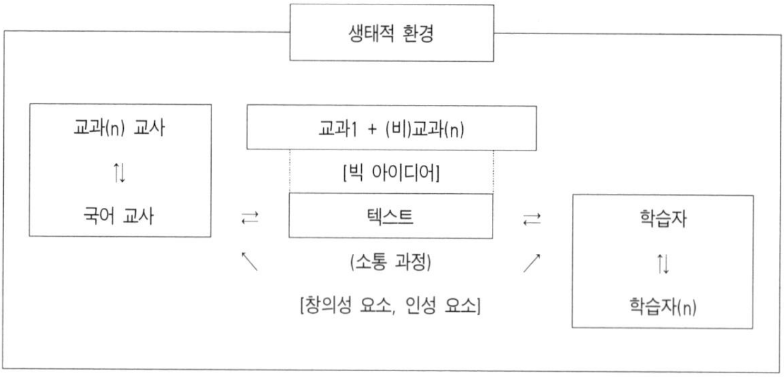

위 [그림 1]은 융합형 국어교육의 소통 모형이다. 이 모형을 통해 융합형 국어교육의 창의·인성 교수학습을 설계할 수 있다. 이 모형의 각 요소에 대한 세부 연구가 앞으로 꾸준히 이어져야 할 것이다. 구체적으로 이들 각 요소를 살펴보면 다음과 같다.

첫째, 텍스트는 빅 아이디어를 매개로 다른 교과와 연계된다. 빅 아이디어는 국어교육의 교수학습 대상인 텍스트와 다른 교과의 내용

간 친연성을 고려하여 설정된다. 이때 국어과 빅 아이디어와 다른 교과의 빅 아이디어를 비교 고찰하여 이들 간 논리적 관련성을 따지는 작업이 필요하다. 내용적으로 보다 친연성 있는 융복합 수업을 실행하기 위해서 이는 더욱 중요하다고 하겠다.

둘째, 텍스트 소통 과정에서는 창의성과 인성 요소가 발현되어야 한다. 이를 위해서는 바로 위에서 인급한 빅 아이디어를 중심으로 창의성과 인성의 요소를 발현하도록 하는 내용의 선정과 체계화도 중요할 것이다. 동시에 텍스트의 소통 방법이 과연 창의성과 인성을 발현하게 하는지에 대한 여부도 긴밀히 고려해야 할 것이다. 이에 융복합적으로 다루고자 하는 내용에 적합한 교수학습 방법의 고민 역시 수반되어야 한다.

셋째, 텍스트 소통의 주체로서 교사와 학습자는 각각 팀 티칭과 협력적 활동을 이끄는 역할을 수행하도록 해야 한다. 교사 요인의 경우, 다양한 교과의 내용이 함께 다루기 때문에 각 교과의 전문가로서 교사가 함께 가르치는 것이 선호된다. 이를 팀 티칭이라고 볼 수 있는데, 반드시 팀 티칭이어야만 하는 것은 아니라고도 할 수 있다. 강의 페어링(lecture pairing)과 같은 학교 교육과정 설계의 측면이나 플립드 러닝(flipped learning)과 같은 스마트 매체 활용의 측면 등도 고려할 만하다. 학습자 요인의 경우, 다양한 텍스트를 대상으로 창의성과 인성의 요소를 소통하도록 요구되기에 동료 학습자와 협력적으로 활동할 수 있는 태도를 갖게 하는 것이 중요하다. 이에 실제 수업 설계의 측면에서 '활동 중심성'의 테제를 보다 강화하는 것이 필요하다고 하겠다.

끝으로, 이와 같은 교사와 학습자의 텍스트 소통을 추동하는 환경은 생태적으로 구성되어야 한다. 생태적 환경이란 구성원의 관계가 평등하며 자연스러운 교섭을 가능하게 하는 환경을 의미한다(Lier,

2004). 만일 교실을 생태적 환경으로 볼 수 있다면, 교실은 교사와 학습자의 자연스러운 교섭(transaction)이 이루어진다. 교섭의 매개에서 작용하는 중핵적인 개념으로서의 빅 아이디어는 보다 역동적인 소통을 유도할 것이며, 그 과정에서 학습자는 자연스럽게 창의성과 인성을 함양해 나갈 것이다.

5. 연구의 요약과 한계

이 연구는 융합형 국어교육의 실효성 있는 연구를 위한 방향을 모색하는 작업이었다. 특히 융합형 국어교육을 설계할 때 필요한 요인이 무엇인지에 대한 방법론적 고민을 담아 보고자 하였다. 무엇보다 텍스트 소통이라는 국어교육의 자명한 명제를 출발점으로 삼아, 텍스트와 소통이 각각 지녀야 할 방향성에 대해서 다소 거친 수준에서 살펴보았다. 이 과정에서 무엇보다 빅 아이디어와 창의 · 인성은 융합형 국어교육에서 반드시 고려해야 하는 담론적 대상임을 확인하였다.

아직 국어교육 분야에서 융복합에 관한 학술적 논의는 초기 단계라고 감히 판단해 본다. 중등학교나 대학교 현장을 중심으로 한 실천적 방안은 프로그램 차원에서 풍부하게 제시되고 있는 것에 비해서 더욱 그러하다. 다양한 형태로 현장에서 실천되는 '융복합 교육 프로그램', '창의 · 인성 수업 방법' 등이 단편적인 수업 사례로 치부되지 않기 위해서는 이들 실제를 지지하는 이론적 논구가 꾸준히 이어져야 한다.

이러한 점에서 이 연구는 융합형 국어교육의 방향성을 다소 추상적으로 제안할 수밖에 없다는 한계를 지니고 있다. 실상 빅 아이디어와 창의·인성 역시 이들 각각의 개념과 특성으로 볼 때, 융합형 국어교육에 반드시 필요하다는 것 이상의 논의를 제시하지 못하였다. 현재 풍부하게 조성된 융합형 수업의 현상을 통어할 수 있기 위해서는 빅 아이디어의 범주와 창의·인성의 요소에 대한 실증적인 연구가 반드시 이어져야 한다. 특히 '국어과 빅 아이디어'라고 지칭할 수 있는 범주에 대한 심화된 연구는 실제 융합형 수업의 설계를 위한 논리적 연결 고리가 무엇인지 파악하는 데 결정적인 역할을 하리라 본다.

앞으로 '융합형 국어교육' 혹은 이에 상당하는 국어교육의 명제는 그 중요성이 더욱 더 강화될 것이다. 문·이과 통합형 교육과정의 개정 또한 궁극적으로는 교과 간 융복합을 가능하게 하는 방안을 열어주기 위함이라는 점에서 이 연구가 갖고 있는 논제는 지속적으로 주목해야 할 대상이다. 이 연구가 융합형 국어교육에 대한 작은 방향성을 보여준 것에 그치고 말았지만, 부족한 연구를 발판으로 다양한 비판과 수렴이 확대되어, 국어교육의 융복합에 관한 이론적이고 실천적인 담론이 활성화되기를 기대해 본다.

참고문헌

김규훈·김혜숙(2013),「국어과 창의·인성 교육의 실행 원리 탐색-국어과 핵심 역량의 개념화를 바탕으로-」,『국어교육』 140, 한국어교육학회.

김명순(2004),「독서 작문 통합 지도의 전제와 기본 방향」,『독서연구』 11, 한국독서학회.

김성원 외(2012),「융합인재교육(STEAM)을 위한 이론적 모형 제안」,『한국과학교육학회지』 32-2, 한국과학교육학회.

김시정·이삼형(2012),「융복합 교육의 양상에 대한 국어교육적 접근」,『국어교육학연구』 43, 국어교육학회.

김주환(2010),「국어과 교육과정의 통합성 연구」,『새국어교육』 85, 한국국어교육학회.

김창원(2014),「통합형 국어과 교육과정 구성의 방향과 과제」,『청람어문교육』 51, 청람어문교육학회.

김창원 외(2014),『문·이과 통합형 국어과 교육과정 재구조화 연구(2014년 교육부 정책연구 보고서)』, 교육부.

김평원(2010),「프로젝트 수행법을 위한 융합교육과정의 설계 -화법과 작문을 반영한 수레바퀴모형을 중심으로-」,『교육과정평가연구』 13-3, 한국교육과정평가원.

노상우·안동순(2012),「학문융합 관점에서 본 현대교육의 이론적-실천적 변화 모색」,『교육종합연구』 10-1, 교육종합연구소.

문용린(2010),「창의·인성 교육 총론」,『2010 인천교육 심포지엄 자료집』, 한국과학창의재단.

민현식(2010),「통합적 문법 교육의 의의와 방향」,『문법 교육』 12, 한국문법교육학회.

방담이 외(2013),「Big Idea를 중심으로 한 통합형 과학 교육과정 틀 설계」,『한국과학교육학회지』 33-5, 한국과학교육학회.

박순경 외(2014),『국어 교육과정 총론 개선을 위한 기초 연구(연구보고 CRC 2014-1)』, 한국교육과정평가원.

박인기(2009), 「교과의 생태와 교과의 진화 -교과의 개념에 대한 패러다임의 변화와 국어교과의 진화 조건-」, 『국어교육학연구』 34, 국어교육학회.
박창원(2015), 「창조를 위한 융합의 조명」, 『국어국문학』 170, 국어국문학회.
소경희 외(2011), 「호주 국가교육과정의 개발 과정 및 주요 특징」, 『비교교육연구』 21-2, 한국비교교육학회.
양정실 외(2013), 『교과교육을 통한 인성교육 구현 방안(연구보고 RRC 2013-6)』, 한국교육과정평가원.
우한용(2010), 「인문영역 창의 · 인성 교육의 실제: 국어교과를 중심으로」, 『2010 인천교육 심포지엄 자료집』, 한국과학창의재단.
윤여탁(2014), 「창의성의 재개념화와 국어교육의 지향과 과제」, 『새국어교육』 98, 한국국어교육학회.
이춘식(2015), 「2009 개정 실과(기술 · 가정) 교육과정에서 '기술의 세계' 영역의 핵심 개념 연구」, 『한국기술교육학회지』 15-1, 한국기술교육학회.
전은주(2010), 「화법과 문법의 통합 교육 내용 구성」, 『문법 교육』 12, 한국문법교육학회.
주세형(2006), 『문법교육론과 국어학적 지식의 지평 확장』, 역락.
차윤경 외(2014), 『융복합 교육의 이론과 실제』, 학지사.
천세영 외(2012), 『인성교육 비전 수립 및 실천 방안 연구(정책연구 2012-14)』, 교육과학기술부.
최재천(2009), 「Design Nature: 자연과 통섭(統攝)하라」, 『2009 Design Talk 4 특강 자료집』, 한국디자인산업연구센터.

ACARA(2010), *The Australian Curriculum: Science*, Curriculum, Assessment and Reporting Authority.
Drake, S. M.(2007), *Creating Standards-Based Integrated Curriculum: Aligning Curriculum, Content, Assessment, and Instruction*, CA: Corwin Press.
Drake, S. M.(2007), *Creating Standards-Based Integrated Curriculum*, 유제순 외 역(2012), 통합 교육과정 개발과 평가의 기초, 교육과학사.
Erickson, L.(2001), *Stirring the Head, Heart and Soul: Redefining Curriculum*

and Instruction(Second Ed.), CA: Corwin Press.

Harris, T. L. & Hodges, R. E.(1989), *A Dictionary of Reading and Related Terms*, IRA.

Lier, V.(2004), *The Ecology and Semiotics of Language Learning -A Sociocultural Perspective-*, Kluwer Academic Publishers.

McTighe, J. & Wiggins, G.(2005), *Understanding by Design: Professional Development Workbook*, 강현석 외 역(2008a), 『거꾸로 생각하는 교육과정 개발 -교사연수를 위한 워크북-』, 학지사.

Tomlinson, C. A. & McTighe, J.(2006), *Integrating Differentiated Instruction & Understanding by Design: Connecting Content and Kids*, 김경자 외 역(2011), 『맞춤형 수업과 이해중심 교육과정의 통합』, 학지사.

Wiggins, G. & McTighe, J.(2005). *Understanding by Design: Expanded Second Ed*, 강현석 외 역(2008b), 『거꾸로 생각하는 교육과정 개발 -교과에 대한 진정한 이해를 목적으로-』, 학지사.

융복합 국어 능력의 개념화 탐색*

– 매개 담론을 통한 핵심 개념 설정을 중심으로

이 연구는 국어 능력을 융복합적 관점에서 개념화하는 작업이다. 이는 창의 융합형 인재 양성을 강조하는 현 교육적 화두에 대응하여 국어교육을 통해 함양해야 할 국어 능력을 고민해 본다는 의의를 지닌다.

국어 능력, 융복합 교육, 융복합 국어교육, 넘나듦, 융복합적 사고, 신문식성, 언어문화의 중층성

국어 능력이 내용, 방법, 그리고 평가를 통어하는 핵심 개념이기에, 이 연구를 통하여 융복합 국어교육의 틀을 형성해 나갈 수 있기를 기대한다.

---

* 이 논의는 "김규훈(2015), 「융복합 국어 능력의 개념화 탐색 -매개 담론을 통한 핵심 개념 설정을 중심으로-」, 『우리말글』 67, 우리말글학회"를 수정 및 보완한 것이며, 2015년 대한민국 교육부와 한국연구재단의 지원을 받아 수행된 연구이다(NRF-2015S1A5A8011384).

1. 도입: 융복합 수업 사례와 국어 능력의 문제

이 연구는 국어 능력을 융복합적 관점에서 개념화하는 작업이다. 이는 창의 융합형 인재 양성을 강조하는 현 교육적 화두에 대응하여 국어교육을 통해 함양해야 할 국어 능력을 고민해 본다는 의의를 지닌다.[1]

국어 능력은 복합적인 개념이다. 융복합 국어교육에 적합한 국어 능력을 탐색하는 작업 역시 그리 쉬운 일은 아니다. 그런데 융복합 국어교육은 전혀 새로운 국어교육이 아니다. 융복합 교육에 대응하는 국어교육의 역할을 강조한 말인 것이다. 이에 융복합 국어교육에 적합한 국어 능력은 기존 국어 능력의 개념을 존중하면서도 특히 융복합 교육의 현상에 대응되도록 재개념화하여 접근할 수 있다.

융복합 교육의 현상을 가늠하기 위해 이 연구는 교육 현장에서 활발히 펼쳐지고 있는 국어과 중심의 융복합 수업을 살펴보려 한다. 어쩌면 이것이 하나의 수업 사례에 지나지 않을지도 모르지만, 이러한 수업의 과정에서 학습자가 어떠한 국어 능력을 발현하는지 확인할 수 있다. 이른바 '융복합적 국어 능력'이 과연 기존의 국어 능력과는 전혀 다른 '무엇'인지, 아니면 기존의 국어 능력에 '연계 혹은 확장'되는 대상인지 파악해 나갈 수 있는 것이다.

여기에서 살펴볼 융복합 수업은 '생태 체험 활동을 활용한 STEAM 융합교육 프로그램'(신재한, 2013; 차윤경 외, 2014: 150)이다. 차윤경

---

1 이 연구는 '교과 융복합 교육'의 담론 울타리에서 '학습자의 국어 능력'을 논의 대상으로 둠을 전제한다. 이에 이 논의에서 말하는 교과 융복합 교육은 '교과와 교과의 결합', '교과와 비교과 활동의 결합'의 양상으로 펼쳐지는 교육적 이론과 실천의 담론체를 말한다. 한편 용어 사용과 관련하여 '융복합'은 '융합형, 융합, 컨버전스' 등과 같은 맥락으로 이들을 포괄하는 것임을 밝혀둔다.

외(2014: 150)에서는 이 수업에 대하여 국어과 융복합 교육으로서 그 융복합에 개연성이 있으면서도 국어과의 내용 요소가 비교적 두드러지게 나타난 사례로 판단하고 있다. 다음 〈표 1〉을 통해 실제 수업 활동을 중심으로 전체 개요를 먼저 훑어본 다음, 국어과의 내용을 구체적으로 살펴보도록 하자.

〈표 1〉 생태 체험 활동을 활용한 STEAM 융합교육 프로그램

프로그램명: 식물과 더불어 사는 세상을 위한 북아트 만들기		
융합 준거	차시	활동
상황 제시	1-2	우리는 식물 탐사대
창의적 설계	3-4	잎의 생김새와 특징을 관찰하기
	5-6	줄기 세상 속으로
	7-8	땅 속 뿌리 탐사대
	9-10	꽃과 열매 만나기
	11-12	식물 속 이야기 세상
	13-14	북아트 체험하기
감성적 체험	15-18	식물과 더불어 사는 세상을 위한 북아트 만들기

위 〈표 1〉에서 볼 수 있듯이, 이 융복합 수업은 생태학적 지식의 탐구를 목표로 삼아 올바른 인성교육의 실현을 의도하며 궁극적으로는 창조적 이야기책의 완성을 지향한다(차윤경 외, 2014: 152). 실질적으로 이 수업에 관여하는 교과는 '과학(생물), 언어 예술(문학), 미술'이다. '식물 탐사대'라는 활동을 시작으로 10차시까지의 내용은 대부분 생물 중심이다. 그런 다음 언어 예술 관련 내용이 11-12차시에 제시되고 '북아트'라는 언어와 미술이 융합된 형태로서 13-14, 15-18 차시가 구성된다. 10차시까지의 생물 교과에 관련된 지식이 언어 예술과 미술에 각기 확산적으로 적용되는 양상이라고 할 수 있다. 이들은 정태적인 교과의 지식 학습에만 국한되지 않으며 역동적이고 실제적인 학습자 중심의 실험과 실습 및 체험 활동을 강조한다.

〈표 1〉에 제시된 활동 가운데 국어과와 관련된 부분은 11-12차시와 15-18차시이다. 이 가운데 언어 예술 관련 내용으로서 국어교육적 성격이 잘 드러난 11-12차시를 자세히 살펴보면 다음 〈표 2〉와 같다.[2]

〈표 2〉 융복합 수업의 언어 예술 관련 교수-학습 내용

	내용	활동
도입	동기 유발 및 문제 확인	▸동기유발: 아름다운 집짓기 - 아름다운 집짓기와 이야기 만들기의 공통점 알아보기
전개	학습과제 확인	▸활동 1: 이야기 속으로 - '토끼전' 이야기 듣기
	다양한 아이디어 산출	▸활동 2: 동화 속으로 - 식물의 다양한 모습과 관련된 인성적인 요소 찾고, 여러 동화 읽기
	아이디어 비교하기	▸활동 3: 손으로 그리는 동화 - 동화의 줄거리를 만화로 그리기
	아이디어 선택하기	▸활동 4: 나도 작가 - 모둠별로 식물과 관련된 인성 동화의 구성 요소와 줄거리 고려 인성 동화 쓰기
정리	정리하기	▸작품 발표하기 - 모둠별로 쓴 식물 관련 인성 동화 발표하기

위 〈표 2〉는 앞 〈표 1〉의 융복합 수업에서 언어 예술 관련 교수-학습의 구체적인 내용과 활동이다. '식물의 생태 탐구 체험(생물)' → '이야기 속 식물 관련 논의와 인성 가치 확인(국어)' → '식물 생태와 이야기의 아트북 제작(미술)'의 전체 수업 흐름에 비추어 볼 때, 위 〈표 2〉의 수업은 '생물과 미술의 징검다리 역할'을 함을 알 수 있다. 과학적 탐구 현상을 언어적으로 변환하고 이를 다시 미술로 적용하는 활동으로 구성되어 있다. 이들 활동의 핵심은, 차유경 외(2014: 154)에서 언급하였듯이, '내러티브(narrative)'이다. 자신의 경험을 다

2 〈표 2〉는 차윤경 외(2014: 153-154)에 소개된 신재한(2013)의 내용인데, 여기에서는 이 교수-학습 과정안의 세부 내용 가운데 융복합의 특성이 잘 드러나는 부분을 제시하였음을 밝힌다.

른 상황에 적용하고 새롭게 이야기를 창조하는 내러티브가 위 〈표 1〉의 국어과 융복합 기제인 것이다.

여기에서 국어과와 관련된 내용을 학습자 활동으로 변환하여 학습자가 발휘할 것으로 예상되는 능력을 가늠해 보자. 우선 '활동 1'은 '이야기 구성 요소'를 찾는 활동을 통해 문학의 수용과 생산 능력을 기르는 데 초점을 둔다. '활동 2'는 '식물에 관한 이야기'를 찾고 그 구성 요소를 떠올리는 것이다. 10차시까지의 체험을 통해 체득한 생물의 지식을 바탕으로 한 문학 능력의 함양을 유도한다. 이들 두 활동은 자연스레 '미술' 교과로 이어지는데, '활동 3'에서 동화에 쓰일 만화를 그려 보게 하여 미술 능력을 계발한다. 그래서 '활동 4'에서는 '식물과 관련된 인성 동화 쓰기'를 통해, 문학의 생산 능력에 집중하면서도 이전에 습득한 식물에 대한 지식을 동원하고 이를 미술로 표현하는 능력과 연계한다. 더욱이 '인성 동화 쓰기'를 한다는 점에서 일련의 융복합 활동을 통해 궁극적으로 학습자가 식물과 더불어 살아가야 한다는 생태적 공동체 의식을 길러준다. 요컨대 이 융복합 수업에서 함양하고자 하는 능력은, 문학의 수용과 생산 능력을 중심에 두면서, 동시에 이를 과학 및 미술과 연계하고, 더 나아가 범교과적 인성을 기르는 데까지 나아가는 '힘'이라고 할 수 있다.

그렇다면 이러한 '힘'을 모두 국어 능력이라고 할 수 있을까? 이러한 '힘'이 국어 능력과는 전혀 관련이 없는 다른 특정한 능력이라고 해야 할까? 아니면 이러한 '힘'에서 전통적인 국어 능력이 일부분 존재하고 다른 교과의 능력이 혼재하고 있다고 판단해야 할까?

한 가지 분명한 사실은 위와 같은 융복합 수업이 현장에 존재하고 그 속에서 국어교육의 역할을 찾아간다고 할 때, 이 수업은 기존의 국어 수업과 다르기에 기존의 국어 능력만을 함양한다고 단언할 수 없다. 즉 '식물에 관한 이야기(동화)를 찾아 미적으로 표현하며 인성의 함양을 꾀하는' 과정에서 작동하는 국어 능력이 기존의 국어 능력과 동일한 것인지에 대해서는 속단하기 어렵다. 대신 '식물에 대한 지식을 국어적으로 변환시키는' 활동에서 작동하는 힘 그리고 '이야기를 미적으로 표현하며 인성을 추구하는' 활동에서 작동하는 힘은 모두 '국어적으로 관련을 맺는' 모종의 내용과 방법이 동시에 발현된다고 할 수 있다.[3]

이를 전제하고 이 연구는 국어 능력 역시 융복합 교육의 울타리 속에서 새로운 방향으로 재개념화할 필요가 있음을 주장한다. 국어교육의 핵심 담론이라고 할 수 있는 국어 능력에 대한 융복합적 개념화 탐색은, 융복합 교육에 대응하는 국어교육의 내용과 방법을 더욱 풍부하게 구성하도록 기여할 것이다. 이를 위해 먼저 '국어 능력'이 어떤 구조를 지니고 있는지 파악해 보고자 한다.

2. 국어과 교육과정에서 추출한 국어 능력의 구조

국어 능력은 복합적인 개념이기에 하나로 담론화할 수 없다. 이 때문에 국어 능력에 대한 다양한 논의는 각기 다른 학문적 관점에서 접근하고 있다. 그간 국어 능력은 대체로 '국어적 사고', '문해력' 등과 관련을 맺어 논의되어 왔다.[4] 이 연구에서는 이들 논의가 숙의

---

3 국어과는 본질적으로 도구 교과적 성격을 지니고 있다. 예를 들어, 듣고 말하며 읽고 쓰는 활동은 모든 교과의 바탕이 된다. 이러한 점에서 도구 교과로서의 국어과는 그 자체로 융복합적 성격을 내포한다. 그런데 국어과의 또 다른 중요한 축인 문화 교과의 내용 역시 융복합 교육의 실천을 추동한다. 여기에서 살펴본 내러티브적 변환, 인성의 탐구는 이와 관련된다고 할 수 있다. 따라서 이 연구는 도구와 문화, 이 둘을 모두 포함하여 논지를 전개하고자 한다.

4 국어 능력의 논의는 '사고력(이삼형 외, 2007)', '문해력(박인기, 2002; 이천희, 2005;

(deliberation) 과정을 거쳐 종합된 국어과 교육과정 담론을 통하여 국어 능력의 구조를 파악해 보고자 한다. 최근에 고시된 2015 개정 국어과 교육과정에서 국어 능력을 추출해 볼 것이다.[5]

국어과 교육과정 담론에서 국어 능력은 '성격'을 기술한 첫 부분에 잘 드러나 있다. 국어과의 성격에는 국어교육이 '왜' 필요한지 그 이유가 분명히 언급되어 있다. 이 '왜'의 문제는 학습자가 함양해야 할 국어 능력과 직결된다. 2015 국어과 교육과정의 '성격' 항의 첫 문단에서 국어 능력에 관한 진술을 확인할 수 있다.

> 국어는 대한민국의 공용어로서 사고와 의사소통의 도구이자 문화 창조와 전승의 기반이다. 학습자는 국어를 활용하여 자아를 인식하고 타인과 교류하며 세계를 이해한다. 또한 다양한 국어 활동을 통해 문화를 이해 향유하며 새로운 문화의 발전에 참여한다. (…중략…) 국어 능력이 부족하면 효과적인 학습이 어렵고 결과적으로 성공적인 삶을 영위하기도 어렵다. 따라서 학습자는 학교생활을 통해 폭넓은 국어 경험을 쌓으며 일상생활과 학습에 필요한 실질적인 국어 능력을 길러야 한다. 이를 바탕으로 학습자는 더 깊이 있는 사고와 효과적인 소통, 발전적인 문화 창조 능력을 갖추게 된다. 나아가 자신의 말과 글에 책임지는 태도를 지니고, 바람직한 인성과 공동체 의식을 기름으로써 국어 교육의 목적을

노명완, 2007; 김상욱, 2011 등)'에 관한 것이 많다. 최근에는 다문화 능력, 생태학적 능력 등과 같은 국어교육에 인접한 학제 현상을 국어 능력으로 전이하고자 하는 논의도 있다(김규훈 · 김혜숙, 2014, 2015a).

5 국어과 교육과정은 "학습자가 국어과를 통해 기를 수 있는 능력은 무엇인가?"라는 물음에 대한 대답을 학문적, 사회적, 교육적 측면에서 숙의한다. 비록 지나친 교육과정 개정 정책으로 인해 국가 교육과정에 대한 신의가 약화되었다고 할 수도 있다. 그런데 역설적이게도 수차례에 걸친 교육과정 개정 과정은 국어 능력이 무엇인지 보다 심도 있게 고민할 기회를 제공해 주었다.

달성할 수 있다(교육부, 2015: 3, 연구자 밑줄).

위에서 대한민국 공용어로서 국어가 어떠한 성격을 지니고 있고, 왜 국어를 교육하는 것이 필요하며, 더 나아가 이를 통해 어떠한 능력을 갖추어 가는지 확인할 수 있다. 여기서 주목할 사항은 밑줄 친 부분, 곧 국어가 지닌 세 가지의 성격과 이를 바탕으로 국어를 배워서 기르는 능력이 명시된 부분이다. 이들은 '사고, 소통, 문화'라는 세 가지의 핵심어로 압축됨을 알 수 있다.[6]

첫째, 국어는 사고의 도구로서 국어교육을 통해 더 깊이 있게 사고할 수 있는 힘을 기른다. 지난 2007 국어과 교육과정에서 강조된 '고등정신능력(교육과학기술부, 2008: 15)'이 2015 국어과 교육과정에서도 우선적으로 강조되어 있음을 알 수 있다. 국어를 배워서 기르는 사고는 '국어적 사고력'에 관한 논의가 그 기저에 깔려 있다. 이와 관련하여 이삼형 외(2007: 168)은 국어적 사고력이 국어 및 국어 문화 지식과 사용 전략을 바탕으로 하면서, 크게 '인지적 사고, 정의적 사고, 상위인지'로 구분될 수 있다고 하였다.[7] 이러한 구조를 지닌 국

6 국어과 교육과정 문서에서 의도하고 있는 국어 능력은 다분히 국어과 하위 영역을 고려하고 있다. 영역별 특수성이 발휘되는 행위 지점을 고려하여, 정확하고 비판적인 이해와 효과적이고 창의적인 표현 능력, 국어 현상의 탐구와 국어 의식의 함양, 문학 작품의 수용과 생산 및 인간의 이해와 심미적 정서 함양에 관여하는 지식을 알고 행하며 태도를 내면화한 총체를 국어 능력이라고 기술하고 있다(서영진, 2015: 283). 국어 능력은 이와 같은 하위 영역별 능력 요소와 함께 이들이 한데 작용하여 지향하는 범주를 설정해 줄 필요가 있다. 이 연구는 이를 '사고, 소통, 문화'라고 본다.

7 이삼형 외(2007: 167~170)은 Bloom(1956)을 비롯한 사고력에 대한 연구를 종합하여 국어적 사고력의 구조를 밝히고 있다. 국어적 사고력은 일반적인 사고력과 밀접한 관련을 갖되, 국어의 특수성을 기반으로 하고 있음을 명시하고 있다. 여기에 제시된 사고력의 구조 역시 기존의 인지적, 정의적, 상위인지의 하위 사고 구조이면서 이를 국어교육적으로 해석한 것이다.

어적 사고는 이들이 발현되는 활동의 국면에서는 통합적으로 작동한다.

둘째, 국어는 의사소통의 도구로서 국어교육을 통해 타인과 교류하는 효과적인 소통 능력을 기른다. 국어가 의사소통의 도구라는 점은 '국어 사용'과 깊은 관련이 있다. 2007 국어과 교육과정 이래 강조되어 온 '텍스트의 비판적 수용과 창의적 생산'은 국어 사용이 무엇인지에 대한 답을 암시한다. 의사소통 능력은 다양한 학문적인 배경을 통해 접근할 수 있는데, '텍스트'의 소통을 중시할 때 이는 '문해력(literacy)'과 밀접한 관련을 맺는다. 실제로 '기능적 문해력', '문화적 문해력(박인기, 2002)', '비판적 문해력(정혜승, 2004)' 등과 같이 텍스트를 이해하고 그 내면적인 의미를 파악하는 능력을 국어교육에서 강조해 왔다.

셋째, 국어는 문화 창조와 전승의 기반으로서 국어교육을 통해 문화를 이해하고 향유(enjoyment)[8]하며 새로운 문화를 창달하는 힘을 기른다. 문화가 복합적인 개념이기에 그 실체를 온전히 파악하는 일은 어렵지만, 여기에서 말하는 문화는 '언어문화'를 지칭하는 것이다. 최인자(2005: 112)에서는 언어문화를 모국어 화자가 현실적 삶에서 겪는 언어적 사태와 경험의 총체라고 하였다. 우리 말글에 대한 전통 문화와 현실 생활에서 형성된 다채로운 언어 현상을 아우르는 의미인 것이다. 국어교육에서는 '언어문화로서의 국어교육(김대행, 2002; 최인자, 2005; 김창원, 2007)'에 관한 담론이 형성되어 있다.

지금까지 살펴본 것처럼 국어가 지닌 세 가지의 중요한 성격에 따

---

8 향유(enjoyment)를 Whitehead(1957)의 관점을 빌려서 말하면, '즐거움이 지속되는 상태'이다. 즐거움은 단순한 쾌락이나 재미와는 다른 것으로 온전한 이해를 바탕으로 대상의 본질을 통찰할 때 생겨난다. 언어문화의 향유는 이른바 '삶으로서의 국어교육'이 지향해야 할 지점이다.

라 국어 능력은 사고, 소통, 문화의 성격을 지니고 있음을 알 수 있다. 이를 바탕으로 국어 능력의 구조를 다음 〈표 3〉과 같이 정리해 보고자 한다.

〈표 3〉 국어 능력의 범주와 요소

범주		요소
사고	국어적 사고력	국어에 관한 인지적, 정의적 사고, 상위인지
소통	의사소통능력	텍스트의 수용과 생산 능력으로서 문해력
문화	언어문화능력	국어 문화 현상의 이해·향유·창달 능력

위 〈표 3〉에서 볼 수 있듯이 국어 능력은 사고, 소통, 문화의 측면에서 '국어적 사고력, 의사소통능력, 언어문화능력'의 범주를 지닌다. 이는 국어 능력이 사고, 소통, 문화의 개념을 모두 포괄함이 아니라, 이들 거대 담론이 함유한 개념적 성격을 국어 능력이 공유하고 있음을 의미한다. 국어적 사고력은 인지적이고 정의적인 사고와 상위인지가 중요하며 각각 하위 사고의 유형을 지닌다. 의사소통능력은 텍스트의 수용과 생산 능력이 중요하며 특히 다양한 문해력과 밀접한 관련을 맺는다. 언어문화능력은 국어 문화 현상을 이해하고 향유하며 창달하는 힘을 강조한다.

이와 같은 국어 능력을 함양하기 위하여 국어교육은 하위 영역별로 지식, 기능, 태도가 어우러진 교육 내용을 선정한다. 듣기 · 말하기, 읽기, 쓰기, 문법, 문학으로 대표되는 국어과 하위 영역별 교육 내용은 국어 능력으로의 사고, 소통, 문화의 요소와 입체적으로 대응된다.[9] 이러한 점에서 국어교육의 하위 영역은 독자적인 이론 체계

9 차윤경 외(2014: 134)에서는 국어교육에서 담당하는 '능력' 혹은 '핵심 역량'에 대하여 '의사소통(이해와 표현), 문화(문학), 탐구(문법)'의 영역별 범주로 정리한다. 그런데 이러한 영역별 접근은 국어 능력의 총체를 살피기 어렵다. 일례로 국어

를 구축하면서도 실제 교육 현장에 투영될 때에는 영역 통합적인 내용 설계를 중시한다.

융복합 국어교육에 대한 필요성 역시 국어교육에서 추구해 오던 영역 통합적인 내용 설계와 동궤를 형성하면서도 그 궤적을 확장하는 것과 긴밀히 관련된다. 그 노정에서 국어교육의 중핵이라고 할 수 있는 국어 능력, 즉 사고, 소통, 문화는 융복합 교육과의 접점을 가장 우선적으로 찾아나가야 한다.[10]

그렇다면 융복합 교육과 융복합 국어교육의 지향점은 무엇일까? 이를 확인하는 작업을 거치면 국어 능력이 융복합적으로 어떻게 개념화될 수 있을지 고민해 볼 수 있을 것이다.

3. 학문 융복합과 융복합 교육, 융복합 국어교육의 지향

융복합 교육 논의의 출발점은 학문 융복합이다. 통섭(consilience)과 같은 학문 분과의 총체성 지향 개념은 이와 관련이 깊다. 이에 융복합 교육, 융복합 국어교육이 무엇을 지향하는지 파악하기 위해서는 먼저 학문 융복합이 무엇인지 살펴볼 필요가 있다.

융복합은 개념적으로 분리된 대상의 결합과 이를 통한 대상의 총체적 이해를 지향한다. 학문 융복합은 이와 같은 맥락에서 지나친 학문 분권화가 지닌 폐해를 극복하고자 한다. 이와 관련하여 유영만

문화에는 언어로 표상된 문화인 문학만 가치 있는 것이 아니라, 화법 문화, 독서 문화, 우리 말글의 문화 등도 반드시 포함되기 때문이다.

10 교육부(2015: 4)에 기술되어 있듯이, 국어 교과가 다른 교과와 연계되는 범교과적 성격을 지니며 더 나아가 학교 교육이 지향하는 통합적 인간형을 기르는 데 기여한다는 점에서, 융복합 교육에 대응하는 국어교육, 이른바 융복합 국어교육과 그 목표로서의 능력에 대한 연구는 중요하다.

(2009: 47)은 학문 융복합의 지향점을 개별 분과학문의 분화를 통한 전문화가 남긴 폐해와 역기능을 해소하고 그것의 한계와 문제점을 극복하기 위한 노력이라고 하였다. 학문들이 세부적으로 나눠지고 쪼개지면서 전문화를 지향했지만 그것은 결국 지식의 파편화를 초래했으며, 인접 학문 간에도 소통이 불가능한 수준에 이르게 되었다.[11] 학문 융복합은 인간 삶에 관한 현상의 이해와 해석이라는 학문의 본질은 간과한 채, 학문 전문화 속에서 속박되고 만 학문 분과주의의 폐해(최재천, 2009a: 7)를 극복하고자 하는 노력이다. 그런데 이러한 학문 융복합의 지향은 각 분과의 학문이 지닌 전문성을 부정하지 않는다. 대신 오직 전문화에만 집착해서는 안 된다는 경고를 보낸다. 이에 학문 융복합은 한 분야에 대해 깊이 있는 전문성을 가지면서도 그와 관련된 분야와 자유롭게 소통하는 것을 지향한다.

융복합 교육을 학문 융복합의 관점에서 바라보면, 학문으로서의 교육학 역시 이와 같은 전문성과 소통을 중시해야 한다는 의미를 적용할 수 있다. 융복합 학문의 관점에서 교육학은 학문 분과주의와 마찬가지로 지나친 교과 분과주의가 낳은 폐해를 경고한다. 주미경 외(2012: 170)의 지적과 같이, 서양 사회의 근대 과학에서 비롯된 데카르트의 환원주의적 패러다임은 학교 교육의 분과적 접근 경향, 즉 교과의 울타리를 더욱 튼튼하게 만들었다. 굳건하게 형성된 '교과 분과주의'를 극복하고 교육의 본질을 찾아가기 위해 융복합 교육이 존재한다. 이러한 점에서 근대성을 극복하고 인간성의 회복과 총체성

---

11 예를 들어, 의학 분야에 내과, 외과, 신경과 등이 있고 내과에도 심장전문, 신장전문, 위장전문 등으로 또 나누어진다. 그렇게 쪼개고 또 쪼개면서 인간은 차치하고 인체라는 개념 자체가 실종되는 기형적인 전문화가 되었다. 인체라는 개념의 상실 후에는 인간이 아닌 고쳐야할, 없애야할 질병, 질환만 남게 된다(노상우 · 안동순, 2012: 72).

을 지향하고자 하는 전일적 교육(holistic education), 생태학적 교육(ecological education) 등은 융복합 교육을 지지하는 인접 학문이다(김규훈, 2015: 33). 결국 융복합 교육은 학습자의 삶을 중심에 두고 교과와 비교과의 결합을 꾀하고자 하는 실천적 담론이다.

융복합 교육은 '추구하는 인간상'이 무엇인지를 떠올려 볼 때 그 지향점을 보다 분명하게 확인할 수 있다. 여기서 학문 융복합이 지향하는 바를 상기해 보면, 한 분야의 전문성을 바탕으로 다른 분야와 소통하는 것이 중요함을 알 수 있다. 이렇게 볼 때, 학문 융복합의 테제를 품은 융복합 교육은 한 분야의 전문성을 갖추면서 다른 분야와 소통할 줄 아는 인간상을 추구한다고 할 수 있다. 이와 같은 맥락에서 노상우 · 안동순(2012: 78)은 이돈희(2009: 4~5)를 바탕으로, 융복합 교육의 인재는 지식의 방법적 특징을 분석하고 설명하고 조직하고 활용할 수 있도록 지식을 융합할 수 있는 능력을 갖추어야 한다고 하였다. 그러면서 한 분야의 '전문성'을 갖추고 이 전문성을 다른 분야로 '전이할 수 있는 융통성과 응용력'을 지닌 사람임을 강조하였다. 이렇듯 '한 분야의 전문성'을 충분히 갖추고, '다른 분야에 이를 전이할 줄 알고', 더 나아가 '삶의 맥락에 적용할 수 있는' 인간을 기르는 것을 융복합 교육은 중핵적 목표로 삼고 있다.

이와 같은 융복합 교육의 추구하는 인간상은 교과 교육에서 보다 적극적으로 논의되어야 한다. 융복합 교육이 교과의 닫힌 문을 열고 굳건한 울타리를 낮추는 데 목적이 있다면, 각 교과에서도 이를 위한 담론적 노력이 수반되어야 하기 때문이다. '교과'의 개념이 본래부터 존재했던 것, 혹은 오직 학교 교육과 관련되어 형성된 고정된 개념이 아니라는 점에서 더욱 그러하다. 박인기(2009: 314~315)에서 지적한 바와 같이, 교과와 학교가 자동으로 연결되는 사고방식은 미래 사회의 학교 개념이 변화함에 따라 교과의 의미 또한 다채롭게 변할 수 있음을 간과해서는 안 된다. 결국 융복합 교육은 미래 교육의 상을 조망하는 과정이며 이는 새로운 방식으로 미래 교과를 형성하는 발판이 될 수 있다.

이를 전제할 때, 교과 교육으로서의 국어교육은 융복합 교육에 대응하여 국어교육의 본연적인 정체성을 더욱 강화하는 방향으로 융복합 국어교육의 인간상을 구상해야 한다. 이에 대하여 차윤경 외(2014: 132)에서는, 논란이 있을 수 있겠지만 본질적으로 국어교육의 정체성은 '언어 사용'과 '문화성'에 있다고 한 바 있다. 그리고 이 언어 사용과 문화성은 융복합 교육과 연계하는 중요한 축으로 작동한다. 이는 윤여탁(2015)에서 지적한 바와 같이 국어교육이 도구 교과이자 문화 교과로서 풍부한 융복합적 자질을 내포하고 있음을 의미한다. 이를 바탕에 둘 때, 융복합 국어교육은 국어교육의 도구성과 문화성에 대한 전문성을 기르면서도 다른 교과 및 비교과 영역과 소통하며, 궁극적으로 삶 속에 이를 적용할 줄 아는 인간상을 지향점으로 설정해야 할 것이다.

이때 한 가지 오해하지 말아야 할 사실은 국어과와 다른 교과 혹은 비교과 영역과의 소통이, 국어과가 기반이 되어 다른 분야로 전이 혹은 확산되는 것만을 의미하지는 않는다는 점이다. 범박하게 말해 소통이 수용과 생산의 과정을 포함한다고 할 때, 국어과 기반의 전이와 함께 다른 교과의 국어적 내용을 탐색하여 국어교육의 범교과적 내용을 정립할 수 있어야 한다(김규훈 · 김혜숙, 2015b; 김규훈, 2015). 이러한 점에서 국어교육에 대한 전문성을 기르면서 다른 분야와 소통한다는 뜻은 국어과의 울타리에서 다른 교과의 울타리로 '넘어가는' 현상과 더불어 '넘어오는' 현상을 모두 포함한다고 하겠다.

지금까지 살펴본 학문 융복합과 융복합 교육, 융복합 국어교육의 지향점을 종합하여, 융복합 국어교육의 담론화 방향을 제시해 보고자 한다. 그것은 바로 학습자 '삶의 맥락' 속에서 국어교육과 다른 교과 및 비교과 영역 사이의 '넘나듦'[12]을 극대화하는 것이다. 국어교육이 지금까지 강조해 온 '언어 사용'과 '문화성'의 자질에 대한 전문성을 확보하면서 이 자질과 '넘나들 수 있는' 내용의 교수-학습이 국어교육에서 이론적, 실천적으로 논의되어야 한다. 곧 다음 [그림 1]과 같이, 국어과의 내용을 바탕으로 다른 교과로 '넘어갈 수 있고', 다른 교과를 국어적으로 전이하여 '넘어올 수 있으며', 이들 작용이 학습자 '삶의 맥락'에서 이루어질 때 비로소 가능해진다.

〔그림 1〕 융복합 국어교육의 '넘나듦'

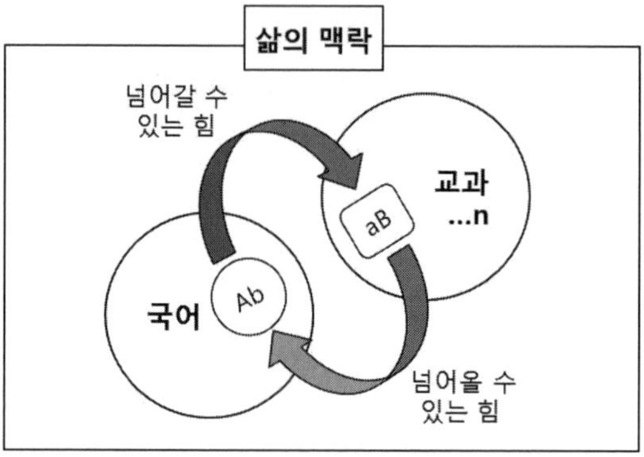

위 [그림 1]은 융복합 국어교육을 추동하는 담론으로 '넘나듦'을 나

12 '넘나듦'은 학문 융복합의 본질적인 특징을 나타낸 말이다. 이와 관련하여 노상우·안동순(2012: 70)에서는 융복합이 "Good fences make good neighbors."라는 시 한 구절처럼 구획이 있지만 건너갈 필요가 있을 때 쉽게 넘나들 수 있는 가능성을 말한다고 하였다. 이는 담을 아예 헐어버리자는 것이 아니라 담을 서로 건널 수 있을 만큼 충분히 낮추고 구멍도 뚫어 서로 소통하고 교환하자는 것을 의미한다(최재천, 2009b: 7). 한편 앞의 1장에서 살펴본 융복합 수업의 사례를 떠올려 볼 때, 문학 능력이 발휘되면서 동시에 다른 교과와 연계할 줄 아는 힘을 국어교육에서 의도적으로 길러주는 것, 이것이 넘나듦의 핵심이다.

타낸 것이다. 교육 현장에서 가장 일반적으로 나타나는 융복합 현상으로서 국어와 역사의 융복합을 예를 들어 이를 이해해 보자. 훈민정음(A)과 세종대왕의 정책(B)을 융복합적으로 연계한다고 할 때, 훈민정음에 담긴 애민 정신(a)은 세종대왕의 철학(b)과 깊은 관련을 맺고 있다. 훈민정음의 창제 원리가 세종대왕의 철학에 대한 인식을 통해 보다 풍부하게 이해할 수 있음을 직시할 때, 국어교육은 훈민정음의 창제 원리만을 교수-학습하는 데 그쳐서는 안 된다. 세종대왕의 정책(B)에서 애민 정신(a)과 관련이 있는 부분을 국어적으로 '넘어가서' 탐구할 줄 알고, 훈민정음(A)에 세종대왕의 철학(b)이 담겨 있음을 국어과 울타리로 '넘어와서' 이해하게끔 교수-학습해야 한다. 이러한 과정을 통해 학습자는 '훈민정음과 세종대왕'에 대한 융복합적 이해를 도모할 수 있다. 이는 궁극적으로 우리 삶 속에서 우리 말글의 총체를 파악하는 밑거름이 되는 것이다.[13]

이렇듯 '넘나듦'을 기준으로 삼은 융복합 국어교육의 담론화는 꾸준히 천착되어야 한다. 이는 기존의 국어교육적 논제를 새로운 시각으로, 즉 융복합적으로 바라보아 국어교육에 대한 지속적인 재개념화를 추동할 것이다. 이를 위한 출발점에 '국어 능력'에 대한 논의가 자리 잡고 있다. 이제 국어 능력을 '넘나듦'의 기준으로 재개념화해 보고자 한다. 앞의 2장에서 논의한 '사고, 소통, 문화'의 측면이 과연 이 '넘나듦'을 기준으로 어떻게 심화·확장될 수 있는지 파악해 보도록 하자.

13 비록 이 연구가 국어 능력을 융복합적으로 개념화하기 위한 이론적 층위의 논의이지만, 실제 국어 능력의 융복합적 작동 양상에 대한 탐색은 지속되어야 할 것이다. 이에 이 연구를 기반에 두고 '생각도구(Root-Bernstein, et. al.(1999))'를 준거로 삼은 국어 능력의 실천 가능 양상을 후속 연구로 진행하고자 한다.

4. 국어 능력의 융복합적 재개념화를 위한 핵심 개념 설정

4.1. 사고: 국어와 다른 현상을 연계한 문제 해결 능력

'넘나듦'을 기준에 둔 국어 능력에 대한 재개념화의 첫 범주는 '사고력'이다. 지금까지 논의된 '국어적 사고력'은 국어 능력의 기저이자 궁극적으로 도달해야 할 목표라는 점에서 중요한 위상을 지닌다. 국어적 사고력은, 이삼형 외(2007)에서 살펴볼 수 있듯이 '인지적, 정의적, 상위인지적 측면'으로 범주화되어 있다. 이때 상위인지적 측면은 인지적이고 정의적인 사고력에 대한 성찰을 다루고 있기에, 국어적 사고력은 인지적 영역과 정의적 영역으로 대별된다고 본다. 융복합 국어교육에 타당한 국어적 사고력 역시 인지적 영역과 정의적 영역으로 나누어 논의해 보도록 하자.

먼저 인지적 영역은 교육학의 '융합적 사고'에 관한 논의를 살펴볼 수 있다. 융합적 사고에 관한 논의로 박현이(2012: 44)는 융합적 사고의 바탕에는 '시스템적 사고'가 존재하며 그 핵심은 '통합과 연결'이라고 하였다. 탁형수(2015: 79)는 다양한 분야를 넘나들면서 새롭고 가치 있는 방식으로 문제를 해결할 수 있는 창의적이고 유연한 사고라고 하였다. 이는 김정효 외(2012)의 융합인재교육이 추구하는 지향적 능력에 근거한 것이다. 구체적으로 융합인재교육이 지향하는 프레임은 결국 학습자가 자신의 삶 속에서 학문의 각 분야들의 '연결성(interconnections)'을 이해하고, 자신 특유의 흥미와 목적을 추구하도록 하는 능력을 기르는 것이다(김정효 외, 2012: 26). 이들 논의를 바탕으로 볼 때, 융합적 사고는 인지적으로 '연결할 수 있는 사고'와 이를 통해 '다양한 문제를 해결할 수 있는 사고'를 핵심 요소로 갖고 있다.

구체적으로 '연결할 수 있는 사고'는 둘 이상의 교과가 혼재하는 융복합 교육에서 이들 현상을 한데 묶어 생각할 수 있는 힘을 의미한다. 김정효 외(2012: 28)에서는 Yakman(2011)을 바탕으로 특정 학문에서 학습되는 특수한 사고(discipline-specific thinking)는 다른 내용으로 전이될 수 있음을 전제하며, 학문간 연결성 탐색과 지식의 전이가 융합인재교육에서 중요하다고 하였다. 이를 융복합 국어교육에 적용하면, 다양한 국어적 현상과 다른 교과 및 비교과 현상이 지닌 연계성을 인지하는 사고력으로 치환할 수 있다. 여기에는 '국어적 연계성'[14]을 파악하고 현상의 총체를 상정하여 이들을 관계적으로 이해하는 능력이 포함된다.

'다양한 문제를 해결할 수 있는 사고'는 국어를 포함한 현상을 연결성에 입각하여 이해한 다음, 실생활 맥락적으로 이를 해결할 수 있는 힘을 의미한다. 여기서 '실생활 맥락'을 강조한 것은 Drake(2007)에서 말하는 융복합 교육의 적용 모형에 기인한다. 곧 융복합 교육의 적용태 가운데 완전한 융합에 가까운 것이 실생활 맥락인데, 이 실생활 맥락은 문제의 실천적 해결을 중시한다. 이를 융복합 국어교육에서 바라보면, 국어가 도구이자 문화의 중핵임을 이해하고 실생활에서 사용하는 국어와 관련된 문제를 새로운 시각에서 해결하는 힘이 요청된다고 하겠다. 이는 국어교육에서 그간 논의해 온 '국어적 창의성'[15]과 깊이 관련되어 있다. 탁형수(2015: 79)에서 말한, 다양한 분야를 넘나들면서 '새롭게 가치 있는 방식으로' 문제를 해결하는 융

---

14 '연계적 사고'라는 명명은 이 논의에서는 할 수 없지만, 관련 논의가 확충되어야 한다. 이와 관련하여 신호철(2009)에서 제시한 '연계성(networkness)'은 의미가 있다. 그것은 모든 현상이 망으로 연결되어 있기에 실상 총체를 들여다보아야 함을 암시하고 있기 때문이다.

15 '국어적 창의성'의 개념과 요소에 대한 연구는 김창원(2003), 김미혜(2004), 정혜승(2004), 신명선(2009), 최홍원(2011) 등을 참고할 수 있다.

합적 사고는, 국어적 문제를 해결하는 창의성(정혜승, 2004: 136)과 같은, 국어교육에서 강조되는 '창의적 사고' 논의와 같은 맥락을 이룬다.

다음으로 국어 능력의 정의적 영역은 인지적 영역의 실천을 위한 바탕인 태도와 관련이 깊다. 즉 이는 국어와 연결된 다양한 현상을 이해하고 그 현상이 품은 실생활 문제를 새로운 방법으로 해결하는 인지적 사고의 발현을 추동하는 태도이다. 이와 관련하여 탁형수(2015: 79~87)에서는 핵심 역량에 대한 분석을 통해 추출한 융합적 사고의 요소에서 '배려'와 '소통'을 정의적 영역으로 제시하고 있다. 여기서 '소통'은 이것이 지닌 인지적이고 정의적이며 맥락적인 속성(Hymes, 1974) 가운데 특히 정의적인 특성으로서 '협력'(탁형수, 2015: 84)을 말한다. 김규훈 · 김혜숙(2015: 322)에서도 융복합 국어교육의 소통은 창의성과 더불어 이를 지지하는 인성의 측면이 강조되어야 한다고 하였다. 특히 '관계 지향적이고 협력적으로' 문제를 해결하는 힘을 중시하고 있다.

'배려와 협력'은 결국 다양한 교과 현상을 연결하여 이해하고 주어진 문제를 해결하는 실천의 과정에서 함께 작동한다.[16] 이는 융복합 교육에서 담당해야 하는 지식은 혼자서 해결하기보다는 함께 해결하는 대상임을 방증한다(김규훈 · 김혜숙, 2015: 324). 이와 마찬가지로 융복합 국어교육에서도 국어과와 다른 교과 현상의 연결성을 찾아 이를 협력적으로 해결하려는 태도가 중요하며, 이러한 태도를 갖출

16 물론 '배려와 협력'만이 전부는 아닐 것이다. 다른 정의적 요소보다 이 둘이 강조된다고 이해해야 한다. 이는 시의적으로 교육 현장에서 펼쳐지는 '융복합 수업'이 대부분 '모둠 기반'의 협동 학습과 같은 프로젝트형 수업으로 이루어지기 때문이기도 하다. 이와 같은 실천적 근거 이외에 이론적 논거가 꾸준히 천착되어야 할 것이다. 참고로 '배려와 협력'의 사고는 김종률(2014: 117~120)에서 언급한 '관계적 사고'와 같은 맥락을 지니고 있다.

수 있는 정의적 사고가 필요한 것이다. 이러한 사고는 국어교육에서 강조되어 왔던 '태도'의 영역에 '배려와 협력'의 가치를 더욱 더 강조해 주는 데 있다고 하겠다.

요컨대 국어 능력의 기저이자 목표로서의 '국어적 사고력'은 융합적 사고가 지닌 연결성과 문제 해결, 그 과정의 협력과 배려의 요소를 중시한다. 따라서 융복합적 국어 능력은 '국어와 다른 현상을 연계하여 문제를 해결하는 인지적이자 정의적인 사고'의 핵심 개념을 설정할 수 있다.

4.2. 소통: 확장된 언어로서 기호를 소통하는 문해력

융복합 교육은 교과를 비롯한 여러 비교과 활동이 결합되기 때문에 복합적인 소통의 양상이 펼쳐지기 마련이다. 여기에서 고민해 보아야 할 것은 교과의 관점에서 이른바 '융복합적 소통'이 과연 교과가 갖고 있는 기존 소통 현상과 동일한지에 관한 판단이다.

국어교육의 경우 '국어'를 '소통한다'라는 의미가 과연 융복합 교육의 장에서도 그대로 유지될 수 있을 것인지에 대해서 고민해 보아야 한다. 주지하다시피 '좁은 의미의 국어'는 '음성 언어'와 '문자 언어'를 가리킨다. 이에 국어교육의 '소통'은 음성 언어와 문자 언어의 사용과 관련된 '기능(skill)'을 주로 교수-학습해 왔다. 여기에는 듣기·말하기, 읽기, 쓰기의 언어 사용에 관한 영역뿐만 아니라 이들 언어 사용의 기저를 이루는 문법, 그리고 이들 언어 사용의 문화적 결정체로서 문학 영역도 관련된다.

이와 같은 소통에 관한 국어과 영역의 내용은 융복합 국어교육의 장에서 각 영역별로 중시하는 교수-학습은 그대로 펼쳐지면서, 동시에 이들 교수-학습과 모종의 관계를 이루는 맥락에 관한 다른 교과 및 비교과 학습에 관여를 받는다. 예를 들어, 앞서 제시했던 '훈민정음과 세종대왕'이라는 국어와 역사의 융복합 수업에서도 '훈민정음'에 관한 문법적 지식은 '세종대왕'과 관련된 역사적 지식에 의해 교섭적으로 보완되고 다른 맥락으로 확장될 가능성을 지닌다. 여기에서 중요한 사실은 융복합 국어교육의 소통을 교수-학습의 장에서 다룰 때, 과연 '훈민정음의 학습만 집중하면 되는 것'인지, 아니면 '훈민정음'과 '세종대왕'의 '관련성을 함께 다루어주어야 하는 것'인지에 관한 점이다.

이 연구는 융복합 국어교육은 후자에 집중해야 함을 주장한다. 여기에서의 '관련성'은 특히 '국어적 관련성'이다. 곧 세종대왕의 역사적 교육 내용에서 특히 언어 정책과 그 안에 담긴 정책적 사상 등에 대하여 국어교육의 소통에서도 함께 다루어 주어야 한다는 것이다.

이렇듯 '국어+a'의 결합 양상은 '음성언어'와 '문자언어'와 관련된 소통과 더불어, 이와 언어적으로 관련된 'a'의 소통이 함께 발현된다. 이에 융복합 국어교육의 소통은 오직 '국어'만이 아니라, 국어와 언어적으로 연계된 다른 교과의 내용을 함께 수용하고 생산하는 과정을 의미한다. 결국 융복합 국어교육에서 오직 음성 언어와 문자 언어뿐만 아니라 언어적으로 의미가 있는 모든 대상을 소통할 수 있어야 한다. 이러한 '소통 능력'이야말로 융복합 국어교육에서 중요하게 설정해야 할 목표라고 할 수 있다.

그리고 이 소통 능력은 좁은 의미의 국어만이 아닌 확장된 언어 기호로서의 국어를 대상으로 삼을 때 융복합적 가치를 지니게 된다. 곧 국어 역시 하나의 '기호체(sign)'로 바라보는 관점이 융복합적 국어 능력의 개념화에 유효하다. 따라서 융복합 국어교육의 소통 능력은 기호를 소통하는 힘의 차원으로 개념화되어야 한다.[17] 이와 관련된 담론을 '신문식성(new literacy)'(정혜승, 2008)의 개념을 통해 확인할 수 있다.

신문식성은 '언어를 중심으로 다양한 기호 체계를 이해하고 조작하며, 기호 작용에 대한 인식을 바탕으로 텍스트를 비판하고, 디자인하며 유통하는 실천적 힘'이다(정혜승, 2008: 156). 신문식성이라는 용어는 전통적인 문식성과 구별하는 것으로, 문자 언어를 읽고 쓸 줄 아는 능력으로 문식성을 한정할 수 없기 때문에 나타났다. 이것은 '텍스트의 양식 변화'와 관련이 깊다. 문자 단일양식 텍스트가 아니라 '언어, 영상, 음성, 음향, 사진, 그림' 등이 혼합된 복합양식 텍스트(multi-modal text)가 등장한 것이다. 이에 복합양식 텍스트를 소통하기 위해서는 언어를 그저 좁은 의미의 언어로만 다루어서는 안 되며, 일종의 기호 체계로 보고 기호학적 관점에서 문식성 교육을 해야 한다고 하였다.

이렇게 볼 때 '신문식성'이라는 개념은 국어교육에서 다루는 내용 가운데 하나인 '매체언어'와 관련이 있어 보인다. 그러나 신문식성은 현재 상정된 매체언어의 개념역에만 국한되는 것은 아니다. 그것은 2007 교육과정에서 밝혔듯이 국어교육에서 다루는 '매체언어'는 주로 정보화 매체의 언어 양상을 가리키기 때문이다. 신문식성은 이들을 포함하면서 보다 넓은 의미의 '매체', 곧 인간이 텍스트를 통해 행하는 모든 의미화 양식(meaning mode)에 대한 소통 능력을 지칭한다고 할 수 있다. 그것은 정혜승(2008: 160)에서 밝힌, 신문성이 중핵

---

17 이것이 국어교육에서 다른 기호를 본격적으로 교수-학습하자는 주장은 결코 아니다. 국어교육에서 영어, 수학, 과학 등의 내용을 본격적으로 다루자는 의미가 아닌 것이다. 대신 국어교육이 융복합적 확장성을 지니기 위해서는 국어를 오직 전통적인 의미에서의 '언어'라는 틀에만 가두지만 말자는 의미이다. '확장된 언어 기호'로서 '국어'를 바라보고 이를 소통하는 현상을 중시할 때, 국어교육은 국어 자체의 특질과 더불어 국어와 관련 있는 세상의 모든 현상의 의미를 구성하여 궁극적으로 총체적인 소통의 현상을 품을 수 있다.

적으로 지니고 있는 '매체 변환(trans-mediation)'이라는 개념에 기인한다.

Suhor(1984: 250)은 매체 변환에 대하여 '어떤 내용을 하나의 기호 체계에서 다른 기호 체계로 변환하는 것'으로서, 가령 학생들이 책을 읽은 후 내용을 그림으로 그리거나 연극으로 공연하기, 혹은 읽은 내용을 이야기로 구술하는 것 등을 말한다고 하였다(정혜승, 2008: 160 재인용). 여기에서 말하는 매체는 '매체언어' 교육 내용에서 말하는 매체보다 넓은 의미역을 지니고 있음을 알 수 있다. 그런데 이보다 더 중요한 사실은 매체 변환이 그저 기호와 매체를 능숙하게 다루는 것뿐만 아니라, 그 변환 사이의 '관계를 이해하는 힘'이 핵심적으로 작용하고 있다는 것이다. 이를 정혜승(2008: 160)에서는 '어떤 내용을 다른 기호나 매체로 전환하기 위해서는 그 내용이 기존의 기호나 매체와 어떻게 작용하고 있는지를 이해하고 분석하고 평가하는 능력'이라고 하였다. 이처럼 신문식성의 핵심 개념인 '매체 변환'을 통해 알 수 있듯이, 기호학적 관점을 기반에 둔 소통 현상과 융복합 교육의 현상은 매우 밀접한 관련성을 지니고 있다고 하겠다.

이와 같은 논의를 융복합적 국어 능력의 소통 현상에 대응시키면, 다양한 기호나 매체로 다른 교과 현상을 해석하여 '국어'를 다른 교과의 '기호'와 연결시키는 힘이 중요함을 알 수 있다. 정혜승(2008: 163)에서 예시하였듯이, 하나의 텍스트를 다양한 기호 체계로 인식하고 '언어적 구어/문어'를 중심으로 '동작적, 시각적, 음악적, 조형적' 등등의 다른 기호 체계를 함께 소통하는, 기호학에 근거한 국어과 교육과정 모델은 융복합적 국어 능력에서 소통 측면의 실천을 가능하게 하는 방향을 제공해 준다.[18] 새로운 문식성 교수-학습의 국면은

---

18 정혜승(2008: 163)은 Suhor(1984: 251)을 변환하여 기호학에 근거한 국어과 교육

서로 다른 매체, 서로 다른 의사소통 방식을 관통하는 본질적 요소에 더 집중할 필요가 있다는 제언(옥현진, 2013: 73~74) 역시 이와 같은 맥락이라고 할 수 있다.

따라서 융복합 국어교육의 소통 능력은 좁은 의미의 국어가 아닌 확장된 언어로서의 기호를 소통하는 힘을 핵심 개념으로 설정할 수 있다. 이것이 의사소통의 제 현상을 포함하면서도 이들과 관련을 맺는 다른 교과 혹은 비교과 활동의 실천 양상을 총체적으로 이해할 수 있는 방향이라고 하겠다.

4.3. 문화: 문화가 본질적으로 지닌 중층성을 실천하는 힘

국어 능력의 문화적 측면은 언어문화로서의 국어 현상을 이해하고 향유하며 창달하는 힘을 가리킨다. 이는 모국어로서의 '국어'를 가르치고 배우는 일은 국어의 '기능적인' 면과 더불어 국어를 통해 형성되는 '문화적인' 면을 함께 다루어야 함을 의미한다. 국어교육에서는 이러한 점을 강조하여 이른바 '언어(국어)문화'[19]라는 논의가 형

과정 모델을 아래와 같이 제시하고 있다. 융복합 국어교육의 실천적 담론화에 중요한 아이디어를 얻을 수 있다.

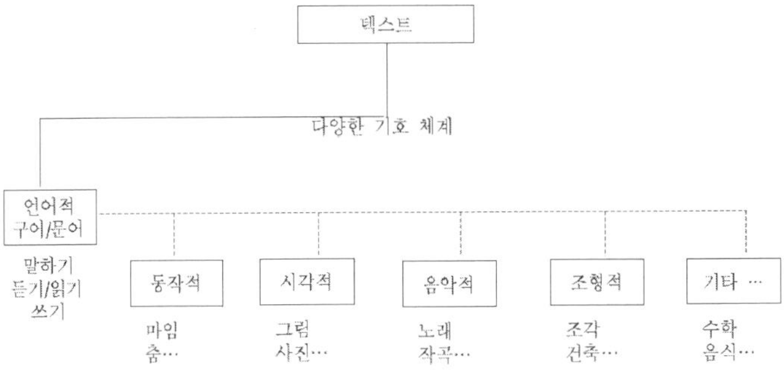

19 최인자(2005: 93)에서는 '언어문화'는 언어의 사회문화적 속성을 나타내는 말이고

성되어 있다.

언어문화는 국어과 하위 영역에 모두 대응된다.[20] '문법'의 경우 국어 자체가 우리 말글 문화의 속성을 지닌다. 가령 의성어와 의태어 발달, 높임법 발달 등과 같은 전통 문법의 내용에서도 언어문화를 알 수 있다. 또한 '한글'을 통해 우리 고유의 전통 문화를 파악할 수 있다. '문학'의 경우 문학 작품에 삶의 문화가 표상되기에 그러한 작품을 수용하고 생산함으로써 학습자가 다양한 방식으로 우리 삶의 문화를 체험한다. '국어 활동'의 경우 듣고 말하고 읽고 쓰는 과정에서 자연스럽게 드러나는 의사소통 문화가 존재한다. 여기에는 특정 집단이나 세대에 따른 문화와 더불어 윤리성과 같은 규범적 문화도 중요하게 작용한다. 이렇듯 국어과 하위 영역은 비록 언어문화가 표상되는 방식은 다르다고 할지라도 이들 관련 내용을 강조하고 있다.[21]

융복합 국어교육에서는 이러한 언어문화 관련 내용이 다른 교과 혹은 비교과 활동의 문화적 자질과 넘나들 수 있어야 한다. 이와 같은 넘나듦의 궁극적인 지향은 언어문화와 관련을 맺고 있는 다양한

'국어문화'는 국가적 정체성을 강조하는 말이라고 한 바 있다. 이를 존중하여 이 연구에서는 '언어문화'를 대표적인 용어로 채택하여 사용하되, 문맥에 따라 '국어문화'를 혼용하여 쓸 수 있음을 밝혀둔다.

20 이렇게 볼 때, 국어교육에서의 문화가 오직 '문학' 영역을 통해서만 함양될 수 있는 능력이라고 보아서는 안 된다. 참고로 문법 영역의 경우 김광해(1996: 24)는 일찍이 '국어'는 그 자체가 역사적으로 이루어져 온 국어 활동을 바탕으로 형성된 문화유산이라고 하였다. 다만 이 경우 '전통 문화'의 개념에 가깝다고 할 수 있는데, 이와 함께 이른바 '생활 문화'에 관한 내용도 중요하게 다루어야 한다. 김규훈(2014: 53)에서는 이와 관련하여 '국어생활문화'의 개념이 주창될 수 있으며 문법 영역에서 중요하게 논의될 수 있는 영역이라고 한 바 있다.

21 물론 실제 교육 내용(내용 성취기준)에서도 언어문화가 강조되어 있는지에 대해서는 숙고해 보아야 한다. 이를 통해 지금까지 인식해 온 '문법=지식, 국어 활동=기능, 문학=문화'라는 일차원적 대응을 극복할 수 있다고 본다.

문화 현상을 이해하여 궁극적으로 '문화의 본질적인 의미'에 다가가는 것이다. 예를 들어, 언어문화로서의 '의사소통 윤리'는 그저 의사소통 윤리만이 전부가 아니라, 이를 통해 '관계 지향적인 삶'을 영위하도록 유도한다. 그 과정에서 '인간 관계론'에 대한 '심리, 사회와 인간, 매체의 발달' 등이 넘나들 수 있다. 이를 통해 각 교과 교육에서 궁극적으로 다가가고자 하는 삶으로서의 교육을 열 수 있다. 이것이 바로 융복합 교육이 필요한 이유이자 지향하고자 하는 목표이다. 이렇게 볼 때, 문화적 측면에서 융복합 국어교육은 문화의 본질을 지향하는 관점에서 언어문화를 이해하고 향유하며 창조하는 능력을 길러주는 데 집중해야 한다.

주지하다시피 언어문화는 가령 전통적으로 중시되어 온 말글 문화 혹은 청소년 시기에 독특하게 드러나는 언어문화 등만을 가리키는 것이 아니다. 모국어 화자에게 언어는 언어 그 자체를 넘어 삶 전반의 문제와 관련을 맺는다는 최인자(2005: 111)의 지적과 같이,[22] 언어문화는, 언어가 본질적으로 사회문화적 산물이듯이 우리 삶의 공시태와 통시태를 두루 포함한다. 국어교육에서 언어문화는 모어 화자가 현실적 삶에서 겪는 언어적 사태와 경험을 풍부하고 심도 있

22 "모국어 화자에게 언어는 언어 그 자체를 넘어 삶 전반의 문제와 관련을 맺는다. 특정 담화 공동체에서 모국어는 의미 전달의 수단을 넘어서 자신의 정체성을 표현하고, 사회적 관계를 형성하는 '사회 문화적 과정'이자 '실천'인 것이다. 실제로 현실적 삶에서 부딪히는 언어적 문제들은 언어 자체를 넘어서는 것이 많다. 가령, 가족 대화의 문제가 단지, 표현과 전달이라는 언어적 능력을 키우는 것만으로 해결할 수 있을까? 가족 대화에는 '가족'에 대한 인식, 좋은 자녀 되기, 좋은 부모 되기의 역할 모델, 이상적인 가족 문화에 대한 상이 분리 불가능하게 엉켜있다. 언어 사용이 문화 속에서 이루어진다함은, 단지, 감사하기, 인사하기, 칭찬하기와 같은 행위 양식을 반영하기 때문이 아니라, '담화 공동체 구성원으로 그들을 정의하는 사회적 역할에 자신을 소속'시키는 데에 있다(Kramsch, 1996, 장복명 외 역, 2001: 34~48)". 언어문화의 본질을 찾는 작업이 왜 융복합 국어교육의 문화적 측면에서 중요한지 여기에서 알 수 있다.

게 수용할 수 있어야 하는 것이다(최인자, 2005: 112). 언어문화의 융복합적 결합은 이러한 언어문화의 본질을 회복하는 과정이어야 하며, 이는 추상적이고 암묵적인 차원에서 선언적으로 강조되고 있는 언어문화의 실재성을 현동화하는(actualizing) 과정이라고 하겠다.

이 과정은 융복합 국어교육의 장에서 보다 실질적으로 언어문화가 지닌 '중층성'의 논리에 따라 실현될 수 있다. 그것은 문화의 본질이 그러하듯이 언어문화 역시 다양하고 다층적이며 복합적인 현상을 지니고 있기 때문이다. 이를 중층성의 논리로 범주화할 때, 언어문화의 범주를 체계화하여 다른 교과와 비교과의 문화적 현상과 넘나들 수 있는 통로를 형성할 수 있다.

언어문화가 지닌 중층성에 대하여 최인자(2005: 113~114)는 Kramsch (1996)의 문화 중층성을 변용하여 '사회적, 역사적, 상상적, 윤리적 층위'로 제시하고 있다. 구체적으로 사회적 층위에서는 사회적 맥락과 변인에 따라, 역사적 층위는 전통과 역사의 맥락에 따라, 상상적 층위는 공동체가 공유하는 희망, 상상과 연관되는 맥락에 따라, 윤리적 층위는 보이는 혹은 보이지 않는 타자와의 관계에 따라 다양한 언어문화 현상을 다룬다. 한편 '상생화용'이라는 의사소통 문화의 중층성을 논의한 최현섭 외(2007)은 최인자(2006: 397)에서 논의된 내용을 바탕으로 하여 '인지적, 정서적, 사회적, 역사적, 존재론적, 윤리적 층위'로 소통의 중층적 기제를 언급하고 있다. 이는 의사소통 현상을 반영하여 언어문화의 중층성 논리에 개인적 측면을 인지적이고 정서적인 요소로 구체화하였고 상상적 측면에서 공동체의 존재를 강조한 것이다. 이에 이 둘의 논의를 종합하면 언어문화 중층성은 '개인적, 사회적, 역사적, 상상적, 윤리적 층위'로 범주화 가능하다.[23]

23 이들 각 범주에서 언어문화 현상의 탐색은 실로 다채롭게 나타날 것이다. 이

이 범주화는 각기 중층적인 문화의 본질과 결합되어 다양한 융복합 교육적 실천태를 가질 수 있다.

따라서 융복합 국어교육에서 함양해야 하는 국어 능력의 문화적 측면은, 언어문화의 본질을 회복하여 다양한 문화적 현상과 넘나들 수 있게 하는, '문화가 지닌 중층성을 소통하는 힘'이라고 정리할 수 있다. 여기에서 말하는 '소통'은 Heringer(최명원 역, 2009: 14)의 관점으로 '문화의 현상을 이해하고 실천하는 힘'이다. 이는 국어과 교육과정에서 언급된 '문화 이해, 향유, 창조 능력'의 기반이 된다. 융복합적 국어 능력으로서의 문화적 측면은 이러한 문화 현상에 대한 소통의 힘, 즉 문화 현상에 대한 이해와 실천의 힘을 기르는 데 집중해야 한다. 곧 융복합적 국어 능력으로서의 문화 중층성은 문화의 본질적인 현상에 대한 실천성(practicality)을 확보하는 방향으로 실현되어야 할 것이다.

그리고 이 실천성은 언어문화를 보다 적극적으로 실생활 맥락(life context)과 결부시키는 과정에서 발현된다. 교과나 비교과 간 넘나듦을 통해 궁극적으로 실생활의 다양한 현상을 탐구할 수 있도록 융복합 교육이 나아가야 한다는 점, 이것은 특히 융복합적 국어 능력으로서의 문화적 측면에 대단히 중요한 명제이다. 이러한 점에서 융복합적 국어 능력의 문화 중층성을 실천하는 교수-학습 방법으로 체험활동을 기획하는 작업 또한 의미가 있을 수 있다.[24] 참고로 임경수

과정에서 자연스레 본질적인 문화의 현상이 결합된다. 최인자(2005: 113-114)의 예를 통해 그 가능성을 확인할 수 있다. "사회적 층위: 말의 명료성과 진실성에 대한 이데올로기적 접근, 언어의 사회적 의미와 가치 및 태도, 문화적 적절성 등 / 역사적 층위: 전통성과 생산성 / 상상적 층위: 허구적 상상이나 정서의 구조 속 문화, 심미성 / 윤리적 층위: 언어의 책임감과 진정성, 민주성과 사회적 관용 등."

24 여기서 말하는 체험은 '창의적 체험 활동'을 말한다. 다양한 교과-체험 연계 활동은 그 가능성을 보여주는 것이라고 하겠다. 다만 한 가지 경계해야 하는 것은

(2012)에서 창의적 체험활동을 활용하여 사회 교과 지도와 진로활동의 결합 가능성을 논의하고 있는데, 이는 교과와 비교과 간 융복합의 가능성을 보이는 하나의 예라고 볼 수 있다.

요컨대 융복합 국어교육의 문화 능력은 언어문화의 본질을 회복하고 문화의 본질적인 중층성을 소통하는 힘을 핵심 개념으로 설정할 수 있다. 이를 바탕으로 언어와 문화의 연계성을 탐구하여 그야말로 융복합적인 문화 현상의 교수-학습을 유도할 수 있다. 그 실천적 방법으로서 실생활 맥락적 체험은 꾸준히 기획되고 실현되어야 할 것이다.

5. 연구의 요약과 한계

이 연구는 국어 능력의 융복합적 개념화를 위한 첫걸음이었다. 이론적 층위에서 매개 담론을 바탕으로 국어 능력의 융복합적 핵심 개념을 제시하는 데 집중해 보았다. 이를 위해 융복합 국어교육의 중핵적 원리인 넘나듦을 학문 융복합과 융복합 교육의 논의를 통해 도출하였다. 융복합 국어교육은 국어과와 다른 교과 및 비교과 간의 넘나듦을 가능하게 하는 학습자의 능력을 길러주어야 한다. 이에 국어 능력의 '사고, 소통, 문화' 범주에서 '넘나듦'을 가능하게 하는 핵심 개념을 제시하였다. '사고'의 측면에서는 교육학의 융복합적 사고

'체험'은 그 자체로 융복합적인 대상이라 교과 분과적 접근보다는 교과 통합적 접근이 유효하다는 점이다. 이는 융복합 교육의 담론도 마찬가지라고 하겠다. 국어교육이 본래 융복합적 자질이 내포되어 있어 굳이 논의할 필요가 없다는 소극적인 태도는 지양하고 융복합 교육이라는 거대 담론에 국어교육이 어떠한 방식으로 대응되는지 적극적으로 고민해야 할 시점이다.

력 논의를 바탕으로 '국어와 다른 현상을 연계하여 문제를 해결하는 능력'을, '소통'의 측면에서는 신문식성의 논의를 바탕으로 '확장된 언어로서 기호를 소통하는 문해력'을 설정하였다. 그리고 '문화'의 측면에서는 언어문화의 담론을 바탕으로 '문화가 본질적으로 지닌 중층성을 실천하는 힘'을 설정하였다.

일련의 논의는 국어 능력이라는 담론체에 대한 연구 활성화와 미래 국어교육에 중요한 화두가 될 융복합 국어교육의 내용, 방법, 평가 등의 다양한 담론화를 위한 바탕이 될 수 있다. 복잡한 개념이라 쉬이 접근하지 못하는 국어 능력에 대한 논의는 국어교육이 마주하고 있는 외연 생태에 대응하여 끊임없이 활성화되어야 한다.

다만 이 연구는 융복합 국어교육에 대한 정합적인 담론의 실체가 합의되지 않은 시점에서 펼치는 다소 조작적인 논의인지라 논증의 위험을 내포하고 있다. 그것은 바로 이 연구에서 제안한 '사고, 소통, 문화'에 대한 융복합적 담론화 접점이 기존의 논의를 한데 모아 놓은 것에 지나지 않을지도 모르기 때문이다. 물론 이들 간의 관계를 따지고 총체적인 국어 능력의 실체를 찾아가는 작업은 연구자의 남은 몫이라고 생각한다. 그럼에도 '재개념화(박인기, 2005: 104-105)'가 국어교육 현상 내부에 있어 왔던 기존의 어떤 요소들에 대하여 새로운 해석의 코드가 마련되면 이를 새로운 맥락에서 재정립하는 일련의 과정과 결과임을 직시할 때, '융복합과 넘나듦'이라는 기치로 묶일 수 있는 국어 능력의 개념화를 꾀하는 시도는 분명 의미가 있다고 하겠다.

앞으로 '융복합 국어교육'으로 묶을 수 있는 담론화에 천착해 보고자 한다. 국어 능력이 내용과 방법, 그리고 평가를 통어하는 핵심인바, 이 연구를 바탕으로 융복합 국어교육의 틀을 조금씩 형성해 나갈 수 있기를 기대해 본다.

참고문헌

교육부(2015), 『국어과 교육과정 -교육부 고시 제2015-74호 [별책 5]』.

김광해(1996), 「국어지식 교육의 위상」, 『국어교육연구』 3, 서울대 국어교육연구소.

김규훈(2014), 「핵심 역량 기반 문법교육 내용 구성」, 『문법 교육』 22, 한국문법교육학회.

김규훈(2015), 「융복합 교육을 위한 생태언어학 기반 국어과 빅 아이디어 제안」, 『교육과정평가연구』 18-3, 한국교육과정평가원.

김규훈 · 김혜숙(2014), 「생태학 관점의 국어 능력 개념화 방향 -'창의성' 영역을 중심으로」, 『한국언어문화』 55, 한국언어문화학회.

김규훈 · 김혜숙(2015a), 「생태학 관점의 국어 능력 개념화 탐색 -'인성 영역'을 중심으로」, 『국어교육』 149, 한국어교육학회.

김규훈 · 김혜숙(2015b), 「융합형 국어교육의 창의 · 인성 교수학습 방향」, 『동악어문학(한국어문학연구)』 65, 동악어문학회.

김대행(2002), 「국어교과학을 위한 언어 재개념화」, 『선청어문』 30, 서울대 국어교육과.

김미혜(2004), 「국어적 창의성의 구성 요소에 관한 연구」, 『국어교육학연구』 20, 국어교육학회.

김상욱(2011), 「문해력, 국어능력, 문학능력」, 『한국초등국어교육』 46, 한국초등국어교육학회.

김정효 외(2012), 「미술과 중심의 융합인재교육(STEAM)이 미술과 교육과정에 주는 시사점 탐색(연구보고 RRC 2012-8)」, 한국교육과정평가원.

김종률(2014), 「국어과 정의적 사고의 유형화 연구」, 『국어교육학연구』 49-3, 국어교육학회.

김창원(2003), 「창의성 중심의 국어과 교육과정 구성 방향」, 『국어교육학연구』 18, 국어교육학회.

김창원(2007), 『국어교육론 - 관점과 체제』, 서울: 삼지원.

노명완(2007), 「미래사회에서의 전문활동과 국어능력」, 『국어교육』 122, 한국어교육학회.
노상우·안동순(2012),「학문융합 관점에서 본 현대교육의 이론적-실천적 변화 모색」,『교육종합연구』 10-1, 교육종합연구소.
박인기(2002),「문화적 문식성의 국어교육적 재개념화」,『국어교육학연구』 15, 국어교육학회.
박인기(2005),「국어교육학 연구의 방향-재개념화 그리고 가로지르기」,『국어교육학연구』 22, 국어교육학회.
박인기(2009),「교과의 생태와 교과의 진화-교과의 개념에 대한 패러다임 변화와 국어교과 진화 조건」,『국어교육학연구』 34, 국어교육학회.
박현이(2012),「융합적 사고에 기반한 이공계 글쓰기 교육-문학텍스트를 활용한 학술 에세이 쓰기를 중심으로」,『교양교육연구』 6-4, 한국교양교육학회.
서영진(2015),「역량 기반 교육과정에서 국어 능력과 핵심 역량의 관계」,『국어교육학연구』 50-1, 국어교육학회.
신명선(2009),「국어적 창의성의 개념 정립에 대한 연구-정서 창의성의 도입을 중심으로」,『국어교육학연구』 35, 국어교육학회.
신재한(2013),『STEAM 융합교육의 이론과 실제』, 파주: 교육과학사.
신호철(2009),「국어교육에서 연계성의 개념과 양상-문법 영역을 중심으로」,『새국어교육』 81, 한국국어교육학회.
옥현진(2013),「문식성의 재개념화와 새로운 문식성 교수·학습을 위한 방향 탐색」,『청람어문교육』 47, 청람어문교육학회.
유영만(2009),「교육테크놀로지와 교육에서의 지식융합의 전망」,『한국교육학회 추계학술대회논문집』, 한국교육학회.
윤여탁(2015),「창의적 문화 세대를 위한 국어교육의 지향」,『국어교육연구』 57, 서울대 국어교육연구소.
이돈희(2009),「지식융합 시대의 교육학의 과제」,『한국교육학회 추계학술대회논문집』, 한국교육학회.
이삼형 외(2007),『국어교육학과 사고』, 서울: 역락.
이천희(2005),「국어 능력의 개념 정립을 위한 시론」,『국어교육』 118, 한국어교육학회.

임경수(2012), 「창의적 체험활동을 활용한 사회과 교과지도와 진로지도의 연계 가능성 탐색 - 법 관련 단원을 중심으로」, 『교육종합연구』 10-2, 교육종합연구소.

정혜승(2004), 「국어적 창의성 계발을 위한 교재 구성 방안 연구」, 『한국초등국어교육』 24, 한국초등국어교육학회.

정혜승(2008), 「문식성(literacy)의 변화와 기호학적 관점의 국어과 교육과정 모델」, 『교육과정연구』 26-4, 한국교육과정학회.

주미경 외(2012), 「수학교과와 융복합 교육 - 담론과 과제」, 『대한수학교육학회지』 14-1, 대한수학교육학회.

차윤경 외(2014), 『융복합교육의 이론과 실제』, 서울: 학지사.

최인자(2005), 「한국의 언어문화와 국어교육」, 『국어교육』 117, 한국어교육학회.

최인자(2006), 「상생 화용 교육을 위한 소통의 중층적 기제 연구」, 『국어국문학』 144, 국어국문학회.

최재천(2009a), 「21세기 문화와 지식의 통섭」, 『한국교육학회 추계학술대회논문집』, 한국교육학회.

최재천(2009b), 「Design Nature: 자연과 통섭(統攝)하라」, 『2009 Design Talk 4 특강 자료집』, 한국디자인산업연구센터.

최현섭 외(2007), 『상생화용, 새로운 의사소통 탐구』, 커뮤니케이션북스.

최홍원(2011), 「창의성에 대한 이해 지평의 확대와 국어교육적 재조명」, 『새국어교육』 89, 한국국어교육학회.

탁형수(2015), 「A-STEAM 기반 미술비평 학습이 초등학생의 비판적 사고와 융합적 사고에 미치는 영향」, 한국교원대 박사논문.

Bloom, B. S.(1956), Taxonomy of educational objectives: the classification of educational goals, *Handbook 1: Cognitive domain.[DEWEY].*

Drake, S. M.(2007), *Creating Standards-Based Integrated Curriculum: Aligning Curriculum, Content, Assessment, and Instruction*, CA: Corwin Press.

Heringer, H. J.(2007), *Interkulturelle kommunikation*, 최명원 역(2009), 『언어, 문화, 그리고 커뮤니케이션』, 서울: 유로.

Hymes, D.(1974), *Foundations in sociolinguistics: An ethnographic approach*, PA: University of Pennsylvania Press.

Kramsch, C.(1996), *Language and culture*, 장복명 외 역(2001), 『언어와 문화』, 서울: 박이정.

Root-Bernstein, R. & Root-Bernstein, M.(1999), *Sparks of genius*, Boston: Houghton Mifflin Harcourt.

Suhor, C.(1984), Towards a semiotics-based curriculum, *Journal of Curriculum Studies* 16-3, 247-257.

Whitehead, A. N.(1957), *The Aims of Education and other essays*, NY: The Free Press.

Yakman, G.(2011), Introducing teaching STEAM as a practical educational framework for Korea, 『STEAM 교육 국제 세미나 및 STEAM 교사 연구회 오리엔테이션 자료집』, 한국과학창의재단.

융복합 교육을 위한 생태언어학 기반 국어과 빅 아이디어 제안*

이 연구의 목적은 융복합 교육의 실효성 있는 실행을 위하여 생태언어학을 기반으로 국어과 빅 아이디어를 제안하는 것이다. 이는 국어과 교육과정 층위에서 융복합 교육의 타당한 방향을 고민한다는 데 의의가 있다.

융복합 교육, 국어교육, 빅 아이디어, 생태언어학, 지속가능성 문해력, 생태적 균형성

'국어과 교육과정'이라는 국어교육의 중추에서 융복합 교육적 적용을 논의한 이 연구를 바탕으로, 융복합 국어교육의 상을 다층적인 시각에서 조명할 수 있기를 기대해 본다.

---

* 이 논의는 "김규훈(2015), 「융복합 교육을 위한 생태언어학 기반 국어과 빅 아이디어 제안」, 『교육과정평가연구』 18-3, 한국교육과정평가원"을 수정 및 보완한 것이다.

1. 연구의 목적과 필요성

이 연구의 목적은 융복합 교육의 실효성 있는 실행을 위하여 생태언어학을 기반으로 국어과 빅 아이디어를 제안하는 것이다. 이는 융복합 교육의 타당한 방향성을 점검하고 국어과 교육과정 층위에서 이에 대응할 수 있는 방안을 마련한다는 점에서 의미가 있다. 특히 삶으로서의 교육을 추구하는 융복합 교육과 지향적 동일성을 응축하고 있는 생태언어학을 바탕으로 국어과 빅 아이디어를 제시해 보고자 한다.

학문 융합의 논의가 그러하듯 융복합 교육은 교과와 교과 혹은 비교과 활동 간 결합을 기본적으로 전제한다. 이러한 결합은 결합 그 자체의 현상도 중요하겠지만 이보다 더 중요한 사실은 융복합 교육이 궁극적으로는 진정한 삶에 대한 탐구를 위한 교육적 패러다임이자 방편이라는 점이다(노상우 · 안동순, 2012). 즉 융복합 교육은 교과 간 결합을 바탕으로 학습자가 한 분야의 전문성을 가지면서도 다른 분야와 소통할 수 있는 인간상을 기른다는 목표를 지닌다.

그런데 현재 논의되고 있는 교과 융복합에 관한 연구는 대체로 어떻게 결합시킬 것인지의 문제에 주목하고 있다.[1] 예를 들어, '국어과와 역사과'의 융복합은 '세종대왕의 한글 창제'를 '주제'로 삼아 국어

---

1 '융복합 교육'과 '교과 교육'을 화두로 삼은 최근의 연구는 다음과 같다. 곽영순 외(2014)는 핵심 역량을 기반으로 과학과 교육과정을 융복합적으로 개선하는 방안을 제안하였다. 김숙이 외(2010)은 창의성 신장을 위한 교과 융합 프로그램을 국어과와 수학과 중심으로 '인물-공간'의 방법으로 적용하였다. 김정효(2014)는 미술 교과의 융합 적용 사례를 소개하였고, 김정희 · 정현주(2013)은 예술 교과의 융합 교육 실천 방안을 마찬가지로 미술 교과 중심으로 소개하였다. 이렇듯 이들은 대부분 교육의 실제(학교 교육과정 편성, 수업 사례)에 대한 논의라고 할 수 있다.

과에서는 '한글의 창제 원리'를, 역사과에서는 '세종대왕의 애민정책과 한글'을 결합하는 형식으로 논의되고 있다. 이와 같은 주제 중심의 내용 결합에 관한 융복합 교육의 담론은 일정 부분 의미를 지닐 수는 있겠지만, 진정한 삶에 대한 탐구라는 융복합 교육의 궁극적인 지향점과는 다소 괴리가 있는 것이 사실이다. 이러한 결합의 담론에서 중요한 작업은 '무엇을 어떻게' 결합할 것인지의 문제와 함께, 이러한 결합을 추동하는 '매개 담론(mediation discourses)'을 풍부하게 구축하는 일이다. 다양한 매개 담론이 구축되면 교육 현장에서는 다채로운 융복합의 실제를 구성해 낼 수 있기 때문이다. 이 연구는 아직 교과 융복합에 관한 연구가 매개 담론에 대한 논의를 담지 못하고 있다는 반성에서 출발한다.

이때 교과 융복합의 논의가 실천적인 실효성을 갖기 위해서는 교육과정 층위에서 매개 담론이 생동해야 한다. 교육과정 층위에서 학습자의 이해를 돕고 다양한 상황에의 적용을 유도하는 개념이 바로 '빅 아이디어(big idea)'이다. '이해 중심 교육과정(understanding by design)'에서 언급된 빅 아이디어는 교과의 핵심 개념(원리, 기능, 태도 등)이면서도 다른 교과나 비교과에 전이 가능한 요소를 담은 핵심 내용을 말한다(Erickson, 2001; Wiggins & McTighe, 2005). 실제로 문·이과 통합이라는, 융복합을 표방하는 2015 개정 교육과정 숙의 과정에서는 이 빅 아이디어를 교육과정 내용 구성의 축으로 여기며 그 중요성을 인식하고 있다(김창원 외, 2014). 그럼에도 아직 교과 빅 아이디어에 대한 연구는 풍부하지 못하며,[2] 이를 융복합 교육의 담론과

---

2 교과 빅 아이디어 구축에 대한 연구로는 이춘식(2015)의 기술·가정 교과, 방담이 외(2013)의 과학 교과 등이 있다. 이 가운데 방담이 외(2013: 1046)에서는 과학 교과의 빅 아이디어로 '다양성, 구조, 상호작용, 변화'를 제시하였다. 한편 국어과 빅 아이디어와 관련하여 김창원(2014: 26), 김창원(2015: 14) 등에서는 축

적극적으로 연계한 논의 또한 부족한 실정이다. 이 연구는 교과 융복합의 중심을 이루며 다양한 결합을 이끌 교육과정 층위의 빅 아이디어를 제안하는 시도이다.

특히 이 연구는 융복합 교육에 관련된 국어교육을 논의의 대상으로 삼아 국어과 빅 아이디어를 제시해 보고자 한다. 이때 융복합 교육을 위한 국어교육에 의미 있는 화두를 던져줄 수 있는 매개 담론으로 '생태언어학(ecolinguistics)'을 도입하고자 한다. 곧 이 연구는 융복합 교육의 실효성 있는 실천을 위해 국어교육의 매개 담론으로 생태언어학을 도입하여 교육과정 층위에서 국어과 빅 아이디어를 제안해 볼 것이다.

주지하다시피 국어교육은 국어와 국어 활동, 그리고 문학에 대한 탐구를 통하여 국어로써 사고하고 국어를 소통하며 바람직한 국어 문화를 형성하는 교육적 정체성을 갖고 있다(교육과학기술부, 2012; 교육부, 2015). 융복합 교육이 결합을 지향하는 하나의 교육학적 패러다임이라고 할 때, 융복합 교육과 대응되는 국어교육은 이러한 국어교육의 정체성을 보다 강화하는 방향으로 나아가야 한다. 국어가 도구 교과이자 문화 교과로서의 위상을 갖추고 있다는 점에서 이미 국어교육에는 풍부한 융복합적 자질이 내포되어 있기 때문이다(윤여탁, 2015). 국어과와 다른 교과의 내용이나 주제를 인위적으로 결합시키는 담론보다 더 중요한 것은 바로 이와 같은 국어교육의 정체성을 강화하는 일이며 이는 융복합 국어교육의 체계적 담론화를 위한 근간이다.

자적 번역으로 '대주제'가 적합하겠으나 통합의 특성을 강조하는 측면에서 '연결 개념'이 적절함을 언급하고 있으며, '관통 개념, 핵심 개념'도 사용된다고 한다. 참고로 2015 개정 국어과 교육과정에서는 내용 체계에 '핵심 개념'을 제시하여 빅 아이디어를 반영하고자 하였다.

생태언어학은 융복합 국어교육에 의미 있는 화두를 던져줄 수 있다. 그것은 바로 생태언어학이 인간과 언어 그리고 환경의 생태적 관계성과 총체성을 논의하기 때문이다. 생태적 관계성은 "인간과 언어, 그리고 환경의 지속가능성은 무엇이고 어떻게 유지하는가?"라는 물음에 대한 답을 찾는 과정이다(Stibbe, 2008; 2015). 곧 바람직한 관계를 유지하고 사회 속 다양한 언어 현상을 정화하며 자연과 함께 공존할 수 있는 인식을 언어로써 기르는 것을 생태언어학은 가장 중요한 연구 내용으로 삼는다. 이러한 점에서 생태언어학은 국어교육이 지닌 국어를 질료로 삼은 사고와 소통 그리고 문화의 테제를 심화할 수 있다. 이를 통해 국어교육의 정체성을 강화하며 궁극적으로 융복합 국어교육의 논의를 확장하는 데 기여할 수 있다.

생태언어학의 국어교육적 전이 내용을 확인하여 국어과 교육과정 층위에서 생태학적 화두를 바탕으로 진정한 삶으로서의 교육과 맞닿을 수 있는 국어과 빅 아이디어를 제안하는 것, 이것이 바로 이 연구가 궁극적으로 도달하고자 하는 지점이다. 융복합 교육을 위한 생태언어학 기반의 국어과 빅 아이디어 제안은 분명 융복합 교육과 이에 대응하는 국어교육, 더 나아가 다른 교과 교육의 융복합 논의에 의미 있는 메시지를 전달해 줄 수 있을 것이다.

이를 위하여 먼저, 학문 융합의 논의를 바탕으로 융복합 교육의 핵심을 파악하고자 한다. 그리고 융복합 교육에 대응하는 국어교육의 담론화 방향을 제시하고자 한다. 다음으로 융복합 교육의 교육과정적 실행을 추동하는 빅 아이디어에 대한 논의를 바탕으로 생태언어학이 매개 담론으로서의 가치가 있음을 확인할 것이다. 끝으로 생태언어학을 기반으로 한 국어과 빅 아이디어를 제안하고 그에 따른 국어과 세부 내용과 융복합의 가능성을 제시해 볼 것이다.

2. 융복합 교육과 국어교육의 방향성 탐색

2.1. 교과 교육에서의 융복합 교육

융복합(convergence)은 분명 시의적인 화두이다. 다양한 학문 분야에서 '융합, 통섭, 통합, 융복합' 등을 핵심어로 둔 연구가 활발히 진행되고 있다.[3] 이들 연구는 공통적으로 '분리된 대상의 결합을 통한 총체성 이해'를 염두에 둔다. 이는 지나치게 세분화된 학문의 영역이 학문 간 소통을 막게 되어 자칫 인간 삶의 탐구라는 학문의 본연적 목적에 이르지 못할지도 모른다는 우려를 내포하고 있다. 유영만(2009: 47)에서 언급한 것처럼 개별 분과학문의 분화를 통한 전문화가 남긴 폐해와 역기능을 해소하고 그것의 한계와 문제점을 극복하기 위한 노력이 융복합의 지향점인 것이다.

교육학에서도 이러한 연구 경향은 마찬가지로 나타나고 있다. '융복합 교육'은 교육의 목표, 내용, 방법 등 다양한 층위에서 논의되고 있다. 문제는 아직 융복합 교육이 하나의 온전한 체계를 갖춘 담론이라고 하기에는 개별적인 논의가 다소 산발적으로 이루어지고 있다는 데 있다. 그리고 대부분의 개별적인 논의는 융복합 교육을 하나의 '교육 방법'으로 치부하여 다양한 프로그램 개발의 차원에 그치고 있다. 이러한 문제의 연장선에서 정작 '교과 교육'의 연구 분야에서는 융복합 교육에 관한 실효성 있는 논의가 촉발되고 있지는 못하다. 융복합을 그저 교과나 비교과의 물리적 결합 현상으로만 치부한다는 점에서 담론화의 한계를 내포하고 있다.

---

3 이들 용어의 차이보다 이들 용어의 궁극적 지향점이 같다는 사실에 주목해야 한다. 이 연구는 가장 포괄적인 의미를 지니고 있는 '융복합'을, 이와 유사한 용어를 통어하는 개념으로 사용함을 밝힌다.

이 연구는 융복합 교육이 보다 실질적인 실천력을 지니기 위해서는 교과 교육의 영역에서 이를 적극적으로 논의해야 함을 강조한다. 이는 융복합 교육과 교과 교육의 관계를 규명하는 작업으로부터 촉발된다. 이를 위해서는 먼저 융복합 교육을 지지하고 있는 철학적 기반을 확인할 필요가 있다. 그것은 이 철학적 기반이 그간의 교과 교육이 지닌 한계를 극복할 수 있는 방향을 내포하고 있기 때문이다.

주지하다시피 '교과(subject)'의 개념은 근대 교육 담론을 통하여 비교적 굳건하게 형성되어 왔다. 근대성(modernity)이 파생시킨 이분법적 사고, 환원주의적 속성 등은 교과의 지식을 인간의 경험이나 정신과 분리하여 객관적으로 존재하는 대상으로 보아 왔다. 주미경 외(2012: 170)에서 언급한 것처럼, 서양 사회의 근대 과학에서 비롯된 데카르트의 환원주의적 패러다임은 학교 교육의 분과적 접근 경향, 즉 교과의 울타리를 더욱 튼튼하게 만든 것이다. 융복합 교육의 철학은 바로 이러한 교과가 지녀 온 굳건한 '교과 분과주의적 속성'[4]을 극복하려는 노력과 동궤를 형성한다. 이것은 결국 교과와 교과가 분리되고 독립적인 대상이 아니라 서로 긴밀히 관계를 맺고 궁극적으로는 학습자의 삶에 필요한 총체적인 내용의 체계임을 의미하는 것이라고 하겠다. 바로 이와 같은 교육 철학을 '생태학(ecology)'으로부터 도출할 수 있다.

교육 담론에서의 생태학은 교육 현상이 지닌 관계성과 그 관계에

4 학문들이 세부적으로 나눠지고 쪼개지면서 전문화를 지향했지만 그것은 결국 지식의 파편화를 초래했으며, 인접 학문 간에도 소통이 불가능한 수준에 이르게 되었다. 예를 들어 의학 분야에 내과, 외과, 신경과 등이 있고 내과에도 심장전문, 신장전문, 위장전문 등으로 또 나누어진다. 그렇게 쪼개고 또 쪼개면서 인간은 차치하고 인체라는 개념 자체가 실종되는 기형적인 전문화가 되었다. 인체라는 개념의 상실 후에는 인간이 고쳐야 할, 없애야 할 질병, 질환만 남게 된다(노상우 · 안동순, 2012: 72).

의해 형성되는 총체적 현상을 탐색하는 데 집중한다(Lier, 2004: 3). 이는 포스트모더니즘의 철학 사조 가운데 하나로서, 현상은 고정된 실체가 아닌 상대적 관계임을 강조한다. 교과 개념을 생태학적으로 바라보는 시도는 교과를 역동적인 진화의 대상으로 본다. 이것은 교과가 하나의 독립된 학문으로만 바라보는 인식론을 경계하는 데에서 비롯된다. 이와 관련하여 박인기(2009: 310)에서는 교과는 자신이 다루는 특정 범주의 지식 내용을 포함하여 그 밖의 여러 자질의 요소들이 여러 층위에서 살아 움직이는 현상으로 보는 것이 적절하다고 하였다. 이렇게 교과를 생태적인 현상으로 간주할 때, 교과는 더 이상 근대성에 속박되어 있지 않게 된다. 곧 교과가 스스로 마주하고 있는 다른 현상(타 교과를 비롯한 다양한 사회문화 현상)과 끊임없이 관계를 형성하면서 새로운 내용과 가치를 획득해 나간다. 이러한 과정을 통하여 그간 교과에 형성되어 있던 분과주의의 울타리는 점차 낮아질 수 있다. 교과와 교과의 소통을 지향하는 융복합 교육의 철학은 바로 여기에 있다.

여기서 학교 교육으로 논점을 좁히면, 교과를 접하는 학습자는 교과가 단순히 해당 교과를 구성한 배경 학문의 지식을 배우는 것이 목표가 아님을 인식하게 된다. 다시 말해서 교과에 대한 생태학적 인식은 학습자로 하여금 교과를 배우는 것이 단순한 교과 지식의 습득이 아니라는 것을 알게끔 유도한다. 대신 학습자가 해당 교과의 지식이 학습자가 살아가는 삶과 어떠한 관계를 맺고 있는지 파악하여, 능동적으로 교과의 지식을 구성해 가는 데 초점을 둔다. 이는 곧 교과를 배운다는 의미가 지식의 습득에 머무는 것이 아니라 진정한 앎의 향유(enjoyment)임을 파악해 가는 과정을 말한다. 이와 같은 교육의 목적은 Whitehead(1957: 3)에서 언급되었듯이 '인간'을 교육의 주체로 부각시키는 작업으로 인간은 독립적이지 않고 상호 의존적으로 끊임없이 관계를 맺는 유기체적 존재임을 강화시키는 것이다. 이에 융복합 교육은 궁극적으로 학습자로 하여금 교과가 발현할 다양한 현상의 관계를 능동적으로 탐구하여 앎의 즐거움을 지속하는 향유의 힘을 기르는 데 목적을 둔다.

융복합 교육의 지향점은 현대 사회가 요구하는 핵심 역량의 개념에 의하여 보다 강화될 것이다. 현대 사회는, 노상우・안동순(2012: 70-71)에서 지적하였듯이, 학문이 형성되는 토대가 되는 사회, 정치, 경제, 문화가 연계된 장(field)이 네트워킹에 의하여 강한 연계성을 형성하고 있다. 예전에는 분리된 것처럼 보였던 현상의 문제가 실상 이면에는 연계성이 내재되어 있음을 알게 되었다면, 둘 이상의 학문 분과가 결합되는 논의는 어쩌면 필연적이다. 이러한 점에서 OECD (2005: 2-3)은 미래 사회에서 더욱 더 복잡화된 문제가 발생할 것이기에, 다양한 도구를 사용하고 의사소통의 다양화를 꾀하며 이질적인 집단에서 협력적으로 상호작용을 할 수 있는 능력을 복합적으로 길러야 함을 강조하였다. 이것이 바로 핵심 역량(key competence)이며, 핵심 역량의 강조는 단일 교과의 능력 개념이 지향적으로 재개념화되어야 함을 암시한다.

이를 바탕으로 볼 때, 교과 교육에서의 융복합 교육은 교과에 대한 재개념화를 가능하게 하는 하나의 교육적 패러다임으로 간주해야 한다. 앞으로 보다 더 강화될 복잡계(complexity)의 현대 사회와 그 사회에서 요청하는 총체적인 능력으로서의 핵심 역량이 더욱 더 강조될 것으로 보이기 때문이다. 융복합 교육이 교과 교육에서 마주할 수밖에 없는 거대한 교육적 흐름이라면 교과를 새로운 시각으로 조명할 수 있어야 한다.[5]

---

5 제도권의 학교 교육 역시 이와 같은 관점으로 해석할 수 있다. 만일 배움이 '학교'

그런데 여기에서 한 가지 간과하지 말아야 하는 사실은, 융복합 교육을 위해 필요한 것이 교과의 울타리를 '낮추는' 작업이지 울타리를 '없애는 작업이 아니라는' 점이다. 교과의 울타리를 없앤다는 것은 지금까지 수 백 년 동안 이어져 온 학문과 교과의 정체성을 무시한다는 의미와 같다. 교과 교육에서 융복합 교육이 지향하는 바는 교과 교육을 부정하는 일이 아니다. 그 대신 주목해야 하는 사실은, 시의적으로 지나치게 높은 교과의 울타리를 점차 낮추어 학습자로 하여금 그 울타리를 자유롭게 '넘나들 수 있는 사고력'을 길러주어야 한다는 것이다.[6] 노상우 · 안동순(2012: 70)에서 언급한 것처럼 독립된 학문 체계를 모두 허물자는 것이 아니고 각 학문의 독립된 지식들이 서로 만나 뭔가 가능한 것을 찾고 만들어 가는 과정이 융복합인 것이다. 교과 교육에서의 융복합 교육 역시 이와 같은 논리를 갖고 있다고 할 때, 융복합 교육이 길러야 할 인간상은 모든 분야를 두루 아는 사람이 아니라 한 교과의 전문성을 가지면서도 다른 교과

라는 제도화된 틀 밖에서 이루어지고 그러한 배움의 현상이 보편화된다면, 더 이상 교과의 개념도 큰 의미를 부여받기 어렵기 때문이다. 박인기(2009)에서 일찍이 지적한 다음 구절을 되새겨 볼 때이다. "교과라는 말은 글자 뜻 그대로는 '가르치는 과목'이다. 그런데 '가르친다는 것'과 '학교'가 자동으로 연결되는 사고방식이 바로 20세기 식의 고정관념 양상인 것이다. 가르치는 행위를 학교 공간으로만 연결 짓는 것은 열린 사고가 아니다. 미래 사회의 학습 생태에서 학교가 차지하는 지분은 현격하게 줄어들 것이다. 교과가 제도 학교의 교실 공간을 벗어났을 때 교과는 어떤 의미 대상이 될 수 있으며 어떤 가치 작용을 할 수 있는가 하는 문제는 교과의 미래적 진화를 모색하는 데 대단히 중요한 요소로 진단될 필요가 있다(박인기, 2009: 314-315)."

6 이 '넘나듦의 사고력'은 '창의성(creativity)'과도 밀접한 관련을 맺고 있다. 그것은 Root-Bernstein, et al.(1999, 박종성 역, 2007: 46)에서 제시한 열세 가지의 '생각도구(thinking tool)'를 통해 증명된다. 생각도구는 창의성을 발현한 사람들을 통해 추출한 능력이다. 생각도구는 모두 그 자체로서 융복합적이며 학문 분야의 넘나듦을 전제한다. 이렇게 볼 때, 융복합 교육이 추구하는 '넘나듦의 인재'는 창의적인 인재를 육성하는 측면과 관련이 깊다.

와 소통할 수 있는 사람이다.

이제 교과가 굳건하게 갖고 있던 울타리를 점차 낮추고 교과 간 넘나듦을 수월하게 하는 방향을 융복합 교육의 담론이 제시해 주어야 한다. 이를 위하여 교과 교육에서의 융복합 교육은 교과의 열림(openness)을 위한 내용 구성과 방법적 고민을 수반해 나가야 함을 주장한다. Nyberg(2010: 12)에서 지적하였듯이, 교과 교육에서의 열린 교육은 통합 교육이나 총체적 교육과 같은 맥락에서 이해해야 한다는 사실은 이를 지지해 준다. 특히 통합 교육에서 강조해 온 '통합의 매개'에 대한 고민을 융복합 교육에서도 깊이 있게 해야 할 것이다. 이 말은 곧 교과 간 열림은 각 교과가 갖고 있는 내용(지식, 개념, 원리 등)의 전이가능성(transferability)을 찾고 밝혀나가는 것임을 의미한다. 더욱이 박인기(2009: 311)에서 언급한 것처럼 교과가 다양하고 다층적인 현상을 발현한다는 사실을 직시할 때, 교과의 열림과 내용의 전이가능성은 특정 교과가 지니고 있는 하위 체계에까지 깊숙이 침투해야 할 것이다. 이제 본격적으로 논의의 초점을 국어교육의 울타리로 가져가 보자.

2.2. 융복합 교육을 위한 국어교육의 방향

국어교육에서도 융복합 교육에 관한 논의는 점차 확대되고 있다. 사회적, 교육적 화두에 융복합이 빠지지 않고 있다는 점도 하나의 이유이겠지만, 국어교육이 본질적으로 '도구 교과'이자 '문화 교과'의 정체성을 동시에 지니고 있다는 점도 중요한 이유로 작용한다. 도구 교과로서의 국어교육은 다른 교과의 바탕이 되는 국어 사용 능력을 증진하고자 한다. 그리고 문화 교과로서의 국어교육은 국어 그 자체의 문화와 국어의 꽃인 문학의 문화적 현상을 탐구하고자 한다. 다른 교과의 바탕이 된다는 점, 그리고 그 자체로서 융복합적 현상인 문화를 중시하는 국어교육은 융복합 교육의 테제를 더욱 강화해 나갈 것이다. 이에 국어교육의 융복합 교육은 앞으로 국어교육이 이미 품고 있는 융복합적 자질을 극대화하고,[7] 융복합 교육의 담론과 끊임없는 재개념화를 통하여 국어교육이 지닌 외연의 확장과 내연의 열림을 지향해야 한다.

그런데 미래 국어교육의 모습을 전제할 때, 지금 여기에서 펼쳐지고 있는 국어교육에서의 융복합 교육에 관한 논의는 다소 아쉬움이 남는다. 이미 앞 장에서 밝힌, 교과 교육에서 융복합 교육이 하나의 방법이나 적용 프로그램의 차원에서 이루어지고 있다는 사실을 차치하면,[8] 대체로 다음 두 가지의 방향으로 국어교육에서의 융복합 교육 논의가 전개되고 있다고 볼 수 있다.

하나는 '융복합 현상'을 전제한 상태에서 기존의 국어교육적 논의를 전이하고 있다. 이러한 융복합 교육의 연구 방향은 그 방향성만을 따질 때에는 타당한 것이라고 할 수 있다. 이미 풍부하게 존재하고 있는 국어교육의 융복합적 영역, 내용, 방법 등을 부면에 띄우는 작업이기 때문이다. 서유경(2013: 86)은 융복합 시대에 매체언어교육이 나아가야 할 방향을 언급하면서, 융복합적 관점이 매체언어교육

---

7 국어교육의 융복합 교육은 전혀 새로운 교육적 현상은 아니다. 윤여탁(2015: 12)에서 지적하였듯이, 국어교육의 지향 가운데 하나로서 융복합은 국어 교과가 이미 지니고 있던 융복합적 특성으로 인해 충분히 달성해 나갈 수 있어 보이기 때문이다. 다른 한편으로는 김라연(2015: 344)에서 언급한 것처럼, '독서토론'과 같이 이미 융복합 교육으로 다루고 있는 개념도 존재하고 있다. 중요한 것은 이미 내재된 융복합적 자질을 어떻게 하면 극대화시킬 것인지에 대한 고민이다.

8 이에 관한 대표적인 예로 김선아 외(2013: 86)은 교육과정 층위에서 미술과와 국어과의 융복합 내용 성취기준을 마련해 보이고 있다. 다만 교육과정은 각 교과마다 독특한 생태를 이루고 있다는 점을 감안할 때, 이와 같은 두 교과의 일부 내용 성취기준 결합은 한계를 지닐 수밖에 없다.

을 실효성 있게 정착하게 하는 타당한 관점임을 논의한다. 김라연(2015: 346-347)은 융합형 교육이 전혀 새로운 것이 아니라 이미 존재했던 것임을 전제하고, 독서토론이 지닌 융복합적 자질을 다시금 조명한다. 한편 정희모(2015: 68)은 창의 융합의 교육적 화두를 전제하고 작문 교육의 융복합 가능성을 모색하지만 추후 실효성에 관한 연구가 더 필요할 것임을 지적하고 있다. 이들 논의의 방향성은 충분히 지지할 만한 것이지만, 정희모(2015: 65)에서 지적한 바와 같이, 아직 구체적인 방법에 대한 논구가 부족하다. 그것은 이들 연구가 모두 방향성만을 제시할 뿐, 그 방향을 실현하기 위한 전이가능성을 확보하는 매개 담론에 대한 대안을 언급해 주지 못하고 있기 때문이다.

다른 하나는 '융복합 교육'을 더 큰 덩어리로 두고 국어교육이 마치 종속되는 관계인 것처럼 보이는 논의들이다. 김평원(2010: 62)은 다학문적 융합의 관점에서 프로젝트 학습을 방법으로 삼아 화법과 작문을 중심에 둔 교과 융합형 수레바퀴 모형을 제안하고 그 실효성을 검증한다. 여기에서 국어과의 하위 영역인 화법과 작문은 개별 연구 단계에서 다학문적 연구의 한 축을 이루고 있다. 교육 현장의 프로젝트 성과물로서 이 연구는 실천 가능성이 높다. 다만 주제 중심의 프로젝트를 지향하고 있어 국어교육 역시 그 프로젝트 속의 일부로 존재하며, 구체적인 전이가능성의 원리를 살피기는 어렵다. 김시정 · 이삼형(2012: 136)은 '융복합'의 용어를 결합의 정도에 따라 세분화하고 그에 따라 국어교육의 접근 가능성을 두루 모색하고 있다. 이는 일견 융복합 교육에 국어교육의 접근 지점을 논리적으로 찾아간다는 점에서 의의가 있다. 다만 융복합 교육에 국어교육이 적용되는 방식에 대한 논의이지, 국어교육의 융복합적 자질을 탐색한 것은 아니라는 점에서, 국어교육이 융복합으로 인식되는 모종의 전체에 종속되는 인상을 주고 있다. 이는 자칫 교과와 교과의 결합을 물리적으로 바라보고 그 결합의 양태만을 좇게 되는 결과를 야기할 수도 있다. 물론 이와 같은 교과 간 물리적 결합 양상도 융복합의 중요한 논의 대상이겠지만 이는 수업 실행 차원의 논의라는 점에서 학문적 정합성을 기대하기는 어렵다.

이와 같은 두 범주의 시의적 연구 성과 가운데, 이 연구는 전자의 논의 방향을 지지하되 실질적으로 국어교육의 '열림'을 가능하게 하는 '매개 담론(mediation discourses)'을 확충해 나가야 함을 주장한다. 이 말은 국어교육이 융복합 교육 속에 종속되는 형태는 지양하고, 국어교육에서 주체적으로 융복합이 가능한 교육 내용과 방법 등을 적극 마련해 나가야 한다는 뜻이다. 그것은 융복합 교육을 품은 국어교육이 지향하는 바는 총체적 언어 교육(Goodman, 1992: 316; De Carlo, 1995: 2)과 밀접한 관련을 맺기 때문이다. 곧 언어의 분절적 학습을 지양하고 생태적 환경 속에서 언어를 둘러싼 다면적인 특성을 교수-학습하는 언어 교육이 융복합 교육에 대응하는 국어교육의 지향점임을 간과해서는 안 된다.

이때 국어교육에서 주체적으로 융복합적 내용과 방법의 탐구를 위해서는 그저 국어교육의 융복합 가능한 대상을 평면적으로 탐색하는 것이 아니라, 국어교육을 둘러싼 다양한 생태적 요인(ecological factors)에 대하여 살피는 것이 필요하다. 특히 박인기(2009: 336)에서 지적한 바와 같이 교과를 내외로 둘러싼 지식 생태는 왕성한 융합의 모습으로 변화하고 있기에, 학문 융합의 생태가 교과의 존재 방식에 어떻게 영향을 미치는지 파악해야 한다. 이 말은 실행 차원의 교과를 대상으로 한 것과 더불어 학문 차원의 결합 양상, 그리고 실제와 학문을 이어주는 교육과정 차원의 매개 담론에 대한 논의가 반드시 필요함을 역설한다. '학문-교육과정-실제'의 스펙트럼은 국어교육이 존재하는 생태계의 중심이라는 점에서 이들 각각의 역학적 상관관계에 대한 융복합적 연관성을 탐색해야 한다. 이러한 점에서 국어교육의 융복합 교육은 부단히 국어교육을 둘러싼 생태적 요인을 고려하며, 국어교육의 인접 학문, 특히 융합적 성격을 지닌 학문과 끊임없는 조응과 재개념화를 꾀해야 할 것이다. 이에 국어교육의 열림을 추동하는 '매개 담론'의 탐색은 국어교육이 본래 지니고 있던 융복합적 자질을 극대화하는 데 기여할 수 있다.

이와 같은 시도는 국어과의 주변 교과에서 살펴볼 수 있다. 수학 교과에서 융복합 교육의 가능성을 모색한 주미경 외(2012: 171)에서는 '수학사 분석에 기초한 융합의 유형(박창균, 2010)'을 소개하고 있다. '수학사'라는 수학교육학의 한 분야에 관한 담론을 근거로 한 것이다. 이에 따라 박창균(2010: 74)에서는 '수학적 이론을 통한 융합', '수학적 언어를 통한 융합', '수학적 정신을 통한 융합'으로 범주화하고 있다. 이러한 범주화는 단순히 학문 내용 사이의 결합을 넘어 언어와 학문적 실천을 주도하는 규범, 사상, 패러다임을 포괄하여 이루어지는 광범위한 수준의 결합을 가능하게 하는 학문 간 교섭이라고 하였다. 이것은 "융복합이 가능한 대상 과목을 찾아야 한다."라는 문제를 넘어서 "해당 교과 교육의 생태적 본질은 무엇인가?"라는 물음에 대한 대답이다. 그리고 이 대답은 우선적으로 해당 교과에서 다루어야 하는 핵심 내용이 무엇인지에 대한 진지한 성찰을 요청한다. 그저 학문을 배경으로 삼은 내용이 아니라, 해당 교과가 지니고 있는 교과 생태의 요인을 두루 고려하여 매개 담론이 교육과정으로 전이될 수 있는 '빅 아이디어(big idea)(Wiggins & McTighe, 2005)'에 대한 탐색이 필요한 시점이다.

요컨대 국어교육의 융복합적 열림은 국어과와 다른 교과의 결합 양상에 대한 탐구 그 자체보다도 이러한 다양한 결합을 추동하게 하는 '매개 담론'을 탐색하여 국어교육적으로 전이할 때 가능하다. 그리고 국어과 교육과정 층위에서 합당한 '빅 아이디어'를 제안해 가는 과정으로서 국어교육이 갖출 수 있는 전이가능성을 획득하는 작업을 우선적으로 수행해야 한다.

3. 생태언어학 기반 국어과 빅 아이디어 제안

3.1. 빅 아이디어와 매개 담론으로서의 생태언어학

빅 아이디어(big idea)[9]는 현재 논의되고 있는 2015 개정 교육과정의 중요한 화두 가운데 하나이다. 이른바 '핵심 역량 기반 문이과 통합형 교육과정'이라는 별칭을 갖고 있는 2015 개정 교육과정에서, 각 교과의 핵심적인 내용이면서 다른 교과와의 결합을 가능하게 하는 개념이 바로 빅 아이디어이다. 이에 대해 김창원(2014: 26)에서는 다른 영역을 가로지르며 통합의 토대가 되는 아이디어라는 뜻에서 '연결 개념(혹은 관통 개념)'으로 빅 아이디어를 번역하고 있다. 연결 개념이라는 말은 한 교과와 다른 (비)교과의 결합을 가능하게 한다는 점에서 융복합의 의미를 갖고 있다.[10]

---

9 '빅 아이디어'는 2015 개정 교육과정의 내용 체계에 반영되었는데, 교육과정에서는 이를 '핵심 개념'으로 명명하고 있다. 이 논의에서는 원어의 의미를 살려서 '빅 아이디어'라는 용어를 그대로 사용하기로 한다. 참고로 김규훈·김혜숙(2015: 313)에서는 융합형(융복합) 국어교육을 논의하면서 텍스트의 내용 결합을 위해 국어과 교육과정 층위에서 빅 아이디어가 구축되어야 함을 강조한 바 있다. 한편 국어과 빅 아이디어는 국어과 핵심 역량이 내용으로 구체화된 것이라고 할 수 있는데, 국어과 핵심 역량이 범교과 핵심 역량은 상호작용하기 때문이다. 이와 관련하여 '사고, 소통, 문화'를 국어과 핵심 역량의 범주로 설정한 서영진(2015: 287)은 참고할 만하다.

10 김창원(2014: 25)에서 교과 통합은 문서 교육과정에서는 선언적으로, 혹은 가능

빅 아이디어의 개념은 '이해 중심 교육과정(understanding by design)' 담론을 근원에 둔다. 이해 중심 교육과정은 전통적인 교육과정 설계의 반대라는 점에서 교육과정의 거꾸로 설계(backward design)라고도 불린다. 온정덕(2011: 44)는 이해를 위한 교수와 그와 통합된 평가는 교과서에 담긴 정보와 공식을 암기하고 기계적으로 기억해내는 과정이 아니라, 학습자들이 핵심 개념과 원리들을 설명하고 여러 다양한 상황에 적용하여 학습의 전이를 도모한다고 하였다. 이를 위해서 빅 아이디어를 중심으로 교육과정을 구성하는 일이 필요하다고 하였다. 개념들(concepts) 중에서 가장 포괄적이며 일반화(generalization) 형태로 진술되는 빅 아이디어의 필요성을 언급한 것이다.

이처럼 빅 아이디어는 해당 교과의 중핵적이면서도 일반화 가능한 내용을 말한다. 융복합 교육을 교육과정 층위에서 접근하기 위해서는 빅 아이디어를 고려하지 않을 수 없다. 그것은 융복합 교육이 궁극적으로 지향하는 바가 삶으로서의 교육이기 때문이다. 교육을 위한 교육이 아닌 삶으로서의 교육은 특정 분야의 전문성을 갖추면서도 다른 분야와 소통할 수 있는 인간을 기르는 목표를 지닌다. 이에 학습자가 빅 아이디어를 통하여 '전이 가능한 내용'을 학습하는 일은 융복합 교육을 실현할 수 있는 매개로 작용한다.

보다 구체적으로 Wiggins & McTighe(2005, 강현석 외 역, 2008: 94-102)를 통하여 빅 아이디어의 개념 요소를 살펴보고자 한다. 특히

성으로만 기술할 수 있다고 지적한다. 교과 간 장벽이 높은 현실에서 교과 통합은 교육과정 총론이나 교과서, 교실(수업) 수준에서 겨우 거론할 수 있을 뿐이라는 것이다. 오히려, 교과 교육과정에서 명시적으로 드러낼 수 있는 내용은 타 교과와의 통합이 아니라 비교과 활동, 혹은 학교 밖의 비형식적 교육과의 통합이라고 한다. 융복합 교육 역시 교과 간 통합만을 가리키는 것이 아니라는 점에서 이러한 지적을 수용해야 한다. 융복합 교육의 지향점은 결국 진정한 '삶으로서의 교육'의 테제임을 간과해서는 안 된다.

융복합 교육과 빅 아이디어가 어떠한 관련성을 이루고 있는지 따져 보고자 한다.

〈표 1〉 빅 아이디어와 융복합 교육의 관련성

빅 아이디어의 개념		융복합 교육의 특성
은유[11]	요소	
바퀴의 고정핀(linchpin)	핵심 내용	특정 교과에 대한 전문성
개념적 접착테이프(velcro), 연구 분야에서의 연관성	개념적 연관성	특정 교과와 인접한 다른 교과와의 넘나듦
교수학적 힘, 다양한 분야의 전이 가능한 적용	전이가능성	삶에 대한 탐구로서 교과 내용의 일반화

위 〈표 1〉은 빅 아이디어의 요소가 융복합 교육과 관련이 있음을 보여준다. 빅 아이디어의 개념을 이루고 있는 요소는 '핵심 내용, 개념적 연관성, 전이가능성'이다. 이들은 Wiggins & McTighe(2005)로부터 추출한 것이다. '핵심 내용'은 해당 교과의 핵심적인 교육 내용을 말한다. '개념적 연관성'은 빅 아이디어가 해당 교과의 핵심 내용이되 다른 (비)교과에 연관되는 내용을 지님을 의미한다. '전이가능성'은 빅 아이디어가 그저 해당 교과에서만 작용하지 않고 다른 분야에 적용될 수 있음을 가리킨다.[12] 이를 종합하면 빅 아이디어는 다른 (비)교과와 개념적 연관성을 바탕으로 전이가능성을 지닌 특정 교과의 핵심 내용이라고 할 수 있다.

이러한 빅 아이디어의 개념 요소는 융복합 교육과 밀접하게 관련

11 여기에 제시한 핵심어는 Wiggins & McTighe(2005, 강현석 외 역, 2008: 94-102)에 설명된 구절을 근거로 삼았다.

12 예를 들어, 방담이 외(2013: 1046)에서 제시한 과학과의 빅 아이디어로서 '다양성'은, 과학과의 중핵적 '핵심 내용'이 자연의 다양한 현상이고, 이는 어떠한 현상이든 '다양성'을 매개로 한 '개념적 연관성'을 파악할 수 있으며, 궁극적으로 '다양성'을 다양한 현상에 적용하여 이를 창의적으로 해석할 수 있음을 내포하고 있다.

된다. 위 〈표 1〉에서 확인 가능한 것처럼 빅 아이디어가 해당 교과의 '핵심 내용'을 의미한다는 점은, 융복합 교육이 한 분야의 '전문성'을 지녀야 한다는 사실을 지지한다. 융복합 교육이 이를 전제로 다른 분야와의 '소통'을 지향한다는 점은 빅 아이디어의 '개념적 연관성'을 바탕에 둔다. 빅 아이디어가 '전이가능성'을 지닌다는 점은 융복합 교육이 궁극적으로 지향하는 '인간 삶의 탐구'를 촉진한다. 따라서 융복합 교육의 진정한 담론화를 꾀하기 위해서는 그저 방법적으로 한 교과와 다른 교과의 결합이 어떻게 이루어질 것인지에 고민보다 다수의 교과와 비교과가 하나로 접맥되는 빅 아이디어를 생성하는 작업이 각 교과에서 이루어져야 한다.

그렇다면 빅 아이디어를 어떻게 제시할 수 있을까? 단순하게 생각하면, 빅 아이디어가 교과의 '핵심 내용'이기에, 특정 교과의 교육과정 내용 요소를 추출하고 이를 상위 개념으로 묶으면 가능할지도 모른다. 그런데 이는 현실적으로 힘든 작업인데, 교육과정 내용 요소가 각기 다른 학문적 배경을 지니고 있기 때문이다. 또한 빅 아이디어의 본연적 개념을 살려 그야말로 융복합의 축으로서 빅 아이디어가 기능하기 위해서는 기존 교육과정 내용 요소를 상위 개념으로 묶는 작업은 융복합 교육 담론의 한계를 마주하게 될지도 모른다.[13]

이를 직시하여 이 연구에서는 교과 빅 아이디어가 융복합의 본연적 의미를 온전히 발현하려면 해당 교과를 지지하는 매개 담론을 적극 도입해야 함을 강조한다. 앞 장에서 논의한 것처럼 매개 담론과

---

13 실상 중등학교 현장에서 봇물처럼 나타나는 융복합 수업 현상은 '주제 중심'을 표방한 경우가 대부분이다. 이는 기존의 '주제 중심 교과 통합 수업'에 관한 교육 담론과 차별성을 확보하기 어렵다. 융복합 교육의 핵심이 '전문성과 넘나듦'이라면, 이를 가능케 하는 축으로서의 교육과정적 개념은 앞으로도 논의되어야 한다. 현재 고시된 2015 개정 교육과정이 이러한 인식을 품고 있는바, 이 연구에서 논의하는 '빅 아이디어'는 앞으로 교육과정 담론에서 중요한 화두가 될 것이다.

빅 아이디어는 학문 융복합이 교육과정 층위로 전이될 수 있게 유도하기 때문이다. 이 연구는 융복합 교육의 실현을 가능하게 할 국어과 빅 아이디어의 매개 담론으로 생태언어학(ecolinguistics)을 도입한다.[14] 생태언어학을 통하여 국어과 빅 아이디어를 제안할 수 있는 이유는 지금까지 논의한 융복합 교육의 철학과 생태학, 그리고 국어교육의 융복합적 열림과 생태학의 하위 학문으로서 생태언어학이 각각 상호 친연적이라는 사실에 기인한다. 이를 보다 구체적으로 살펴보면 다음과 같다.

첫째, 융복합 교육의 철학은 생태학에 의해 지지된다. 앞서 논의하였듯이, 융복합 교육은 근대성에 의한 교과 분과주의를 극복하려는 시도 가운데 하나이다. 생태학은 교과의 생태적 위상을 회복하는 철학적 명제를 지니고 있다. 융복합 교육은 굳건히 형성된 교과의 울타리를 낮추어 교과 간 소통을 지향한다. 이는 교과의 생태적 위상이 무엇인지 탐구하여 총체적인 관점에서 교과의 울타리를 재정립하려고 하는 생태학적 교육이 추구하는 바와 동궤를 형성한다(Lier, 2004; 박인기, 2003). 이와 관련하여 노상우 · 안동순(2012: 83)에서는 학문 융합이 지닌 거시적이고 전체론적인 접근 방향이 생태학과 방법론적 동일성을 지니고 있음을 지적한다. 생태학이 지닌 관계적 세계관과 총체적 인식론에 따른 대상의 인식이 학문 융합의 지향과 일치하기 때문이다. 이러한 사실에 따라 국어교육의 융복합 관련 논의는 생태학적 국어교육 담론에 의하여 촉진될 수 있다. 실질적으로 생태학의 학문 체계 가운데 하나인 생태언어학은 생태학의 명제에 언어의 문제를 부면에 띄움으로써 국어교육의 융복합적 열림을 가능

14 이 말은 모든 국어과의 빅 아이디어가 생태언어학으로부터 도출된다는 것을 의미하지 않는다. 국어과 빅 아이디어 가운데 하나를 생태언어학으로부터 전이할 수 있다는 말이다.

하게 할 것이다.

둘째, 국어교육의 융복합적 열림은 생태언어학에 의해 추동된다. 주지하다시피 국어교육은 '국어로써 사고하며 국어를 소통하여 바람직한 국어 문화를 형성'하는 교과 정체성을 지닌다(교육부, 2015: 3). 이것은 국어를 정태적인 언어로만 바라보는 언어관이 아니라, 국어를 소통의 매개이자 문화 형성의 근간으로 바라보는 언어관에 기인한다. '사고, 소통, 문화'의 테제를 중시하는 국어교육은, 범박하게 말해, 인간이, 살아가고 있는 환경에서, 언어를 통하여 소통하고 문화를 향유한다는 본질적 명제를 포괄한다. 그래서 국어 자체에 대한 현상, 다양한 맥락에 의해 변화하는 국어 사용에 대한 현상, 국어를 통해 형성되는 우리 고유의 국어 문화에 대한 현상을 국어교육에서 다루지 않을 수 없다. 생태언어학은 국어교육의 본질과 같은 맥을 유지하면서 이를 더욱 강화한다. 생태언어학이 무엇인지 보다 면밀히 고찰하면 그 이유를 확인할 수 있다.[15]

생태언어학은 '언어와 이를 둘러싼 매우 다양한 상호작용에 대한 탐구'를 일컫는 포괄적인 용어이다(Stibbe, 2015: 8). 특히 생태언어학은 '삶의 이야기(the stories-we-live-by)'가 반영된 언어 사용이 과연 '생태철학(ecosophy; ecological philosophy)'에 비추어 타당한지를 탐구하는 데 주안점을 둔다(Stibbe, 2015: 7-10). 이때 생태철학은 '인간,

15 생태언어학의 수립 과정을 간략히 제시하면 다음과 같다. 생태학은 생물 간 상호작용이나 생물과 환경의 상호작용에 관한 자연 과학 범주의 학문이다. 이러한 자연 과학이 인문학으로 통섭되면서, 정신 생태학, 관계 생태학, 사회 생태학, 태도 언어학 등이 생겨났다(박육현, 1999: 11). 1970년대 이후 생태학은 언어학에도 적용되었는데, Haugen(1972)는 이를 '언어의 생태학'이라고 명명하였다. 언어의 생태학은 주로 언어변화, 언어접촉, 언어충돌, 언어소멸 등을 탐구하였는데, 이는 하나의 생태계를 형성하고 있는 인간과 언어, 그리고 환경의 상호작용에 대한 관심의 발현이었다. 언어의 생태학은 점차 하나의 독립된 학문으로 그 폭이 넓어졌는데, 이것이 바로 '생태언어학'이다(김규훈, 2011: 6).

언어, 환경'의 관계에 대한 생태적 타당성(ecological validity)을 판별하는 기준이 된다(Stibbe, 2015: 10-13). '인간, 언어, 환경'의 생태적 타당성은 바로 인간이 환경에 대응하여 '지속가능한 언어 사용'을 가능하게 하는지의 여부를 말한다. 정리하면 생태언어학은 인간의 언어 사용이 환경에 비추어 지속가능한지에 대한 논구를 추구한다.

이러한 지속가능성 언어 사용에 대해 Stibbe(2008)은 '지속가능성 문해력'으로 개념화하였다. 지속가능성 문해력은 인간의 언어 사용이 환경에 비추어 타당해야 함을 문해력의 차원으로 승화한 것으로 모든 생태언어학 논의의 핵심 원리이다(Stibbe, 2008: 2-5). 지속가능성 문해력은 다음 〈그림 1〉과 같이 명시할 수 있다.

[그림 1] 지속가능성 문해력의 구도

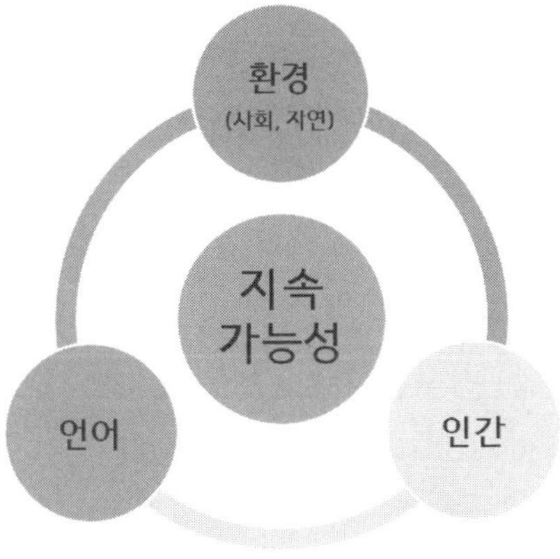

위 [그림 1]은 지속가능성 문해력의 구도를 나타낸 것이다. 지속가능성 문해력은 '인간, 언어, 환경'의 복합적 관계를 이해하고 그에 따른 총체적인 체계 현상을 소통하는 능력이다(김혜숙 외, 2014: 47). 여기서 한 가지 주목해야 하는 부분은 지속가능성 문해력이 '환경'을 인간이 살아가는 사회에만 국한시키는 것이 아니라 자연까지 포함한

다는 점이다(Stibbe, 2008: 2-5). 예를 들어 사회의 지속가능성 문해력은 소수 언어 존중이나 언어 갈등의 해소와 같은 사회 속 언어 사용의 균형성을 회복하는 힘을 가리킨다. 자연의 경우, 과학적 언어를 비판하고 자연 친화적 언어를 사용하는 것과 같이 자연과의 공존을 위한 언어 사용과 사고력 형성을 가리킨다. 생태언어학의 핵심 원리로서 이 지속가능성 문해력은 결국 인간이 환경에서 언어를 어떻게 지속가능하게 사용할 것인지에 대한 탐구를 추동하며, 보다 적극적인 차원에서 '인간, 언어, 환경'의 관계성과 총체성을 회복해 나아가야 함을 강조한다.

국어교육의 융복합적 열림은 바로 이 지점에서 가능해진다. 국어로써 사고하고 국어를 소통하며 바람직한 국어 문화를 형성하는 정체성을 지닌 국어교육은 보다 적극적인 조화와 공존, 그리고 상생의 가치를 함유한 생태언어학에 의해 그 정체성을 보다 강화할 수 있기 때문이다. 더욱이 2007 개정 교육과정 이래 국어과에서 줄곧 그 강조점이 확장되어 온 맥락(context)은 지속가능성 문해력이 지닌 환경의 구분에 의해 그 의미역을 넓혀갈 수 있다. 이를 통해 궁극적으로 국어교육은 인간의 언어 사용이 사회 속에서 보다 더 적극적으로 '관계 지향적'이어야 함을 강조한다. 그리고 자연의 영역까지 포괄하여 '자연과의 공존'을 지향하는 의식이 언어 속에 담기고 이를 교육해야 함을 시사한다. 강조하건대 국어교육의 융복합적 열림은 국어교육이 품고 있던 맥락성(contextuality)에 대한 확장을 통해 접근된다. 이것은 그저 두 대상 간의 물리적 결합이 국어교육의 융복합적 열림을 가능하게 하지 않음을 반증하며, 삶으로서의 국어 현상에 대한 탐구가 국어교육의 융복합적 열림을 추동할 것임을 증명한다.

정리하면, 생태학은 융복합 교육의 철학으로서 의미가 풍부하다. 생태언어학은 국어교육의 융복합적 열림을 추동하며 이는 '인간, 언어, 환경'에 대한 관계성과 총체성의 탐구에 기인한다. 융복합 국어교육이 궁극적으로 국어교육의 본질을 강화하면서도 그 울타리를 낮추어 다른 (비)교과와의 넘나듦을 지향한다면, 생태언어학은 분명 국어교육에 새로운 융복합의 화두를 던져줄 수 있을 것이다. 그리고 교육과정 층위에서 이는 빅 아이디어로 드러난다. 이제 지금까지 살펴본 생태언어학의 구체적인 내용을 살펴서 국어과 빅 아이디어를 제안해 보도록 하자.

3.2. 생태언어학의 연구 내용을 통한 국어과 빅 아이디어의 제안

생태언어학의 연구 내용은 대표적으로 박육현(1999)에서 확인할 수 있다. 김규훈(2011: 8)에서는 이를 표로 정리한 바 있다.[16] 그런데 박육현(1999)의 내용이 생태언어학의 전부라고 할 수는 없다. 생태언어학이 지속가능성 문해력을 핵심 원리로 삼아 '인간, 언어, 환경'의 상호작용을 탐구하는 만큼, 이들 셋의 관계를 통해 발현되는 언어 현상은 다채롭기 마련이다. 또한 국어교육의 생태를 고려할 때 생태언어학의 연구 내용을 조금 더 정련하여 제시할 필요가 있다. 이에

---

16 박육현(1999)는 Fill(1993)을 번역하여 생태언어학의 개론을 소개한 책이다. 김규훈(2011: 8)은 이를 종합하여 아래와 같이 생태언어학의 연구 분야와 내용을 정리한 바 있다.

<table>
<tr><th colspan="2">하위 분야</th><th>연구 내용</th></tr>
<tr><td colspan="2">언어의 생태학</td><td>개인이나 언어 공동체의 표준어와 방언 사이의 상호작용 연구</td></tr>
<tr><td rowspan="2">행동 언어학</td><td>언어와 충돌</td><td>농담, 논쟁, 논증, 잡담, 이야기가 가진 언어적 화해 기능 연구
언어적 공격과 언어를 통한 힘의 위력에 대한 연구</td></tr>
<tr><td>집단의 언어</td><td>언어와 성, 나이, 직업, 종교, 국적으로 인한 차별의 해소 연구</td></tr>
<tr><td colspan="2">언어와 동물식물</td><td>대부분의 언어가 지닌 인간 중심성에 대한 비판적 관점 연구
생태적 사고의 생성을 위한 자연적 명명법에 대하 연구</td></tr>
</table>

여기에서는 먼저 생태언어학의 연구 영역이 어떠한 연구 경향성을 지니고 있는지 먼저 파악하고자 한다. Steffensen & Fill(2014: 7)은 생태언어학의 연구 유형을 다음과 같은 네 가지 접근으로 구분하고 있다.

첫 번째 유형은 '상징적(symbolic)' 접근이다. 이는 특정 시·공간에서 사용되는 언어와 다른 언어의 상호작용에 대한 연구이다. 비교언어학적 관점이 이와 유사한데 본래 사용되던 언어와 유입된 다른 언어의 관계를 밝히고 소수 언어를 보호하려는 입장을 견지한다. 둘째, '사회문화적(sociocultural)' 접근의 유형이 있다. 언어가 사회, 문화와 밀접한 관련이 있음에 주목하여 언어와 이들 간의 상호작용을 탐구하는 논의가 이에 해당한다. 세 번째 유형은 '인지적(cognitive)' 접근이다. 이것은 환경과 상호작용을 하면서 살아가는 유기체로서의 인간이 어떻게 환경에 적응해 가는지에 대한 사고를 연구하는 데 초점을 둔다. 마지막으로, '자연적(natural)' 접근이 있는데, 여기에서 말하는 자연은 물리적인 자연 환경을 뜻한다. 이 유형은 언어가 생물학적이고 물리적인 환경과 어떠한 관계를 맺고 있는지를 주목한다.

이들 네 유형은 생태언어학의 연구 경향을 밝힌 것이기도 하지만, 동시에 생태언어학이 이들 네 유형의 연구를 포괄하는 학적 정체성을 지니고 있음을 시사한다. Stibbe(2015: 8)이 언급한 것처럼 이들 네 유형은 완전히 분리된 것이 아니라 긴밀한 상관관계에 놓여 있다. 곧 인간이 환경에 어떻게 적응하고 타인과 어떻게 상호작용하는지와 관련된 포괄적인 물음에 대한 대답을 찾아가는 학문이 바로 생태언어학이라는 점은 이를 통해 더욱 잘 드러난다. 가령 언어 자체에 대한 상징적 연구일지라도 사회문화적 접근과 인지적 접근을 함께 논할 수 있다.

따라서 이들 네 유형은 생태언어학의 탐구 대상인 '인간, 언어, 환경'의 관계성 가운데 어떤 요인에 더욱 집중하고 있는지에 따라 구분되는 것임을 이해할 필요가 있다. 곧 생태언어학에서 '상징적' 접근은 '언어'에 초점을 두고 인간과 환경의 관계성을, '사회문화적' 접근은 '환경' 특히 '사회'에 초점을 두고 인간과 언어의 관계성을, '인지적' 접근은 '인간' 특히 인간의 '사고력'에 초점을 두고 언어와 환경의 관계성을, '자연적' 접근은 '환경' 가운데에서도 '자연'에 초점을 두고 인간과 언어의 관계성을 탐색한 것이다. 이렇게 볼 때, 생태언어학은 '인간-언어-인간', '인간-언어-사회', '인간-언어-자연'으로 연구 내용을 범주화할 수 있다. Stibbe(2015: 9)에서 말한 생태언어학의 '생태(eco)'의 의미가 바로 '인간과 인간, 인간과 다른 유기체, 그리고 인간과 물리적 환경의 상호작용을 통한 상생과 참살이(wellbeing)'라는 점 역시 이러한 범주화의 근거가 된다.

일련의 논의를 바탕으로 생태언어학의 연구 내용을 다음 〈표 2〉와 같이 정리할 수 있다.[17]

〈표 2〉 생태언어학의 연구 내용

연구 방향	연구 분야	연구 내용
지속가능성 문해력의	인간-언어-인간 [인간 생태론]	· 언어적 갈등 해소와 바람직한 인간 관계 형성 · 성별, 나이, 직업, 종교, 국적 등으로 인한 차별의 해소

17 참고로 여기에 제시하는 연구 내용은 Steffensen & Fill(2014)의 유형으로부터 추출한 세 범주를 틀로 삼아 박육현(1999)의 생태언어학 연구 내용을 재구조화한 것이다. 한편 〈표 2〉에서 연구 분야의 괄호 안 명칭에서 사회 생태론과 심층 생태론은 전통적으로 생태학에서 분류하고 있는 체계이며, 인간 생태론의 경우 Gare(2002)를 바탕에 두고 있다. 한편 이들 각 범주는 서로 중복되는 부분이 존재할 수 있는데, 중요한 점은 이들 범주가 무엇을 강조하는지에 따라 나뉜다는 점이다. 이와 관련하여 Stibbe(2015)는 인간 생태론과 사회 생태론의 연구 분야에 대하여 언어 사용의 현상을 '인간 관계' 혹은 '사회적 변인'의 측면 가운데 무엇에 집중하는지에 따라 구분되며 이들 각각을 주목하면서도 이들을 통합적으로 분석할 필요가 있다고 하였다.

함양	인간-언어-사회 [사회 생태론]	·언어의 사회적 변이와 생태적 타당성 (ex. 언어 파괴) ·언어의 다양성에 대한 존중 (ex. 방언, 소수 언어)
	인간-언어-자연 [심층 생태론]	·언어에 내재하고 있는 인간 중심성의 탐색과 비판 ·생태적 사고 형성을 위한 생태적 명명법

위 〈표 2〉는 생태언어학의 연구 내용을 연구 방향과 분야에 따라서 제시한 것이다. 생태언어학의 연구 분야는 지속가능성 문해력의 함양이라는 지향점을 공유한다. 이를 바탕으로 생태언어학은 언어를 중심에 둔 인간과 인간, 인간과 사회, 인간과 자연의 중점에 따라 세분화된다.

먼저 '인간-언어-인간'의 영역에서는 의사소통 상황에서 발생할 수 있는 갈등을 해소하는 데 기여하는 언어에 대해 탐구한다. 그리고 사회문화적인 차별의 상황에서 이를 극복할 수 있는 언어 사용을 탐색한다. '인간-언어-사회'의 영역에서는 언어가 마주하는 사회적 변이 현상 가운데 생태적으로 타당해야 하는 언어 현상을 찾는다. 예를 들어, 언어 파괴 현상을 찾고 이를 극복할 수 있는 방안을 도출한다. 또한 사회문화적 차이로 인해 발생하는 언어의 다양성을 존중하는 연구도 수행한다. 방언이나 소수 언어 등이 이에 해당한다. '인간-언어-자연'의 경우, 인간 중심성이 내재된 언어에 대하여 비판적으로 고찰하고, 동물이나 식물과 같은 인간과 함께 살아가는 유기체에 대한 명명법에 대하여 연구한다. 예를 들어, '자연 보호'라는 말 속에는 이미 자연은 보호의 대상이라는 인간 중심적 사고가 내포되어 있음에 주목하고 이를 반성한다.[18]

이와 같은 생태언어학의 연구 내용은 인간의 언어 사용을 둘러싼

18 박육현(1999: 186)에서는 "꽃이 피다, 봉우리가 트다, 줄기가 성장하다." 등과 같이 식물에 사용되는 낱말의 은유가 생태적인 의미가 있음을 주목한다. 이를 활용하여 정서 표현의 글쓰기를 수행하는 것은 궁극적으로 자연과의 공존을 지향하는 생태적 사고를 함양해 줄 수 있다.

관점의 확장을 꾀한다. 이미 생태언어학이 문법교육의 내용 구성을 위한 광맥이 될 수 있음을 논의한 김규훈(2011: 23)을 언급하지 않더라도, 맥락적 언어 사용을 강조하고 사회문화적 언어 실천을 지향하는 국어교육의 내용은 생태언어학을 통하여 보다 풍부해질 수 있다. 이 내용들은 인간이 사회와 자연 속에서 살아가면서 사용하는 언어의 양상을 탐구하여 '진정한 삶으로서의 국어 실천'을 지향한다는 점에서 국어교육의 융복합적 열림을 추동할 수 있다. 그리고 이 열림은 교육과정에서 생동할 때 비로소 실천력을 확보할 수 있으며, 이는 빅 아이디어로 실재화된다.

결국 생태언어학의 연구 내용은 국어과 빅 아이디어를 구축해 나가는 데 한 가지 중요한 화두를 던져준다. 생태언어학의 내용이 마치 생태계가 자정 능력을 발휘하듯 언어 사용의 균형성을 유지한다는 점을 직시하면, 생태언어학은 국어 활동의 '생태적 균형성(ecological balance)'라는 화두를 국어교육에 제공할 수 있다. "과연 자신의 국어 활동이 관계 지향적인가?", "과연 자신의 국어 활동이 사회문화적 배경을 존중하는가?", "과연 자신의 국어 활동을 통해 자연과의 공존을 꾀할 수 있는가?". 이와 같은 문제의식에 대한 교수-학습이 실천될 때 국어교육은 생태적 위상을 회복하여 진정한 삶으로서의 국어 현상을 다루는 학문이자 교과의 정체성을 갖추어 융복합적 열림을 가능하게 할 것이다.

따라서 이 연구는 생태언어학을 통한 국어과 빅 아이디어로 '생태적 균형성'을 제안한다. 생태적 균형성에 대한 교육 내용은 인간이 살아가는 사회와 자연에 대한 문제가 언어와 매우 밀접한 관련이 있음에 주목한다. 이에 이러한 교육 내용을 탐구하는 과정은 그야말로 융복합적일 수밖에 없다. 곧 그간 국어교육에서 강조해 온 맥락성을 극대화하는 것이자 국어 현상을 탐구하는 일이 궁극적으로 인간의

삶에 대한 탐구와 마주하는 일임을 말해준다.[19]

지금까지의 논의를 근거로 삼아, 국어과 빅 아이디어 '생태적 균형성'을 세부 교육 내용과 융복합 가능성을 밝혀 다음 〈표 3〉과 같이 제시하고자 한다.

〈표 3〉 생태언어학을 통한 국어과 빅 아이디어의 제안과 융복합 가능성의 예

빅 아이디어	핵심 내용 요소	세부 내용과 융복합 가능성의 예	
생태적 균형성 (ecological balance)	불균형한 인간 관계를 유발하는 국어에 대한 생태적 균형성 회복	내용	· 소외와 차별의 언어 극복, 다양성과 평등의 국어, 욕설과 국어 윤리 등
		융복합	· 사회의 불통 현상, 다문화, 윤리, 언어 의식, 가치관 형성 등
	사회에서 부정적으로 변이되는 국어에 대한 생태적 균형성 회복	내용	· 국어 파괴 현상, 외계어의 등장, 방언의 소멸과 경시 풍조 등
		융복합	· 매체문화, 개인어 사용에서의 인간 심리, 지역사회 문화 등
	자연과 공존을 지향하는 국어 의식 형성을 위한 생태적 균형성 회복	내용	· 언어 속에 내포된 인간 중심성 비판, 자연 중심의 생태적 명명법 등
		융복합	· 동물과 식물의 생태, 환경과 인간, 개발 주도의 경제 정책 등

19 국어과 빅 아이디어는 다양한 매개 담론을 바탕으로 풍부하게 제시되어야 한다. 현재 고시된 2015 개정 교육과정의 '핵심 개념'이 국어과 영역별로 세분화되어 있다는 단편적인 예를 통해서도 알 수 있다. 이를 염두에 둘 때 이 연구에서 시도된 생태언어학을 기반에 둔 국어과 빅 아이디어는 생태언어학의 세부 연구 영역에 근거하여 국어과 빅 아이디어 가운데 한 가지를 제안했다는 의의를 지닌다고 본다. 다만 아래 〈표 3〉에서 제안한 국어과 빅 아이디어인 '생태적 균형성'이 설정될 수 있는 조건(영역별 내용 체계 혹은 전이 가능한 요소 마련)이 보다 구체화되어야 할 것이다. 이를 바탕으로 '생태적 균형성'의 각 범주별 세부 내용을 국어교육적 관점에서 보다 실질적으로 마련해야 할 것이다. 이들을 후속 연구로 기약한다. 생태언어학이 국어교육과 문법교육에 일정한 의의를 지닐 수 있음을 전제로 지속적인 재개념화 연구에 집중할 것이다. 더 나아가 다양한 학문 담론을 바탕으로 교육과정적 전이를 거쳐서 다양한 국어과 빅 아이디어가 풍부하게 구축될 수 있기를 기대한다.

〈표 3〉에서 볼 수 있듯이, 생태언어학을 통한 국어과 빅 아이디어로 '생태적 균형성'을 제안한다. 생태적 균형성은 생태언어학의 내용이 지닌 세 분류에 따라 '인간, 사회, 자연'의 각 차원으로 세분화하여 국어교육의 내용 요소를 제시할 수 있다. 그리고 이들은 삶으로서의 국어에 대한 탐구의 차원으로 확장되어 국어교육의 융복합적 열림을 이끌 수 있다.

첫째, '인간-언어-인간'의 범주에서는 불균형한 인간 관계를 유발하는 국어에 대한 생태적 균형성 회복의 내용을 교육과정에서 구성할 수 있다. 여기에는 소외와 차별의 언어 극복, 다양성과 평등의 국어 사용, 욕설과 같은 인간 관계를 저해하는 국어 사용의 지양 등이 내용 요소에 포함된다. 이러한 내용은 우리 사회의 불통 현상을 해소하고 국어 사용의 태도와 관련된 논의를 열어주는 매개로서 기능할 수 있다. 또한 욕설 극복을 위한 국어 윤리의 내용 강화, 다양성과 평등의 국어 사용을 위한 다문화와 상호문화 담론 등은 국어교육의 융복합적 실천을 가능하게 할 것이다.

둘째, '인간-언어-사회'의 범주에서는 사회에서 부정적으로 변이되는 국어에 대한 생태적 균형성 회복의 내용을 교육과정에 구성할 수 있다. 다양한 현상으로 등장하는 국어 파괴 현상, 무분별한 외계어의 사용 등을 비롯하여 방언을 존중하는 교육 내용 등은 여기에 해당된다. 사회문화 현상으로서의 매체문화, 방언과 관련된 지역사회문화를 비롯하여 개인이 다양한 형태로 창안해 내는 개인어 속에 숨은 개인의 심리 등은 융복합적 교수-학습으로 충분히 구안할 수 있는 내용이라고 하겠다.

셋째, '인간-언어-자연'의 범주에서는 자연과 공존을 지향하는 국어 의식 형성을 위한 생태적 균형성 회복의 내용을 교육과정에 구성할 수 있다. 이 내용은 앞에서부터 언급하였듯이 언어 속에 내포된 인간 중심성을 비판하고, 자연 중심의 생태적 명명법을 시도하는 것이다. 이는 언어가 오직 인간의 것이 아니라 동물과 식물이 갖고 있는 의사소통 체계의 한 종류라는 생태적 인식을 추구한다. 우리가 살아가는 환경은 모든 유기체에게 평등한 것이며 오직 인간이 우위에 위치해서는 안 됨을 직시하게 한다. 이를 국어 의식의 차원에서 길러주는 것, 그래서 경제 발전 위주의 정책을 비판적으로 바라보는 것 등은 모두 국어교육을 확장적으로 바라보고 융복합적인 교수-학습을 가능하게 하는 방안이라고 할 수 있다.

요컨대 생태언어학이 지닌 인간과 환경의 관계성에 대한 지속가능성 문해력의 탐색이라는 핵심 원리는 언어를 둘러싼 인간, 사회, 자연 가운데 어떤 대상을 중점에 두는가에 따라 '인간-언어-인간', '인간-언어-사회', '인간-언어-자연'의 내용으로 구체화된다. 이들 생태언어학의 내용은 국어로써 사고하고 국어를 소통하며 국어 문화를 형성하는 국어교육에 스며들어 부정적인 국어 현상을 회복하는 생태적 균형성의 빅 아이디어를 형성하게 한다. 국어과 빅 아이디어인 생태적 균형성은 세부적으로 관계 지향적 언어, 사회의 부정적 언어 변이, 그리고 자연 중심적 언어 사용에 따라 내용 요소를 갖고 궁극적으로 삶으로서의 국어 실천을 위한 국어교육의 융복합적 열림을 도모할 수 있다.

4. 연구의 요약과 전망

지금까지 융복합 교육의 실행을 추동하는 교육과정 층위의 국어과 빅 아이디어를 생태언어학을 기반으로 제시해 보았다. 연구의 내용을 간략히 요약하면 아래와 같다.

융복합 교육은 교과의 결합을 추구하지만 실상 교과의 넘나듦을 강조한다. 그리고 학습자로 하여금 하나의 분야에 전문성을 갖추면서도 다른 분야와 소통할 수 있는 인간상을 기르는 데 초점을 둔다. 국어교육은 융복합 교육에 대응하기 위하여 국어교육의 열림을 지향해야 한다. 국어교육의 열림은 다른 교과나 비교과 활동의 넘나듦을 추동하는 것으로 국어교육이 지닌 본연의 정체성을 강화하는 데 기여한다. 이는 국어과와 다른 교과 혹은 비교과의 일대일 결합이 아니라 넘나듦을 추동하는 매개 담론을 통해 실현될 수 있다. 그리고 이 작업은 교육과정 층위에서 우선적으로 논의되어야 한다. 이에 교육과정 담론으로 교과의 핵심 개념을 담고 있으면서 다양한 분야에의 전이가능성을 내포한 교과 빅 아이디어의 구축이 필요하다.

이 연구에서는 국어과 빅 아이디어를 제안하기 위한 매개 담론으로 생태언어학을 도입한다. 생태언어학은 '인간, 언어, 환경'의 관계성과 총체성을 지속가능성의 관점에서 조명하는 학문이다. 이를 통해 국어로써 사고하며 국어를 소통하고 바람직한 국어 문화를 형성하는 국어교육의 정체성을 보다 강화해 줄 수 있다. 동시에 국어교육에 지속가능한 언어 사용에 관한 새로운 교육적 화두를 제공하여 삶으로서의 국어교육을 가능하게 하는 융복합 지향의 교육 내용을 전이해 줄 수 있다. 그것은 바로 '인간, 언어, 환경'의 균형적인 관계를 유지하고 이를 통해 바람직한 소통과 문화의 상을 그려나가는 것이다. 이를 바탕으로 이 연구는 생태언어학 기반의 국어과 빅 아이디어로 '생태적 균형성'을 제안해 보았다. 이에 따라 인간, 사회, 자연 각각의 범주에서 제시할 수 있는 내용 요소와 그에 따른 융복합 가능성을 찾아보았다.

일련의 논의는 융복합 교육에 대응하는 국어교육의 담론화 방향을 조망할 수 있다는 의의를 지닌다. 특히 실효성 있는 담론화를 위하여 교육과정 층위에 주목하였고 앞으로 심도 있게 연구되어야 할 국어과 빅 아이디어 가운데 하나를 도전적으로 제안해 보았다. 그 과정에서 생태언어학이 국어교육의 외연을 확장하고 삶으로서의 융복합 교육에 다가갈 수 있는 매개 담론임을 확인할 수 있었다. 이는 인접 학문의 재개념화를 통한 국어교육의 진화에 입각해 볼 때, 국어교육의 울타리를 튼튼하게 하면서도 다른 분야와의 소통의 문을 열어주는 방안이라고 하겠다.

그럼에도 이 연구는 아직 성숙되지 못한 교과 융복합 담론과 국어과 빅 아이디어 논의로 인해 다음과 같은 한계를 갖는다. 첫째, 교과 융복합의 핵심인 '넘나듦'에 대한 이론적 근거를 마련해 나가야 한다. 이는 지금까지 습관처럼 형성되어 온 융복합의 결합에 대한 논의를 벗어나면서도 그 결합의 양상이 다양하게 형성되도록 할 것이다. 둘째, 이 연구에서 마련된 국어과 빅 아이디어의 타당성을 검증해야 한다. 교과 빅 아이디어는 교과의 핵심 내용이라는 점에서 전문가 협의와 개별 연구가 두루 필요하다. 앞으로 이러한 담론화 노력이 시도되어 이 연구에서 제시한 국어과 빅 아이디어의 타당성을 검증할 수 있어야 할 것이다. 셋째, 생태언어학을 통해 제시한 국어과 빅 아이디어를 축으로 삼은 실제 융복합 교육의 실행 양상을 고민해야 한다. 이 연구는 비록 국어과 빅 아이디어에 초점을 두고 있어서 실제적인 실행 양상을 언급하지는 않았지만, 융복합 교육의 실제를 구상하여 이 연구에서 제안한 국어과 빅 아이디어의 현장 적용 가능성을 확인해야 한다.

끝으로 교육 현장에서 유행처럼 번지고 있는 융복합 수업은 이를 추동할 수 있는 마땅한 기저 논의가 풍부하지 않다는 한계에 직면하고 있다. 융복합 교육은 거대 담론이라 어쩌면 쉽게 그 상을 조망할 수는 없을지도 모른다. 융복합 교육에 대응하는 국어교육 역시 마찬가지이다. 아직 그 누구도 쉽게 융복합 교육을 위한 국어교육의 궁극적인 지향점에 대한 결론을 내놓지 못하고 있다. 이러한 현실에서 이 연구는 무엇이 융복합 교육이고 국어교육의 역할은 무엇이며 그 중추라고 할 수 있는 국어과 교육과정에서 무엇을 고려해야 하는지에 관한 소박한 고민의 결과라고 하겠다. 추후 교과 융복합에 대한 논의가 활성화되기를 바란다. 그리고 국어교육에서도 보다 다양한 차원에서 융복합의 담론화가 시도되어 융복합 국어교육의 상을 다각도로 조망할 수 있기를 기대해 본다.

참고문헌

곽영순 외(2014), 「핵심 역량과 융합교육에 초점을 둔 과학과 교육과정 개선방향 연구」, 『한국과학교육학회지』 34-3, 한국과학교육학회.

교육과학기술부(2012), 『국어과 교육과정 -교육과학기술부 고시 제2012-14호 [별책 5]』, 서울: 교육과학기술부.

교육부(2015), 『국어과 교육과정 - 교육부 고시 제2015-74호 [별책 5]』, 서울: 교육부.

김규훈(2011), 「생태언어학의 교육과정 재개념화 방향 - 2009 교육과정 문법 과목의 내용 재구성 방안 모색」, 『교육과정평가연구』 14-1, 한국교육과정평가원.

김규훈·김혜숙(2015), 「융합형 국어교육의 창의·인성 교수학습 방향」, 『동악어문학(한국어문학연구)』 65, 동악어문학회, 303-330.

김라연(2015), 「융합독서를 위한 워크북 개발 사례 분석 연구」, 『독서연구』 35, 한국독서학회.

김선아 외(2013), 「숙의를 통한 융복합 교육과정의 가능성 탐색」, 『미술교육논총』 27-1, 한국미술교육학회.

김숙이 외(2010), 「창의성 신장을 위한 교과융합 프로그램 개발 및 실행 사례 연구」, 『교원교육』 26-2, 한국교원대학교 교육연구원.

김시정·이삼형(2012), 「융복합 교육의 양상에 대한 국어교육적 접근」, 『국어교육학연구』 43, 국어교육학회.

김정효(2014), 「교과 영역의 융합을 통한 현대적 교육과정 운영 사례 연구」, 『조형교육』 48, 한국조형교육학회.

김정희·정현주(2013). 「예술 교과 중심 융합인재교육(STEAM) 실천 방안」, 『미술교육연구논총』 35, 한국교육대학교 미술교육학회.

김창원(2014), 「통합형 국어과 교육과정 구성의 방향과 과제」, 『청람어문교육』 51, 청람어문교육학회.

김창원(2015), 「문·이과 통합형 교육과정 논의와 국어과 교육과정의 시계열적 구조화」, 『국어교육』 148, 한국어교육학회.

김창원 외(2014), 『문・이과 통합형 국어과 교육과정 재구조화 연구』, 서울: 교육부.
김평원(2010), 「프로젝트 수행법을 위한 융합교육과정의 설계-화법과 작문을 반영한 수레바퀴모형을 중심으로」, 『교육과정평가연구』 13-3, 한국교육과정평가원.
김혜숙 외(2014), 『생태학 담론을 통한 국어교육 설계』, 서울: 동국대학교출판부.
노상우・안동순(2012), 「학문융합 관점에서 본 현대교육의 이론적-실천적 변화 모색」, 『교육종합연구』 10-1, 교육종합연구소.
박육현(1999), 『생태언어학』, 서울: 한국문화사.
박인기(2003), 「생태학적 국어교육의 현실과 지향」, 『한국초등국어교육』 22, 한국초등국어교육학회.
박인기(2009), 「교과의 생태와 교과의 진화 - 교과의 개념에 대한 패러다임 변화와 국어교과의 진화 조건」, 『국어교육학연구』 34, 국어교육학회.
박창균(2010), 「수학과 학문융합」, 『한국수학사학회지』 23-1, 한국수학사학회.
방담이 외(2013). 「Big idea를 중심으로 한 통합형 과학 교육과정 틀 설계」, 『한국과학교육학회지』 33-5, 한국과학교육학회.
서영진(2015), 「역량 기반 교육과정에서 국어 능력과 핵심 역량의 관계」, 『국어교육학연구』 50-1, 국어교육학회.
서유경(2013), 「융복합 시대의 매체언어교육 방향 탐색」, 『새국어교육』 95, 한국국어교육학회.
온정덕(2011), 「이해중심교육과정의 적용 사례 고찰: 초등예비교사들을 중심으로」, 『교육과정연구』 29-1, 한국교육과정학회.
유영만(2009), 「교육테크놀로지와 교육에서의 지식융합의 전망」, 『한국교육학회 학술대회논문집』, 한국교육학회.
윤여탁(2015), 「창의적 문화 세대를 위한 국어교육의 지향」, 『국어교육연구』 57, 서울대학교 국어교육연구소.
이춘식(2015), 「2009 개정 실과(기술・가정) 교육과정에서 '기술의 세계' 영역의 핵심 개념 연구」, 『한국기술교육학회지』 15-1, 한국기술교육학회.
정희모(2015), 「창의 융합 과정으로서 작문과 작문교육」, 『독서연구』 35, 한국독서학회.

주미경 외(2012), 「수학교과와 융복합 교육 - 담론과 과제」, 『대한수학교육학회지』 14-1, 대한수학교육학회.

De Carlo, J. E. (1995). *PERSPECTIVES in whole language*. Boston: Allyn & Bacon

Erickson, L. (2001). *Stirring the head, heart and soul: Refining curriculum and instruction(2nd ed.)*. CA: Corwin Press.

Fill, A. (1993). *Ökolinguistik: Eine Einführung*. Tübingen: Narr.

Gare, A. (2002). Human ecology and public policy: overcoming the hegemony of economics. *Democracy & Nature 8(1)*, 131-141.

Goodman, K. S. (1992). I didn't found whole language. *The Reading Teacher 46(3)*, 188-199.

Haugen, E. (1972). *The ecology of language*. Stanford: Stanford University Press.

Lier, V. (2004). *The ecology and semiotics of language learning*. Boston: Kluwer Academic Publishers.

Nyberg, D. A.(Ed.) (2010). *The philosophy of open education*. NY: Routledge.

OECD (2005). *The definition and selection of key competencies: executive summary*. OECD.

Root-Bernstein, R. & Root-Bernstein, M. (1999). *Sparks of genius*. Boston: Houghton Mifflin Harcourt. 박종성 역(2007). 생각의 탄생. 서울: 에코의 서재.

Steffensen, S. V., & Fill, A. (2014). Ecolinguistics: the state of the art and future horizons. *Language Sciences 41*, 6-25.

Stibbe, A. (2008). Words and worlds: New directions for sustainability literacy, *Language & Ecology 2(3)*, 1-11.

Stibbe, A. (2015). *Ecolinguistics: Language, ecology and the stories we live by*. NY: Routledge.

Whitehead, A. N. (1957). *The aims of education and other essays*. NY:

Free Press.

Wiggins, G. P., & McTighe, J. (2005). *Understanding by design: association for supervision and curriculum development*. ASCD. 강현석 외 역 (2008). 거꾸로 생각하는 교육과정 개발(이론편). 서울: 학지사.

상호문화적 소통 능력을 위한 융복합 교수-학습 방안 연구*

– 국어 교과와 도덕 교과의 '배려'를 중심으로

이 연구는 다문화 사회에 적합한 국어교육의 핵심역량으로 설정한 '상호문화적 소통 능력'의 구성 요소를 밝히고, 이를 위한 교과 간의 융복합 교수-학습 방안을 제안하는 데 목적이 있다.

상호문화적 소통 능력, 핵심역량, 배려, 융복합 교수-학습, 공유 모형, 다문화 사회

이 연구를 통해 다문화 사회의 학습자가 다양한 문화들의 상호성을 이해하고 존중하며 배려하는 가운데 소통할 수 있는 능력을 갖추는 교수-학습이 실천되기를 기대한다.

---

* 이 논의는 "고희성(2015), 「상호문화적 소통 능력을 위한 융복합 교수-학습 방안 연구 - 국어와 도덕 교과의 '배려'를 중심으로-」, 『국어교육학연구』 51-2, 국어교육학회"를 수정 및 보완한 것이다.

1. 서론

오늘날 교육은 다양한 분야를 융합해서 다양한 사유 과정을 통해 다양한 해결 방법을 제시할 수 있는 융합 인재 양성에 관심을 기울이고 있다(노상우 · 안동순, 2012: 69). 급변하는 현대 사회는 과거보다 훨씬 복잡하고 다양한 지식과 가치들이 공존하는 다문화 사회로, 교육을 통해 습득한 기존의 특정 지식과 가치를 계승하는 것에서 나아가 능동적으로 공존하는 다양한 지식과 가치들을 적극 수용하고 생산할 수 있는 주체의 힘이 중요해졌기 때문이다. 복합적인 소통 채널을 기반으로 공유하고 있는 수많은 지식과 가치들 중에서 주어진 상황과 사회문화적 맥락에 적합한 지식과 가치를 선별하고 효과적으로 활용할 수 있는 다양한 능력들이 필요하게 된 것이다.

이처럼 사회 변화의 흐름에 따라 이에 적절히 대응할 수 있는 능력도 변화한다. OECD는 DeSeCo(Definition and Selection of Competence) 프로젝트를 통해 숙달하고자 하는 직무나 업무의 성공적 수행에 필요한 능력을 의미하던 '역량'의 개념을 일반적인 삶을 살아가는 데 필요한 능력으로 의미를 확장시켰다. 21세기 미래 사회에서 성공적인 삶을 살아가는 데 공통적으로 갖추어야 할 능력인 '핵심역량'으로 규명하고자 한 것이다(소경희, 2007: 2-8). 미래 사회를 살아갈 학습자들을 대상으로 하는 교육에서도 '핵심역량'은 키워드가 되었다. 학습자들이 다양한 지식과 가치가 공존하는 미래 사회에서 요구하는 능력을 갖출 수 있도록 교사가 주도하는 지식 전달 위주의 기존 교육에서 벗어나 '핵심역량'을 기반으로 교육과정 및 교과 교육의 변화를 꾀하고자 한 것이다. 이에 국어교육에서도 국어과에 적합한 '핵심역량'을 도출하고, 이를 위한 교수-학습 방안을 모색하고 있다.

이러한 측면에서 이 연구는 다양한 문화적 배경을 가진 구성원들의 소통이 활발해진 다문화 사회에서 강조되는 소통 능력을 중심으로 국어과의 '핵심역량'을 설정해 보고자 한다. 인간은 긴밀한 사회적 관계망 속에 놓인 존재로, 사회 공동체의 다른 구성원들과 원만하게 관계를 형성하고 유지 · 발전시키는 가운데 다양한 지식과 가치들을 공유한다. 정보 기술의 발달로 인해 '세대, 성별, 지역, 빈부, 종교', 나아가 '인종, 민족, 언어' 등이 다양한 구성원들이 시공간적 제약 없이 소통이 가능해진 다문화 사회에서는 이러한 소통 능력이 더욱 강조될 수밖에 없다. 이에 소통의 과정에 작동하는 다양성의 범주가 확대된 상황에서 적합하게 소통을 할 수 있는 능력, 즉 다양한 문화들의 상호성을 이해하고 존중하며 상호작용할 수 있는 소통 능력을 중심으로 다문화 사회에 적합한 국어교육의 핵심역량인 '상호문화적 소통 능력'을 설정해 보고자 하는 것이다.

이와 더불어 국어 교과를 중심으로 하는 교과 간의 융복합 교육을 통해 소통 능력을 중심으로 설정한 국어교육의 핵심역량인 '상호문화적 소통 능력'의 교수-학습 방안을 제안해 보고자 한다. 융복합 교육은 미래의 시민들이 스스로의 역량과 가능성을 최대한 계발하고 발현하여 능동적인 시민으로 성장할 수 있도록 돕기 위해 지속적으로 진화하는 유연한 교육적 개념이자 실천 양식이기 때문이다(차윤경 외, 2014: 24). 이에 미래 사회 학습자들이 급변하는 다문화 사회에 대응할 수 있는 능력인 핵심역량 교육을 위한 일련의 교수-학습 실천 양식으로서 융복합 교육의 방안을 도입해 보고자 하는 것이다.

이를 위해 우선 다문화 사회의 국어교육에 적합한 핵심역량으로 '상호문화적 소통 능력'을 검토해 볼 것이다. 그리고 '상호문화적 소통 능력'의 구성 요소 중 '배려의 태도'를 위한 교수-학습 방안을 제안해 볼 것이다. 이때 융복합 교육의 '공유 모형'을 활용하여 '배려'를 중심으로 국어과와 도덕과가 통합된 융복합 교수-학습 방안을 마련해 볼 것이다.

2. 국어과 핵심역량으로서의 상호문화적 소통 능력

미래 사회 교육은 개별 학문이나 지식 습득보다도 필요한 지식을 스스로 수집하고 활용할 수 있는 능력과 함께 다양성을 존중하고 서로 다른 사람들과 어울려 더불어 살 수 있는 기본 능력을 함양하는 데 힘써야 한다(이근호 외, 2013a: 54-55). 교육을 통해 불확실한 미래 사회를 대비하는 학습자들이 다양한 변화에 대응할 수 있고 생존할 수 있는 역량을 길러야 하는 것이다. 이에 이번 연구에서는 국어교육에서 미래 사회를 살아갈 지금여기의 학습자들에게 강조될 필수 능력으로 '상호문화적 소통 능력'을 제시해 보고자 한다. 복합적인 채널을 통해 수많은 지식과 가치들을 공유하고, 다양한 문화적 배경을 가진 구성원들이 촘촘하게 연결되어 활발히 교류하는 다문화 사회의 학습자들에게 그들을 둘러싼 다양한 문화들의 상호성을 이해하고 존중하며 소통할 수 있는 능력이 점점 중요해지기 때문이다.

문화는 일상적이고 개인적이고 가시적인 것에서부터 역사적이고 사회제도적이고 비가시적인 것에 이르기까지 다층적인 소통을 통해 세대에서 세대로 전승되며, 구성원들이 그것의 사용을 지속적으로 허용하는 만큼 오래 존재한다(David W. Johnson & Roger T. Johnson, 2002; 김영순 외 역, 2010: 17). 다시 말해 문화는 일정 공동체가 오래도록 집적해 온 전통 문화인 수직적 범주의 문화와 자신의 경험에서 비롯된 현상적인 수평적 범주의 문화가 한데 어우러져 형성되는 것이다.[1] 이처럼 수직적 · 수평적 범주의 결합에 의해 형성되는 문화는 본질적으로 다문화적 속성을 지니지만 최근 문화의 다양성을 규정하는 요인들이 '더 다양'해지고, 그 다양함이 '보다 많이 부각'되고 있다(구정화 외, 2010: 16).[2] 따라서 이러한 변화에 적절히 대응할 수 있는 능력이 교육에서 강조될 수밖에 없다.

국어교육과 관련해 다문화 사회에서 개인이 성공적인 삶을 살아가는 데 필요한 능력을 언급한 김혜숙(2012)는 이병준(2007)이 제시한 다문화 역량[3]과 Hymes(1974)가 제시한 의사소통 능력을 결합하여 '상호문화적 의사소통 능력'을 제안하였다. 다문화 사회의 국어교육이 '정확하고 적합하게 언어를 조직하는 능력, 상황이나 사회문화적 맥락에 맞게 표현하고 이해하는 능력, 문화의 다양성을 인정하고 평등하게 바라볼 줄 아는 능력, 원활한 대인관계를 통해 상대를 배려하는 능력' 등의 '의사소통 능력'에 관심을 기울여야 한다고 본 것이다(김혜숙, 2012: 13). 이처럼 문화의 상호성을 이해하고 소통에 참여하는 가운데 소통의 참여자들이 서로를 존중하고 배려하며 원만하게 상호작용할 수 있는 소통의 능력이 더욱 중요해진 다문화 사회의 '의사소통 능력'에 대한 점검이 필요하다.[4]

---

1 문화는 수직적 시간태에 걸쳐 집적되고 전통화되어 전해지는 수직적 범주와 일상의 현재적 소통 속에서 어떤 의미를 공유하고 언어와 생활의 양식을 공유하는 수평적 범주에 의해 형성된다. 전통 문화인 수직적 범주의 문화는 공동체 내의 상징과 인식에 알게 모르게 관여함으로써 구성원들의 소통 과정에 숨어 있는 코드로서 작용하고 당대적 삶과 관련된 수평적 범주의 문화는 소통의 상황에 따라 다양한 형태로 작용한다(박인기, 2000: 26-27).

2 김혜숙(2012: 7-8)은 한국 사회의 '지금여기'에서 다문화적 특성이 더욱 관심을 받는 것은 지금까지의 세대, 성별, 지역, 빈부, 종교 등의 다양한 삶의 방식 차이가 아닌 다양한 민족과 인종의 유입에 의한 다문화 추세에 적절히 대응할 필요가 생겼기 때문이라고 하였다.

3 이병준(2007: 5)은 문화적 역량의 하위 역량인 '다문화 역량'의 구성 요소로 '의사소통능력, 사회적/대인관계 능력, 갈등관리 능력, 공감, 관용, 수용 능력, 문화간의 차이 인정 능력'을 제안하였다.

4 다양한 문화 속에 산다고 해서 반드시 상호문화를 실행하는 것은 아니다. 상이한 문화를 가진 사람들 사이에 종종 일어나는 긴장, 갈등, 몰이해, 당혹스럽게 만드

주지하다시피 '의사소통 능력'은 줄곧 국어교육의 주요한 교육의 목표이자 교육의 내용이었다. 언어 사용자인 인간, 그리고 그들을 둘러싼 다양한 환경들과 긴밀하게 관계를 맺고 있는 국어를 올바르게 이해하고, 이를 적확하게 활용하여 상대와 원활하게 소통할 수 있는 의사소통 능력의 신장을 이끌어내는 것을 국어교육의 궁극적인 책무로 보았기 때문이다. 따라서 국어교육에서 다양한 문화들이 공존하며 상호작용하는 소통의 과정에서 다양성을 인정하고 평등하게 바라볼 수 있는 교차문화적(cross-cultural) 특성인 '상호문화성'을 기반으로 하는 '의사소통 능력'을 강조해야 한다(김혜숙, 2012: 14). 다문화 사회의 학습자들에게 요구되는 국어과 핵심역량으로서의 '상호문화적 소통 능력'으로 '의사소통 능력'을 재정비해야 하는 것이다. 이를 위해 범교과 핵심역량과 국어과 핵심역량에 대한 논의에서 제시되는 '의사소통 능력'에 대해 살펴보고자 한다.[5]

범교과적 차원에서 핵심역량을 추출하여 국가 교육과정에 접목시킬 수 있는 방안을 마련하고자 한 논의는 이광우 외(2009)와 이근호 외(2013)가 대표적이다. 핵심역량을 '개인적 역량, 사회적 역량, 학습 역량'으로 구분한 이광우 외(2009)는 '의사소통 능력'을 '사회적 역량'의 요소로 제시하였다. '의사소통 능력'을 '상호작용이 이루어지는 다양한 상황에 적확한 언어와 비언어를 사용해 의미를 이해하고 표현하는 능력'으로 본 것이다.[6] 한편 이광우 외(2009)의 논의를 수용하

는 뜻밖의 일들로 인한 불편함이 문화적 차이에서 비롯되는 것임을 인지하고 행동할 때 상호문화를 실행하는 것이라 할 수 있다(Gilles Verbunt, 2001; 장한업 역, 2012: 87).

5 범교과 및 국어교과에서의 핵심역량에 대한 논의를 살피는 것은 다문화 사회의 국어과 핵심역량으로서의 '의사소통 능력'을 점검하기 위한 과정으로, 기존 논의에서 제시된 핵심역량의 영역 및 요소의 적절성은 추후 연구에서 검토해 볼 수 있을 것이다.

되, 창의 · 인성적 측면을 강조하여 '인성 역량, 지적 역량, 사회적 역량'으로 핵심역량을 구분한 이근호 외(2013a)은 각 핵심역량 영역의 요소로 '의사소통 능력'을 제시하였다.[7] '의사소통 능력'을 '다양한 사회문화적 맥락에 맞게 텍스트를 이해 · 분석 · 해석 · 평가 · 생산할 수 있는 능력'으로 보고(이근호 외, 2013b: 56), '인성 역량, 지적 역량, 사회적 역량'의 범주에 모두 포함시킨 것이다.[8]

이러한 범교과적 핵심역량 논의와 더불어 국어교육에서의 핵심역량 관련 논의는 서영진 외(2013), 김규훈(2014), 서혁 · 오은아(2013) 등이 있다.[9] 서영진 외(2013)와 김규훈(2014)은 기존의 핵심역량 관련 연구를 토대로 국어과에 적합한 핵심역량을, 서혁 · 오은아(2013)는 스마트 교육 환경으로의 변화에 초점을 맞추어 국어과 핵심역량을 추출하였다.[10]

---

6 '의사소통 능력'은 다양한 상황에 적합한 언어와 비언어적 형태들을 사용하는 능력, 화자의 말뜻을 이해하고 어떤 개념 및 아이디어를 정확한 형태로 나타내는 능력, 사회적 맥락에 알맞게 나타내는 능력이 포함된다(이광우 외, 2008: 302).

7 이근호 외(2013a: 120)은 범교과 핵심역량들을 바탕으로 추구하는 교육목표나 인간상에 따라 교과(영역)별로 또는 교육단위별로 적절한 핵심역량 구성 요소들을 조합 · 연계하여 교과에 적합한 핵심역량을 추출할 수 있다고 보았다. 핵심역량은 고정적인 의미를 갖거나 어떤 역량이 다른 역량에 비해 절대적인 견지에서 더 큰 중요성을 갖는 것이 아니라 '선택'의 문제이기 때문이다.

8 인성 역량은 '개인 차원이나 개인 자격으로 타인을 만나 발생하는 관계 속에서 필요한 역량', 지적 역량은 '기본 소양 준비를 기초로 문제를 해결하고 그 과정 속에서 비판적, 창의적 사고를 발휘하는 데 필요한 역량', 사회적 역량은 '사회적 소통을 중시하고, 참여를 통해 문제를 인식하고, 사회생활 속에서 자신의 위치나 진로를 개척해나가는 데 필요한 역량'을 말한다(이근호 외, 2013a: 69).

9 국어교육에서 핵심역량과 관련된 논의가 많이 이루어지고 있지만, 이번 연구에서는 국어과 핵심역량의 요소를 제안한 논의를 중심으로 살펴보고자 한다.

10 범교과 핵심역량과 교과 핵심역량의 관계는 ① 교과 핵심역량을 따로 설정하지 않고 범교과 핵심역량을 곧 국어과 핵심역량으로 보는 것, ② 범교과 핵심역량을 바탕으로 국어과의 특성에 맞게 일부 핵심 역량을 추가하거나 삭제하여 국어과 핵심역량으로 다시 선정하는 것, ③ 범교과 핵심역량과 별도로 국어과의 특

〈표 1〉 국어과 핵심역량의 요소

서영진 외(2013)	김규훈(2014)	서혁 · 오은아(2013)
의사소통능력	의사소통능력	다중담화텍스트 기반 의사소통 역량
문제해결능력	기초학습능력	문화적 소양과 심미적 수용창작 역량
대인관계능력	문제해결능력	기초학습 역량 및 고등사고 역량
기초학습능력	관계성찰능력	정보처리 역량
비판적 · 창의적 사고력	환경대응능력	민주시민성과 디지털 윤리 역량
정보처리능력	정보처리능력	
문화예술향유능력	문화향유능력	

국어과 핵심역량의 하나로 서영진 외(2013: 131)는 '의사소통 능력'을 '음성언어, 문자언어, 다양한 기호를 통한 표현과 이해를 통해 자신과 타인, 세계의 의미와 관계를 끊임없이 점검하고 조정하는 능력'으로 보았다. 그리고 김규훈(2014: 37)은 '텍스트를 정확하고 적절하며 유창하게 수용 · 생산하는 능력', 서혁 · 오은아(2013: 22)는 의사소통 역량과 대인관계 역량을 종합한 '대인관계를 형성하고 유지할 수 있는 소통 능력'으로 '의사소통 능력'을 국어과 핵심역량으로 제시하였다.

이와 같이 범교과 핵심역량의 요소이면서 동시에 국어과 핵심역량의 요소인 '의사소통 능력'은 '텍스트를 정확하게 듣고 말하고 읽고 쓰는 능력' 그 이상을 의미한다. '원만한 대인관계를 형성하고 유지하기 위해 인간의 삶에 유기적으로 작용하는 사회문화적 맥락들을

성을 반영한 핵심역량을 별도로 선정하는 것으로 나누어 살필 수 있다(가은아, 2014: 53-54). 현재 우리의 교육 체제에서는 두 번째인 범교과 핵심역량으로부터 국어과의 특성에 맞게 핵심역량을 재구조화하는 방안을 선택하고 있다. 서영진 외(2013), 김규훈(2014), 서혁 · 오은아(2013) 등도 범교과 핵심역량으로부터 국어과 핵심역량을 도출한 것이다.

고려하며 언어 및 비언어를 적확하게 사용하여 의미를 획득하고 생산할 수 있는 소통 능력'을 의미하는 것이다. 이처럼 종합적인 성격을 지닌 '의사소통 능력'의 개념을 바탕으로 이번 연구에서는 다문화 사회에서 요구되는 역량으로서의 '의사소통 능력', 즉 '상호문화적 소통 능력'의 하위 요소들을 제시해 보고자 한다.

'상호문화적 소통 능력'은 다양한 지식과 가치를 공유하는 수많은 사람들과의 소통이 활발하게 이루어지는 다문화 사회의 학습자들에게 반드시 필요한 능력이다. 원만한 소통을 위해 자신의 언어와 문화를 정확하게 이해함과 동시에 다양한 언어와 문화를 바르게 이해하고 다름을 인정하고 서로를 배려할 수 있어야 하는 것이다. 이처럼 '다양성, 인정, 배려'를 중심에 둔 소통 능력, 즉 '상호문화적 소통 능력'은 다문화 사회의 국어교육이 담당해야 하는 핵심역량으로, '지식, 기능, 태도'[11]의 범주로 나누어 살필 수 있다.[12]

〈표 2〉 상호문화적 소통 능력의 범주와 구성 요소

범주	구성 요소
지식	□ 다양한 언어문화에 대한 지식(다양성과 인정) □ 호혜적 문제해결에 대한 지식(인정과 배려)
기능	□ 적확한 언어 사용 능력(다양성과 배려) □ 협력적 관계 형성 능력(인정과 배려)
태도	□ 다양성 존중의 태도(다양성과 인정) □ 배려의 태도(인정과 배려)

첫째, '상호문화적 소통 능력'의 '지식' 범주에는 '다양한 언어문화에 대한 지식'과 '호혜적 문제해결에 대한 지식'의 요소가 포함된다.

11 '핵심역량'은 지식과 기능(skill)과 더불어 태도·감정·가치·동기와 같은 구성 요소들의 결합을 토대로 구축된다(소경희, 2007: 6).

12 상호문화적 소통 능력의 범주 및 구성 요소에 관련된 내용은 고희성(2016a: 72-74)를 수정·보완한 것이다.

다문화 사회의 학습자들은 여러 매체를 통해 다양한 언어문화를 직·간접적으로 접하며 살아간다. 따라서 서로 다른 언어문화를 차별로서가 아니라 서로 다른 개성으로 인정하고 수용하며 소통할 수 있어야 한다(서종남, 2010: 135). 이에 '다양한 언어문화에 대한 지식'은 '다양성과 인정'의 측면에서 언어문화의 다양성을 이해하고 서로 다름을 인정할 수 있는 기반 지식으로서 '상호문화적 소통 능력'의 구성 요소가 될 수 있다. 또한 다문화 사회의 학습자들은 다양한 문화적 배경을 가진 구성원들이 소통하는 가운데 다양한 문제 상황에 직면할 수 있다. 따라서 소통 과정에서의 문제 상황에서 평등한 주체로서 합리적으로 문제를 해결할 수 있어야 한다. 소통 과정에서 발생할 수 있는 문제 상황에서 서로 다른 정체성을 지닌 주체들의 대화를 통한 합리적 조정으로 공동의 이해를 만들어가는 지평 융합의 차원으로 나아가야 하는 것이다(John Sitton, 2003; 김원식 역, 2007: 85-114).[13] 이에 '호혜적 문제해결에 대한 지식'은 '인정과 배려'의 측면에서 서로를 인정하고 배려하는 가운데 해결해야 할 문제를 명확하게 인식하고 합리적 근거를 기반으로 문제 해결 방안을 제시할 수 있는 기반 지식으로서 '상호문화적 소통 능력'의 구성 요소가 될 수 있다.

둘째, '상호문화적 소통 능력'의 '기능' 범주에는 '적확한 언어 사용 능력'과 '협력적 관계 형성 능력'의 요소가 포함된다. 원활한 소통은 정확한 의미 전달과 더불어 다양한 문화적 배경을 지닌 소통의 상대를 배려하는 적절한 표현이 이루어질 때 가능하다.[14] 적확하게 언어

13 하버마스는 무제약적 동화주의와 무제약적 다문화주의를 가로 질러 소통할 수 있는 지평에서 '절차적' 혹은 '제약적' 다문화주의를 지향한다(김영필, 2013: 8).

14 이는 2015 국어과 교육과정의 '국어로 이루어지는 이해·표현 활동 및 문법과 문학의 본질을 이해하고, 의사소통이 이루어지는 맥락의 다양한 요소를 고려하

를 조직하여 의미를 이해하고 표현함과 동시에 상황이나 사회문화적 맥락에 맞게 이해하고 표현할 수 있는 능력이 다원화된 사회의 실제 소통의 상황에서 주체들이 역동적으로 의미를 구성할 수 있게 하는 힘이 되는 것이다(김혜숙, 2012: 13). 이에 '적확한 언어 사용 능력'은 '다양성과 배려'의 측면에서 다양한 상황 및 사회문화적 맥락을 고려한 배려의 소통을 가능케 하는 언어 사용 능력으로서 '상호문화적 소통 능력'의 구성 요소가 될 수 있다. 또한 다문화 사회의 학습자들은 여러 공동체의 일원으로서 다양한 구성원들과 관계를 맺으며 살아간다. 따라서 자신이 소속된 공동체의 구성원들과 바람직한 관계를 형성하기 위해서는 서로를 인정하며 협력적으로 소통할 수 있어야 한다. 이에 '협력적 관계 형성 능력'은 '인정과 배려'의 측면에서 서로 다른 문화적 배경을 가진 구성원들을 인정하고 이들을 배려하며 협력적으로 소통할 수 있는 능력으로서 '상호문화적 소통 능력'의 구성 요소가 될 수 있다.

셋째, '상호문화적 소통 능력'의 '태도' 범주에는 '다양성 존중의 태도'와 '배려의 태도' 요소가 포함된다. 다문화 사회의 학습자들은 다수와 소수가 아닌 '나'와 '너'의 관계 속에 존재한다. 따라서 서로 다른 문화적 배경을 가진 타인과 그들의 언어문화를 편견 없이 인정하고 이를 존중할 수 있는 태도를 갖추어야 한다. 다양한 언어문화를 인정하고 존중하는 태도가 전제되지 않는다면, 학습자들의 상호 협력적인 소통에는 한계가 있을 수밖에 없을 것이다. 이에 '다양성 존중의 태도'는 '다양성과 인정'의 측면에서 다양한 문화의 상대성을 인정하고 존중할 수 있는 태도로서 '상호문화적 소통 능력'의 구성 요

여 품위 있고 개성 있는 국어를 사용하는 것'이란 목표와도 부합한다(교육부, 2015a: 4).

소가 될 수 있다. 또한 서로 다른 문화적 배경을 가진 '나'와 '너'의 만남으로 원활한 소통을 이끌어갈 수 있는 것은 결국 서로에 대한 배려가 있을 때 가능하다. 수직적 · 수평적 범주의 문화가 복합적으로 얽혀 있는 망 속에서 형성된 각자의 정체성을 갖고 있는 서로를 배려하기 위해 상대를 정의롭고 공평하게 대우해야 하는 것이다(추병완, 2011: 4). 이에 '배려의 태도'는 '인정과 배려'의 측면에서 서로의 다름을 인정하고 상대를 대우할 수 있는 태도로서 '상호문화적 소통 능력'의 구성 요소가 될 수 있다.[15]

3. 상호문화적 소통 능력의 융복합 교수-학습 방안

다문화 사회에 적합한 국어과 핵심역량으로서의 '상호문화적 소통 능력'은 지금여기, 그리고 미래 사회를 살아가야 하는 학습자들이 길러야 하는 목표 차원의 접근이다. 따라서 궁극적으로는 실제 교수-학습 현장에서 '상호문화적 소통 능력' 신장을 위한 교육이 구현될 수 있는 효과적인 교수-학습 방안이 마련되어야 한다. 물론 하나의 실행 계획인 교수-학습 방안은 교사, 학습자, 교육의 목표와 내용, 교수-학습 환경과 상황 등 다양한 요인들을 고려해 결정해야 하므로 절대적인 것이 존재한다고 할 수는 없다(서혁, 2005: 241-242). 하지만 학습자들이 앎을 넘어 실제 삶과 연계한 실천성을 담보해야 하는 핵심역량으로서의 '상호문화적 소통 능력' 신장에 적합한 교수-학습 방

15 진정한 배려는 배려를 주고받을 때 배려자와 피배려자가 서로의 배려를 느낄 때 완성된다(이명신 · 권충훈, 2010: 61). 일방적인 배려란 진정한 의미의 배려일 수 없다. 따라서 소수의 문화적 배경을 가진 학습자이든 다수의 문화적 배경을 가진 학습자이든 그 누구에게도 상대에 대한 배려를 강요해서는 안 된다.

법을 마련하기 위한 고민은 필요하다.

핵심역량 중심의 교육은 교과 간 통합, 즉 교과 간에 상호 긴밀한 주제나 관련되는 지식 등을 단선적으로 연결하여 수업을 진행하는 것이 아니라, 하나의 교과에서 얻을 수 있는 지식이나 내용 또는 주제 등에 대해 학습한 내용을 바탕으로 다른 교과 속의 지식이나 내용에 적용하여 보다 더 확장된 수업을 진행함으로써 폭넓은 결과물을 얻어낼 수 있는 수업을 지향한다(최승현 외, 2011: 140-141). 이에 이번 연구에서는 국어과 핵심역량인 '상호문화적 소통 능력'의 교수-학습을 위해 국어와 도덕 교과를 통합하여 학습자가 주체가 되는 다양한 활동들을 강조하는 융복합 교수-학습 방법을 제안해 보고자 한다.

융복합 교육은 학문 또는 교과로 대표되는 각 분야의 경계를 허무는 방식을 통해, 새로운 지적 성과를 추구하는 교육을 말한다(김선아 외, 2013: 74). 단일 지식 체계만으로 해결할 수 없는 복합적인 문제의 연속선상에 놓여 있는 다원화된 지식정보화 사회의 학습자들은 이러한 문제 상황에 효과적으로 대응할 수 있도록 세분화된 분야들을 전체적으로 조망할 수 있는 총체적이고 종합적인 사유의 능력이 요구된다(손동현, 2008: 231). 이와 같은 시대적 요구에 따라 분과적 지식 체계를 중심으로 하는 기존의 교육을 벗어나 다양한 분야의 지식 체계를 기반으로 학습자들이 앎을 넘어 각자 그들의 실제 삶과 연계하여 실천할 수 있는 힘을 확보할 수 있도록 하는 변화의 시도가 융복합 교육인 것이다.

이러한 융복합 교육은 미래 사회 학습자들이 급변하는 다문화 사회에 대응할 수 있는 능력인 핵심역량 교육을 위한 일련의 교수-학습 실천 양식이 될 수 있다. 우리의 학교교육에서는 '과학, 기술, 공학, 수학, 예술' 등의 교과 간 통합을 지향하는 STEAM 교육의 형태로 융복합 교육을 강조하고 있다.[16] 하지만 융복합 교육은 새로운 시대에 적합한 인재 양성을 위한 유연한 교육적 개념이자 실천 양식으로 제안된 것이기에, '과학, 기술, 공학, 수학, 예술' 등의 교과들 간 통합에만 해당하는 것은 아니다. '국어' 교과를 중심으로 또다른 교과와의 통합을 실현한 융복합 교수-학습을 통해 다문화 사회의 국어과 핵심역량인 '상호문화적 소통 능력'의 교수-학습도 충분히 유의미할 수 있는 것이다. 더욱이 '상호문화적 소통 능력'은 공존하는 다양한 지식과 가치들을 이해하고 적확하게 활용하게 있는 능력으로, 이를 위해 다양한 교과들을 통합한 융복합 교수-학습이 훨씬 효과적일 수 있다.[17]

앞서 '상호문화적 소통 능력'을 구성하는 요소들을 '지식, 기능, 태도'의 범주로 구분하여 살피었다. 따라서 이들 각각의 범주에 해당하는 소통 능력에 따라 다양한 형태의 융복합 교수-학습으로 실현될 수 있을 것이다. 이번 연구에서는 '상호문화적 소통 능력'의 '태도' 범주에 해당하는 '배려의 태도'를 교수-학습하기 위해 '국어'와 '도덕' 교과 간의 통합을 실현한 융복합 교수-학습 방안을 제시해 보고자 한다. 이때의 융복합 교육 형태는 인접 과목들의 학습목표 사이에 공통적인 개념, 기량, 태도 등을 추출하여 교수-학습을 계획하는 '공유 모형'을 따를 것이다.[18]

---

16 STEAM 교육은 '과학(Science), 기술(Technology), 공학(Engineering), 수학(Mathematics),' 등을 통합적으로 가르치고자 한 STEM 교육에 '미술(Fine Arts), 체육(Physical Arts), 인문사회(Liberal and Social; '역사, 철학, 심리학, 사회학), 언어(Language Arts)'에 해당하는 '예술(Arts)' 분야를 포함시킨 것으로 실제 삶과의 관련성을 염두에 둔 것이다(Georgette Yakman, 2011: 43-45).

17 서은숙(2012: 391-392)은 도덕과 교육에서의 다문화 윤리교육이 다양성 이해를 위한 '인문, 사회, 문화 · 예술 등의 융합적 접근'이 필요함을 제안하였다.

18 융복합 교육은 통합의 방식에 따라 다양한 유형으로 나뉜다. 교과 간의 통합 방식에 따라 통합 및 융복합 교육의 유형을 구분하는 데 주로 통용되는 것은

〈표 3〉 '국어'와 '도덕' 교과 간 통합의 공유 모형의 예[19]

교과 1: 국어	공유 요소	교과 2: 도덕
- 듣기 · 말하기 - [9국01-02] 상대의 감정에 공감하며 적절하게 반응하는 대화를 나눈다.	배려	- 타인과의 관계 - [9도02-04] 이웃의 종류를 구분해 보고, 공동체 속에서 이웃을 배려하고 봉사하기 위해 타인의 관점을 채택해 보고, 이를 실천하기 위한 구체적인 방법을 제시할 수 있다.

'배려의 태도'를 교수-학습하기 위해 '배려'를 공유 요소로 하는 국어와 도덕 교과의 [중학교 1-3학년]의 성취 기준을 〈표 3〉과 같이 추출해 보았다.[20]

국어과의 '듣기 · 말하기' 영역의 '[9국01-02] 상대의 감정에 공감하며 적절하게 반응하는 대화를 나눈다.'는 학습자들이 '나'와 '너'의 관계 속에 이루어지는 대화의 상황과 맥락을 충분히 이해하고, 서로를 배려하며 협력하는 가운데 원활한 소통이 이루어질 수 있음을 교수-학습하기 위한 것이다. 오늘날 우리 사회가 상대를 고려하거나 배려

Drake & Burns(2004)에서 제시한 '다학문적 통합, 간학문적 통합, 탈학문적 통합'으로 분류한 것이다. 이번 연구에서는 이보다는 통합의 유형을 세부적으로 구체화하여 제시한 Fogarty(2009)의 통합 유형의 하나인 '공유 모형'을 중심으로 논의를 전개하고자 한다. '공유 모형'은 전체 교과를 '① 과학 분야(수학, 과학 등), ② 인문사회 분야(언어, 사회, 역사 등), ③ 예체능 분야(미술, 음악, 체육 등), ④ 실용기술 분야(컴퓨터, 기술 등)'와 같이 몇 개의 '광역 분야'로 나누었을 때, 각 광역 분야 안에서의 인접 과목 간 통합을 이끌어내어 교수-학습하는 것이다(차윤경 외, 2014: 46-47). 다시 말해 두 개의 교과에서 계획과 교수활동을 함께 하고, 이때 중복되는 개념과 아이디어들이 조직요소로 작용하는 것을 말한다. 예로 과학과 수학 교사들이 팀 티칭이 될 수 있는 공유된 개념으로 자료를 수집하고 차트를 만드는 것이 이에 해당한다(김영아, 2015: 124). '국어'와 '도덕'은 '인문사회'라는 광역 분야 안에 포함되어 있는 교과이므로 이들의 통합을 바탕으로 하는 교수-학습에 '공유 모형'이 적절한 유형이 될 수 있을 것이다.

19 '공유 모형'의 예는 Fogarty(2009)의 그림을 참고한 차윤경 외(2014: 48)의 표를 수정한 것이다.

20 2015 국어과 교육과정과 도덕과 교육과정에서 제시한 '영역별 내용 성취 기준'과 관련된 내용을 참고하였다.

하지 않고 '나'의 입장에서 일방적으로 말하는 경우가 많아짐에 따라 구성원들 간의 원활한 소통을 이끌어갈 수 있는 상대에 대한 배려가 중요해졌다. 더욱이 오늘날 우리 사회가 다양성이 확대되고 부각된 다문화 사회로 나아감에 따라 배려의 의미역이 함께 확장되었고, 소통의 과정에서 배려 역시 한층 강조되었다. 이에 소통의 과정에 작용하는 '배려'가 국어과의 주요 교수-학습 내용으로 자리하게 된 것이다.

한편 도덕과의 '배려'를 핵심 가치로 설정한 '타인과의 관계' 영역 '[9도02-04] 이웃의 종류를 구분해 보고, 공동체 속에서 이웃을 배려하고 봉사하기 위해 타인의 관점을 채택해 보고, 이를 실천하기 위한 구체적인 방법을 제시할 수 있다.'는 학습자의 삶에 밀접한 관계를 형성하는 타인인 이웃과의 관계에 초점을 둔 것이다. 이는 이웃과의 갈등을 도덕적으로 해결하고 긍정적 관계 형성을 위해 필요로 하는 자세와 태도를 탐색해 보는 교수-학습을 위한 것이다. 과거와 달리 삶에서 밀접한 관계를 형성해야 하는 이웃과의 친밀도가 점점 낮아지고 있다. 경쟁 사회의 구조 속에서 단절이 가속화된 이웃과의 원활한 관계를 형성하는 데 필요로 하는 윤리가 퇴색되어지는 것과 관련이 있다. '나'를 중심으로 더 나은 '나'를 그려가는 가운데 서로를 존중하고 배려해야 하는 모습을 찾아보기가 힘들게 된 것이다. 각종 매체를 통해 이웃의 범위는 넓어진 듯하지만, 오히려 소통의 단절이 심화되고 있는 오늘날의 학습자들에게 이웃, 즉 나와 관계를 맺는 타인을 배려할 수 있는 힘을 가질 수 있도록 '배려'의 윤리가 도덕과의 주요 교수-학습 내용으로 배치된 것이다.

이와 같은 내용을 바탕으로 국어과와 도덕과의 통합을 바탕으로 하는 '상호문화적 소통 능력'으로서의 '배려의 태도' 교수-학습의 실제를 제시해 보고자 한다. 이를 위해 학습자들이 담화 상황에 따른 '배려'의 가치를 탐구하여 그들의 삶 속에서 '배려의 태도'를 실천할 수 있도록 '가치 탐구 학습법'[21]과 '역할놀이 학습법'을 결합한 교수-학습법을 활용할 수 있다.[22] 예의와 관계를 중시하는 전통의 말 문화를 통해 상황과 맥락을 고려하여 상대를 배려하는 소통의 의미를 파악하고 이를 실제 담화 상황에 적확하게 활용해 보게 함으로써 '배려의 태도'를 익힐 수 있도록 하는 복합 모형을 적용한 교수-학습 과정을 제시해 보고자 한다.[23]

〈표 4〉 복합 모형을 적용한 '배려'의 교수-학습 과정안

<table>
<tr><th colspan="2">교수-학습 요소</th><td>우리 말 문화의
전통과 '배려'</td><th>교수-학습 모형</th><td>가치 탐구 학습,
역할놀이 학습</td></tr>
<tr><th colspan="2">학습 목표</th><td colspan="3">1. 속담을 통해 우리 말 문화 전통에 나타난 '배려'의 가치를 이해한다.
2. 우리 말 문화 전통에 나타난 '배려'의 가치를 오늘날의 담화 상황에 활용한다.</td></tr>
<tr><th>단계</th><th>학습내용</th><th colspan="2">교수-학습 활동</th><th>자료 및 유의점</th></tr>
<tr><td>도입</td><td>동기유발
및
학습문제
확인하기</td><td colspan="2">■ 말을 통해 상대의 기분을 좋게 했거나 상하게 했던 경험 이야기해 보기
■ 우리의 말 문화 전통이 담긴 말과 관련된 속담을 사용한 텍스트 읽기</td><td>학습자들이 자유롭게 자신의 경험을 이야기할 수 있는 분위기를 조성함</td></tr>
</table>

21 가치 탐구 학습법은 국어와 도덕 교과에서 두루 활용되는 교수-학습 모형이다. 국어과와 도덕과 모두 학습자가 능동적으로 교수-학습에 참여하여 가치를 명료화하여 긍정적인 자아 개념을 형성하도록 한다는 점에서 가치 탐구 학습법이 동일한 의의를 갖는다 할 수 있다. 하지만 국어과는 다양한 가치를 접하고 이를 입증하는 근거와 그것의 타당성을 탐구하고 평가하는 과정에, 도덕과는 바람직한 가치의 발견이나 내면화에 초점을 둔다는 점에서 구분된다(최미숙 외, 2008: 96). 이번 연구에서는 다양한 담화 소통 상황 따른 '배려'의 가치를 탐구하고 이를 내면화하여 실제 언어생활에 활용할 수 있게 한다는 점에서 국어과와 도덕과의 가치 탐구 학습법의 지향점을 반영하여 교수-학습 과정안을 제시한 것이다.

22 교수-학습 상황에 따라 한 유형의 교수-학습 모형만을 적용한 단일 모형과 두어 가지 이상의 모형을 융합한 복합 모형 등 교수-학습 모형을 융통성 있게 활용할 수 있어야 한다(최미숙 외, 2008: 105).

23 국어교육과 도덕교육 모두 삶과 분리된 고정된 지식과 가치를 교수-학습하는 것에 머무르지 않고, 학습자와 그들을 둘러싼 삶과 관련된 지식과 가치들을 교수-학습하는 데 초점을 맞추고 있다. 따라서 학습자들이 주체적으로 그들의 삶과 연관하여 지식과 가치를 학습할 수 있는 교수-학습 방안을 마련할 수 있어야 한다.

전개	자료 탐구하기	▪ 말과 관련된 다양한 속담의 의미를 파악하기 - 속담의 의미에서 우리 말 문화의 전통 이해	우리 말 문화의 전통에 나타나는 '배려'의 가치를 학습자들이 스스로 확인하고 평가할 수 있도록 유도함
	가치 확인하기	▪ 우리 말 문화 전통에 나타난 '배려' 가치 확인하기 - 상대와의 관계를 고려한 우리 말 문화의 특성 추출	
	가치 평가하기	▪ 모둠별로 오늘날의 담화 상황과 우리 말 문화 전통에 나타난 '배려' 가치의 적합성 평가하기 - 우리 말 문화에 나타난 '배려'의 가치와 오늘날 말 문화에 나타난 '배려'의 가치 비교 - 이웃과의 소통이 단절되고 있는 오늘날의 문제 상황에 활용할 수 있는 우리 말 문화 전통의 '배려' 가치를 적용한 역할극 준비	
	역할놀이 실연하기	▪ 모둠별로 오늘날 담화 상황에 적용한 우리 말 문화 전통에 나타난 '배려'의 가치를 역할극으로 실연하기	모든 모둠원이 역할극에 참여하도록 지도함
정리	학습내용 정리	▪ 소통 상황에 따른 '배려'의 가치 내면화하기 - 다른 모둠의 역할극을 평가하며, 자신이 이웃과 소통하는 상황에 적용할 '배려'의 가치 재구성	

〈표 4〉의 복합 모형을 적용한 '배려의 태도' 교수-학습 과정의 세부 내용을 간략하게 정리하면 다음과 같다. 우선 도입 단계에서는 일상생활의 담화 상황에서 상대 배려와 관련해 성공적이거나 실패한 경험을 이야기해 보도록 하여 학습자들의 학습 동기를 유발하도록 한다. 그리고 예의와 관계를 중시하는 우리 말 문화의 전통을 확인할 수 있는 다양한 속담을 사용해 대화를 나누는 텍스트를 읽게 함으로써, 소통에 나타나는 '배려'의 가치를 탐구하는 학습의 상황을 확인할 수 있도록 한다. 다음 전개 단계에서는 '가치 탐구 학습법'과 '역할놀이 학습법'을 결합하여 담화 소통 상황과 맥락을 고려하는 가운데 상대를 배려하는 것이 중요함을 학습자 스스로 확인할 수 있도록 한다. 이를 위해 먼저 도입 단계에서 읽은 텍스트 속에 제시된 말 관련 속담의 의미를 통해 우리 말 문화의 전통을 파악한 뒤, 상대와의 관계를 고려하는 말 문화의 특성을 정리하여 소통의 과정에 작동하는 '배려'의 가치를 확인할 수 있도록 한다. 그리고 이를 바탕으로 역할극을 통해 '배려'의 가치를 활용해 오늘날 가까운 친구나 이웃과의 소통이 급격히 단절되고 있는 소통의 문제 상황을 극복하는

상황을 모둠별로 준비하는 과정을 우리 말 문화의 전통에 나타난 '배려'의 가치가 지닌 점검하고 평가해 볼 수 있도록 한다. 끝으로 정리 단계에서는 모둠별로 실연한 역할극을 통해 확인한 친구나 이웃 사이에 발생하는 다양한 소통의 상황에 따른 '배려'의 의미를 재구성하여 구체화할 수 있도록 한다.

4. 결론

현대 사회는 하루가 다르게 발전하는 소통 채널을 기반으로 다양한 문화적 배경을 가진 구성원들이 활발히 소통하는 가운데 한층 복잡하고 다양해진 지식과 가치들을 공유하며 살아가는 다문화 사회로 변화해 가고 있다. 이는 앞으로 더욱 빠르게 더욱 다양한 양상으로 진행될 것이다. 지금여기의 학습자들은 이렇게 급변하는 사회 변화의 흐름에 적절히 대응할 수 있는 능력을 요구받는다. 따라서 교육은 미래 사회를 살아갈 학습자들이 그들의 삶을 성공적인 살아갈 수 있도록 그에 부합하는 능력을 갖출 수 있도록 도와야 한다. 오늘날 교육이 끊임없이 미래 사회에서 성공적인 삶을 살아가는 데 필수적인 능력인 '핵심역량'이 무엇인지를 규명하고, 이를 중심으로 변화를 꾀하는 것도 이러한 맥락에서 이해할 수 있다.

다문화 사회의 국어교육에서도 끊임없이 생산되는 지식과 가치들의 다양함이 부각되고 구성원들 간의 소통의 폭이 한층 촘촘해진 다문화 사회의 학습자들이 그들을 둘러싼 다양한 문화들의 상호성을 이해하고 존중하며 배려하는 가운데 소통할 수 있는 능력을 갖출 수 있도록 하는 교수-학습에 관심을 기울여야 한다. 이에 이번 연구에서는 다문화 사회의 국어교육에서 관심을 기울여야 할 핵심역량으로

'상호문화적 소통 능력'을 설정하고, 핵심역량의 실현을 위한 교수-학습 방안을 제안해 보았다.

이를 위해 우선 국어교육에서 교차문화적 특성인 '상호문화성'을 기반으로 하는 '의사소통 능력'의 강조가 필요함을 제시한 김혜숙(2012)의 논의를 토대로, 다문화 사회의 국어과 핵심역량으로서 '상호문화적 소통 능력'을 제안하였다. 그리고 기존의 범교과 핵심역량과 국어과 핵심역량에 대한 기존 연구에서 제시된 '의사소통 능력'의 개념과 특성을 살피어 '상호문화적 소통 능력'의 개념과 특성을 도출해 보았다. '상호문화적 소통 능력'은 '다문화 사회에 존재하는 다양한 사회문화적 맥락들을 고려하며 적확하게 언어 및 비언어를 사용하고 이를 통해 의미를 획득하고 생산할 수 있는 소통 능력'으로, '지식, 기능, 태도'의 요소가 결합된 종합적 성격을 지닌다. 이에 '상호문화적 소통 능력'을 '지식, 기능, 태도'의 범주로 구분하여 구성 요소들을 설정해 보았다. '지식'의 범주에서는 '다양한 언어문화에 대한 지식, 호혜적 문제해결에 대한 지식', '기능'의 범주에서는 '적확한 언어 사용 능력, 협력적 관계 형성 능력', '태도'의 범주에서는 '다양성 존중의 태도, 배려의 태도'를 각각 '상호문화적 소통 능력'의 구성 요소로 제안하였다.

다음으로 다문화 사회 국어과의 핵심역량으로 설정한 '상호문화적 소통 능력'의 교수-학습의 실현을 위해 '태도' 범주의 '배려의 태도'를 중심으로 융복합 교수-학습 방안을 제안해 보았다. 융복합 교육은 미래 사회 학습자들이 급변하는 다문화 사회에 대응할 수 있는 능력인 핵심역량 교육을 위한 일련의 교수-학습 실천 양식으로서, 다양성을 이해하고 존중하며 배려함에 있어 다양한 지식과 가치들을 통합하는 융복합 교육이 유의미하다고 보았기 때문이다. 이에 융복합 교육의 '공유 모형'에 따라 '국어'와 '도덕' 교과를 통합하여 융복합 교수

-학습 방안을 제안해 보고자 하였다. '상호문화적 소통 능력'으로서의 '배려의 태도' 교수-학습을 위해 먼저 [중학교 1-3학년]의 국어과의 '듣기 · 말하기' 영역과 도덕과의 '타인과의 관계' 영역의 성취 기준을 추출하였다. 국어과의 '[9국01-02] 상대의 감정에 공감하며 적절하게 반응하는 대화를 나눈다.'와 도덕과의 '[9도02-04] 이웃의 종류를 구분해 보고, 공동체 속에서 이웃을 배려하고 봉사하기 위해 타인의 관점을 채택해 보고, 이를 실천하기 위한 구체적인 방법을 제시할 수 있다.'를 선택하였고, '가치 탐구 학습법'과 '역할놀이 학습법'을 결합한 복합 모형을 통한 교수-학습 과정안을 제시했다.

이와 같이 다문화 사회의 국어교육을 통해 소수와 다수의 구분 없이 모든 사회 구성원들이 그들 속에 존재하는 다양한 문화적 배경을 이해하고 존중하며 배려하는 가운데 소통할 수 있는 능력을 갖출 수 있도록 해야 함을 제안하기 위해 '상호문화적 소통 능력'으로 핵심역량을 설정하고, 그 실현을 위해 융복합 교수-학습의 과정안을 제시하였다는 점에서 연구의 의의를 찾을 수 있다. 하지만 이번 연구는 '상호문화적 소통 능력'을 구성하는 여섯 가지의 요소 중 '배려의 태도'에 한하여 융복합 교수-학습 과정안을 제시했다는 한계가 있다. 따라서 '상호문화적 소통 능력'의 각각의 범주에 해당하는 구성 요소들의 구체적인 융복합 교수-학습 방안에 대한 추후 연구를 통해 그 실현 가능성을 한층 보완해야 할 것이다.

참고문헌

가은아(2014), 「핵심 역량 기반 국어과 교육과정 구상」, 『작문연구』 20, 한국작문학회.

고희성(2016), 「상호문화적 문법교육의 내용 구성 연구 -생태학적 인식론을 중심으로」, 동국대학교 박사학위논문.

교육부(2015a), 『국어과 교육과정』.

교육부(2015b), 『도덕과 교육과정』.

구정화 외(2010), 『다문화교육의 이해와 실천』, 동문사.

김규훈(2014), 「핵심 역량 기반 문법교육 내용 구성」, 『문법 교육』 22, 한국문법교육학회.

김선아 외(2013), 「숙의를 통한 융복합 교육과정의 가능성 탐색 -미술과-국어과 교육과정을 중심으로-」, 『미술교육논총』 27(1), 한국미술교육학회.

김영아(2015), 「문학 기반 융복합 교육 방안 연구 -초등교육을 중심으로」, 한양대학교 박사학위논문.

김혜숙(2012), 「상호문화적 국어교육의 교수-학습 방향 모색」, 『새국어교육』 93, 한국국어교육학회.

노상우 · 안동순(2012), 「학문융합관점에서 본 현대교육의 이론적-실천적 변화 모색」, 『교육종합연구』 10(1), 교육종합연구소.

박인기(2002), 「문화적 문식성의 국어교육적 재개념화」, 『국어교육학연구』 15, 국어교육학회.

서울대학교 교육연구소(2006), 『교육학용어사전』, 하우.

서영진 외(2013), 『미래 사회 대비 국가 수준 교육과정 방향 탐색 -국어』, 한국교육과정평가원.

서은숙(2012), 「다문화 윤리교육 일고찰」, 『도덕윤리과교육연구』 37, 한국도덕윤리과교육학회.

서종남(2010), 『다문화교육의 이론과 실제』, 학지사.

서혁(2005), 「국어 교수 학습 변천사」, 『국어교육론 1: 국어 교과 교육론』, 한국문화사.

서혁 · 오은아(2013), 「스마트 교육 환경에서의 핵심역량 기반 국어과 교육과정의 재구성 방향」, 『청람어문교육』 48, 청람어문교육학회.

소경희(2007), 「학교교육의 맥락에서 본 '역량(competency)'의 의미와 교육과정적 함의」, 『교육과정연구』 25(3), 한국교육과정학회.

손동현(2008), 「융복합 교육의 수요와 철학교육」, 『철학연구』 83, 철학연구회.

윤현진 외(2007), 『미래 한국인의 핵심 역량 설정을 위한 초 · 중등학교 교육과정 비전 연구(I)』, 한국교육과정평가원.

이광우 외(2009), 『미래 한국인의 핵심 역량 증진을 위한 초 · 중등학교 교육과정 설계 방안 연구』, 한국교육과정평가원.

이근호 외(2013a), 『미래 사회 대비 핵심역량 함양을 위한 국가 교육과정 구상』, 한국교육과정평가원.

이근호 외(2013b), 『미래 핵심역량 계발을 위한 교과 교육과정 탐색』, 한국교육과정평가원.

이명신 · 권충훈(2010), 「나딩스(Nel Noddings)의 배려교육론 -유아교육과 교사교육을 중심으로-」, 『중등교육연구』 22, 경상대학교 중등교육연구소.

이병준(2007), 「다문화역량이란 무엇인가?」, 『한국교육사상연구회 학술논문집』 37, 한국교육사상연구회.

차윤경 외(2014), 『융복합교육의 이론과 실제』, 학지사.

추병완(2011), 「V.O.Pang의 배려 중심 다문화교육론」, 『홀리스틱교육연구』 15(1), 한국홀리스틱교육학회.

최미숙 외(2008), 『국어교육의 이해』, 사회평론.

최승현 외(2011), 『학습자의 핵심역량 제고를 위한 교수학습 및 교사교육 방안 연구: 중학교 국어, 수학, 과학교과를 중심으로』, 한국교육과정평가원.

David W. Johnson & Roger T. Johnson(2002); *Multicultural Education and Human Relation*, 김영순 외 역(2010), 『다문화교육과 인간관계』, 교육과학사.

Georgette Yakman(2011), *Introducting Teaching STEAM as a Practical Educational Framework for Korea*, 『STEAM 교육 국제 세미나 및 STEAM 교사 연구회 오리엔테이션』, 한국과학창의재단, 39-76.

Gilles Verbunt(2001), *LA SOCIETE INTERCULTURELLE*, 장한업 역(2012), 『인간의 다양성을 존중하는 상호문화사회』, 교육과학사.

John Sitton(2003), *Habermas and Contemporary Society*, 김원식 역(2007). 『하버마스와 현대사회』, 동과서.

융복합교육적 접근에 따른 국어과 평가의 방향성 모색*

이 연구는 융복합교육의 시대 흐름에 따라 효과적인 평가 유형은 어떠해야 하며 구체적인 성취기준은 무엇인가에 대한 탐구이다.

융복합교육, 효과적인 평가 모형, 교과 간 통합, 주제 중심 과제 수행, 핵심 역량, 국어 능력

이 연구를 통해 주제 중심의 과제를 구체화하고 성취수준을 예로 보였지만 융복합교육의 교수-학습 과정 변화에 따라 그 방향성은 여전히 유동적이다.

* 이 논의는 "한정현 · 김혜숙(2016), 「융복합교육적 접근에 따른 국어과 평가의 방향성 모색-」, 『우리말교육현장학회』 10-1, 우리말교육현장학회"를 수정 및 보완한 것이다.

1. 연구의 필요성과 목적

이 연구는 융복합교육의 시대 흐름에 따라 효과적인 평가 유형은 어떠해야 하며 구체적인 성취기준은 무엇인가에 대한 탐구이다. 평가는 일반적으로 교수-학습의 가치를 나타내는 가장 객관적인 지표로 인식되고 있다. 이때 교수-학습의 가치라고 하는 것은 학습자의 목표 달성만을 의미하는 것이 아니라 교수자의 교육 방법이 타당했는지, 교육 내용은 적절했는지, 어떠한 교육적 의미를 형성했는지 등 매우 다양한 내・외적 지표들을 함의하고 있다. 이는 단순히 학습자들의 결과만을 중요시했던 지필평가의 형식에서 벗어나 과정과 결과를 두루 평가하는 모습 속에서 더욱 두드러지게 나타난다. 즉 교사들은 가르친 내용에 대하여 학습자를 평가하는 동시에 면밀한 자기 평가를 통하여 자신의 수업 내용과 평가의 방향성에 대해 지속적으로 반성해야 한다. 이러한 현상은 학교 교육 현장에서 융복합을 조금씩 실천함에 따라 자연스럽게 대두되고 있다. 현재의 복잡한 사회・문화적 현상에 적응하고, 향후 바람직한 구성원으로 학습자가 성장하기 위해서는 교수자와 학습자 각각의 평가에 대한 반성이 치열하게 이루어져야 가능하다.

이러한 평가 기조의 시대적 흐름은 학습자를 둘러싼 환경의 변화와 밀접한 관련을 맺고 있다. 평가라고 하는 것 자체가 교수-학습의 과정과 결과의 산물이라고 할 때, 이러한 교수-학습의 변화를 가져오게 된 원인 또한 환경의 변화라고 할 수 있기 때문이다. 변화의 모습과 양상은 매우 다양하겠지만 무엇보다 빼놓을 수 없는 것은 미디어 매체 환경의 변화이다. 오늘날 인간들의 삶은 미디어 매체를 통해서 이루어진다고 해도 과언이 아닐 만큼 절대적인 영향을 끼치고 있는데, 이러한 변화가 의사소통의 방식 자체를 상호작용적 형태로 바꾸었다(김양은, 2005: 80-82). 그동안 미디어 매체는 공급자와 수용자가 일방향적인 형태로 이루어졌지만 이제는 수용자가 다시 미디어를 재생산하면서 또 다른 생산자의 역할을 하게 되는 것이다. 둘째, 미래 사회에 효과적으로 적응하기 위해서는 트렌드를 넘어 메가트렌드를 예측하고 여기에 맞는 준비의 필요성이 강조되고 있다. 트렌드가 특정 시대나 사회의 광범위한 지지를 얻는 사회・문화적 현상이라면, 메가트렌드는 이러한 트렌드 가운데 장기적이고 지속적인 변화에 대한 예측이라고 할 수 있다.[1] 메가트렌드를 예측하는 것은 바라보는 시각에 따라 차이가 생길 수 있겠지만 학교 현장의 교수-학습 또한 이러한 시대의 흐름을 반영하여 탄력적인 운영을 도모해야 한다. 셋째, 지식 창출의 방식이 단일 학문의 내적 통합을 넘어 간학문적 통합으로 나아가고 있다는 점을 또 하나의 특징으로 들 수 있다. 이러한 현상은 비단 국어과의 영역별 통합에서 나아가 국어과와 다른 학문들의 필연적인 합함을 의미한다. 앞으로 학습자가 살아갈 사회에서 개성을 창출하며 주체적인 역량을 확보하기 위해서는 특정 학문의 분야를 막론한 지식의 축적이 필수적이기 때문이다(김선아 외, 2013: 74-76).

이렇듯 학습자를 둘러싼 시대적 흐름에 따라 어느 한 분야의 지식만을 편식해서는 올바른 사회 구성원으로 성장하기가 어렵게 되었다. 결과물을 앞두고 있는 '2015 문・이과 통합 교육과정' 또한 이러한 변화에 탄력적으로 대응하기 위한 노력의 일환이라고 할 수 있다. 결국 특정 교과에 치우친 교육 방식에서 벗어나 다양한 교과의 특성이 함께 어우러진 교수-학습, 즉 융복합교육의 지향은 선택의 문제가

---

1 박가열 외(2014: 51-55)에서는 10대 메가트렌드로 고령화, 개성화, 영리한 단순화, 디지털화/자동화, 글로벌화, 일상적 안심, 도시화, 환경과 윤리, 아시아로의 부의 이동 및 신뢰자본 등을 예로 들고 있다.

아니라 당위적인 것이라고 하겠다.

이러한 문제의식을 기반으로 이 연구에서 논의하고자 하는 내용은 다음과 같다. 우선 융복합적 교육의 필요성을 확인한 만큼 이러한 시대 변화에 따른 핵심 역량을 살핀 뒤 평가의 지표로 연계시키고자 한다. 융복합적 가치에 따른 평가의 내용이 도출될 수 있다면 메가트렌드를 선도할 수 있는 학습자의 양성이 가능하기 때문이다. 이와 더불어 융복합적 교육에 맞는 평가 도구를 탐구하고 적용 방안에 대하여 거시적 차원에서 논의해 보고자 한다. 융복합이라는 담론을 평가하기 위해서는 기본적으로 여러 교과의 뒤섞임이 전제되어 있어야 한다. 학습자들이 어떠한 내용의 과제를 수행하느냐에 따라 특정 교과가 두드러질 수는 있지만 어느 한 교과만을 기반으로 평가가 이루어지지 않는다. 그러므로 이 연구에서는 국어교육의 특성을 살리기 위하여 학습 주제에 따라 국어과에서 감당할 수 있는 탄력적 평가 방법에 초점을 두고 논의를 전개하겠다.

2. 융복합교육과 평가의 지향

2.1. 융복합교육과 핵심 역량

이른바 '핵심 역량의 시대'라고 해도 과언이 아닐 만큼 교육 전반에 걸쳐 핵심 역량이라는 용어는 매우 익숙해진 것이 현실이다. 이러한 핵심 역량은 위에서 언급한 메가트렌드와도 밀접한 관계가 있기에 융복합교육을 논의할 때 필수적인 요소라고 할 수 있다. 따라서 우리나라 교육의 방향성을 제시하는 핵심 역량을 살피고 교육의 흐름을 예측하는 과정은 평가의 구체적인 내용을 구성하는 데 기본적인 바탕이 될 것이다.

우리나라의 경우 핵심 역량에 대한 논의는 이광우 외(2008)를 필두로 국어과 등 개별 교과와 교육 전반에 걸쳐 매우 활발히 논의되고 있다. 핵심 역량이라는 용어와 그 내용이 2002년 OECD에서 제시한 DeSeCo(Definition and Selection of Key Competence)를 추진하면서부터 본격적으로 알려진 이래 사회·문화적 변화를 반영하여 다양하게 응용되고 있는 것이다.[2] 주지하다시피 핵심 역량이란 장기적인 교육 계획을 설계할 때 미래 사회가 현재에 비하여 어떻게 바뀔 것인가를 예측하고, 앞으로의 변화에 보다 탄력적으로 대처하기 위해 요구되는 필수적 능력이나 소양을 의미한다(이광우 외, 2008: 3).[3] 이렇듯 미래 교육의 가치이자 달성 목표라고도 할 수 있는 핵심 역량이기에 융복합교육적 관점에서 이들을 재해석하고 평가의 지표로 삼는 것은 자연스러운 연계가 될 것이다. 특히 국어과를 기반으로 하는 융복합교육의 평가 지표를 만들기 위해서는 DeSeCo의 의미를 계승하고 우리 교육의 가치를 구현할 수 있어야 한다.

---

2 OECD DeSeCo의 세부 내용은 다음과 같다.

미래 핵심 역량 범주	하위 역량
1. 도구의 상호작용적 활용	① 언어, 상징, 텍스트의 상호작용적 활용 역량 ② 지식과 정보의 상호작용적 활용 역량 ③ 정보기술의 상호작용적 활용 역량
2. 다양한 집단에서의 상호작용	① 다른 사람과의 능숙한 관계 설정 역량 ② 팀에서의 협력과 활동 역량 ③ 갈등 관리 및 해결 역량
3. 자율적인 행동	① 정체성 · 자존감 확립 및 자율적 인생계획 역량 ② 개인의 행동 변화 역량 ③ 지역 · 세계사회의 바람직한 변화 야기 역량

3 이광우 외(2008)은 핵심 역량 영역을 문제해결능력, 창의력, 정보처리능력, 의사소통능력, 대인관계능력, 기초(전문)학습능력, 자기관리능력, 국제사회 및 조직이해, 시민의식, 진로개발능력 등으로 구체화한 뒤 초·중등학교 교육, 고등교육, 직업세계, 평생학습사회에서 필요로 하는 핵심 역량을 구분하여 제시했다.

이렇듯 국어교육의 실정을 반영하고 미래 사회의 바람직한 구성원이 되기 위한 종합적 차원에서 접근하기 위하여 서영진 외(2013)와 Stanley(2011)의 21세기 역량을 기반으로 평가의 방향성을 살피도록 하겠다. 먼저 이광우 외(2008) 이후 핵심 역량이라는 화두는 여러 분야에서 연구되었는데,[4] 특히 서영진 외(2013)는 국내 · 외를 망라한 범교과적 차원의 핵심 역량 연구들을 분석한 뒤 국어과에 적용할 수 있는 7가지를 선정했다는 점에서 의의를 지닌다. 이는 융복합교육 시대를 맞아 활발한 논의 과정을 거치고 있는 국어과 문 · 이과 통합 교육과정에서 위 논의를 충분히 수렴하고 있다는 점을 통하여 잘 드러난다. 국어과 핵심 역량을 구체적으로 정리하면 다음과 같다.

〈표 1〉 국어과 핵심 역량과 그 의미

국어과 핵심 역량	핵심 역량별 의미
의사소통 능력	음성언어, 문자언어, 다양한 기호 등으로 생각, 의견, 느낌 등을 표현하고 이해하는 능력
대인관계 능력	다양한 문제를 인식하고, 문제를 해결하는 방안을 찾아 실행하고 그 효과를 평가하는 능력
문제해결 능력	다양한 사람들과 원만한 관계를 형성하고 협동할 수 있는 능력
기초학습 능력	글을 읽고 쓸 수 있는 기초적인 학습 능력
비판적 · 창의적 사고력	논리적으로 가치 판단을 하고 새롭거나 독창적인 것을 창안할 수 있는 고차원적 사고력
정보처리 능력	다양한 자료를 수집하고 분석하여 효율적으로 활용하는 능 력
문화예술 향유 능력	언어문화와 문학, 연극, 영화 등의 예술을 향유할 수 있는 능력

이와 함께 21세기 역량을 살펴보도록 하겠다. 이민희 · 임해미(2013: 162-163)은 Stanley(2011)의 논의를 기반으로 융합교육의 성공

4 국어 교과와 관련한 핵심 역량 논의는 한철우 · 임택균(2010), 김규훈 · 김혜숙(2013), 서혁 · 오은하(2013), 최홍원(2013), 진미석 · 박경현(2014), 가은아(2014), 이철현(2014), 원진숙 · 왕옥진(2014), 박인기(2014), 박영민(2014a,b) 등을 통해 확인할 수 있다.

적인 수행을 위하여 21세기 역량을 익힐 필요가 있다고 하였다. 이들은 구체적으로 협력, 표현, 비판적 사고와 문제해결이며 세부 내용을 정리하면 다음과 같다.

〈표 2〉 Stanley(2011)의 21세기 역량

범 주	구체적 역량
협력 (Callaboration)	· 그룹 활동을 하는 동안 과제에 집중하여 자신들이 하는 일에 대한 질적인 책임을 다하기 · 그룹에서 다른 구성원들을 이해하고 양질의 산출물을 만들어 내기 위해 서로 도우며 책임 공유하기 · 논의와 의사결정이 용이하게 되도록 전략 사용을 적용하거나 촉진하기 · 우선순위인 목표와 과제를 확인하고 계획을 세우며 진행 정도를 모니터링 하는 것에 의해 기획하고 조절하기 · 다른 구성원들의 아이디어, 의견, 능력, 가치와 감정들을 존중하기
표현 (Presentation)	· 아이디어를 조직하고 상황에 맞는 적절한 내용 개발하기 · 효과적인 표현 능력 사용하기 · 효율적인 내용전달을 위해 미디어나 시각적인 요소를 첨가하여 창안하기 · 청중들의 반응이나 이해를 이끌어내기 위해 적절한 표현 조정하기 · 질문에 적절히 답변하기
비판적 사고와 문제해결 (Critical Thinking and Problem Solving)	· 문제에서 제시된 조건이나 이슈들을 명확히 인식하고 정의하기 · 다양한 자료들로부터 관련 있는 정보들을 모으고 그 정보들의 질을 평가하기 · 설득력 있는 결론과 해결을 위해 정보들을 조직, 분석, 종합하기

위의 역량들은 이후 국어과에서 융복합교육 평가의 지표를 형성하는 데 매우 중요한 기반이 될 것이다. DeSeCo가 교육적 가치를 초월하여 삶의 영역에서 인류가 도모해야 할 역량들을 제안했다면 이를 국어교육적으로 계승한 7가지 핵심 역량과 세계 시민을 지향하는 21세기 역량들이 어우러져 융복합교육 평가의 근간을 형성할 수 있기 때문이다.

한편, 이러한 핵심 역량의 취지를 효과적으로 구현하고 있는 교육 방법으로 STEAM을 들 수 있다. STEAM은 기존의 S(Science)와 T(Technology), E(Engineering), M(Mathematics)으로 이루어진 STEM 교육에 A(Art)가 결합된 복합 양식을 의미한다. STEAM이 핵심 역량의 취지를 효과적으로 지향한다면 STEAM 교육은 융복합적 사고를 키우고 다양한 문제해결을 위하여 학습자에게 제공되는 인지적, 정서적 교수-학습 활동의 총체라고 할 수 있다.[5] 이때 융복합과 STEAM은 구분할 필요가 있다. 융복합교육을 교과 내·외적 주제나 개념을 중심으로 학습자들이 전인적 존재로서 개별성과 능동성을 키우는 일련의 활동 및 행정지원 체계라 한다면(차윤경 외, 2014: 20-21), STEAM은 융복합교육의 실천을 위한 하나의 방법론으로 보아야 한다.[6] 다만 STEAM 교육이 표방하는 다양한 학문들의 뒤섞임은 융복합적 가치를 상당 부분 실천하고 있는 만큼 그 속성에서 교수-학습의 평가 내용을 추출할 수 있다. 그리고 평가 내용은 앞에서 언급했던 것처럼 단순히 학습자만을 평가하는 것이 아니라 수업의 방향성에 대한 교수자의 자기평가도 고려해야 한다.

먼저, 교수자의 입장에서 수업 내용에 대한 자기평가의 경우 융복합교육의 평가는 개별 교과가 두드러지기보다 여러 교과의 내용들이 그야말로 '융합'되었는지에 대한 검토가 이루어져야 한다. 차윤경 외(2014: 128-129)에서는 학문과 학문이 용어나 지적 체계 등을 차용 혹은 공유하는 것만으로도 어느 한 분야의 학문이 종속적으로 활용된다고 하여 낮은 수준의 복합이라고 명하였다. STEAM과 같은 여러 학문의 합함을 떠나 두 과목 이상이 통합된 형태라 하더라도 특정

---

5 최유현, 이은상, 김동하(2013: 155)에서는 STEAM 교육 프로그램을 융합적 사고와 문제 해결력을 키우기 위해 STEAM 관련 교육 목표, 교육 내용, 교수-학습 방법 및 학습 활동 등으로 구성되어 학습자에게 제공되는 지적, 정서적, 기능적, 신체적 경험의 종합이라고 하였다.

6 따라서 기계적으로 '융복합 = STEAM'이라는 등식은 위계가 맞지 않는다고 할 수 있다. 이러한 현상은 융합인재교육과 STEAM의 무분별한 사용에서 기인한다. 이경진·김경자(2012), 임유나(2012) 등에서 '융합인재교육(STEAM)'이라는 표현을 쉽게 사용하고 있는 것 등이 그 예이다.

교과의 성향이 두드러질 가능성이 큰 만큼 융복합에 대한 교수자의 객관적인 잣대가 매우 중요하다. 따라서 교수자는 학습 내용이 특정 교과목들의 기계적인 결합은 아닌지 점검하는 과정이 필요한데, 전공 분야가 있다는 점을 감안하면 의식적인 구분짓기보다 주제 중심의 교수-학습 내용을 통하여 이에 대한 부담을 상당 부분 해소할 수 있다.

융복합교육에 따라 학습자를 평가할 때에는 핵심 역량의 범주에 따른 하위 역량의 기준을 얼마나 충족시켰는가의 여부가 주요 내용이라고 하겠다. 이는 교육과정에서 내용 성취 기준의 달성 여부를 확인하는 것과도 유사하다고 할 수 있다. 하나의 교수-학습 내용은 그 내용과 특성에 따라 미래 핵심 역량 범주 중 어느 하나에 국한될 수도 있고, 2가지 이상의 항목에 중복될 수도 있다. 또한 특정 미래 핵심 역량 범주 하나에 한 가지의 하위 역량이 평가의 내용이 되기도 하고, 여러 개의 역량이 함께 평가의 대상이 되기도 한다. 중요한 것은 학습자가 융복합 관련 교수-학습을 하는 과정에서 핵심 역량의 내용들을 섭렵하였는가, 또는 그러한 태도나 인성을 지니고 있는가에 대한 판단을 평가자가 할 수 있어야 한다는 점이다.

2.2. 주제 중심 모형에 따른 평가의 지표

융복학교육적 접근에 따른 평가의 방향성을 모색하기 위해서는 기본적으로 어떠한 내용의 교수-학습과정을 그 기준으로 삼을 것인가가 매우 중요하다. 단일 교과의 일차원적 성격을 벗어난 만큼 이른바 교과 통합의 범주와 양상에 따라 평가의 방향성 자체가 달라지기 때문이다. 융복합교육의 교수-학습 방법론이 다양해지고 보편화되면 이에 따른 평가의 유형화도 가능하겠지만, 그 기반을 다지는 작업인 만큼 큰 틀에서 일반적인 모형을 채택해 보기로 하겠다.

차윤경 외(2014: 44-56)과 임유나(2012: 56-57) 등 여러 연구자들이 교과 통합의 방향을 논의할 때 Drake & Burns(2004)와 Fogarty(2009)를 참고한다. 번역상의 차이는 있으나 크게 단학문적 접근(단일 교과 내 통합)과 다학문·간학문적 접근(여러 교과 간 통합), 그리고 초학문적 접근(학습자 통합) 등으로 나눈다. 여기에서는 단일 교과 내 영역 통합을 의미하는 단학문적 접근 방식은 배재하고, 다학문·간학문적 접근과 초학문적 접근을 바탕으로 논의를 이어가겠다.[7]

Fogarty(2009)는 다학문·간학문적 접근(여러 교과 간 통합)을 순차 모형(계열형), 공유 모형(공유형), 거미집 모형(거미줄형), 꼬치 모형(실로 꿴형), 다중공유 모형(통합형) 등으로 세분화하였다. 그리고 초학문적 접근(학습자 통합)을 몰입 모형(몰입형), 네트워크 모형(네트워크형) 등으로 구분하였다. 한편 Drake & Burns(2004)는 통합 교육과정을 설계할 때 통합의 정도에 따라 다학문적 통합과 간학문적 통합, 그리고 탈학문적 통합으로 구분하여 제시하였다.[8] Drake & Burns의

---

7 편의상 단일 교과 내에서 영역의 합함을 '통합'이라 일컫지만, 이 또한 좁은 의미의 융복합이라고 할 수 있을 것이다. 다만, 이 연구에서 논의하고자 하는 범주가 단일 교과 차원의 통합이 아닌 다중 교과와의 결합임을 전제한 만큼 논의의 집중을 위하여 배재하였다.

8 Drake & Burns(2004)가 제시한 통합의 세 가지 유형을 구체화하면 다음과 같다.

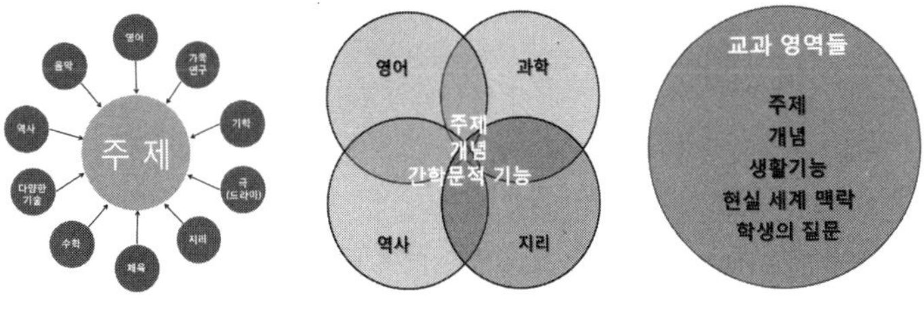

다학문적 통합 (multidisciplinary) | 간학문적 통합 (interdisciplinary) | 탈학문적 통합 (transdisciplinary)

교육과정과 Fogarty의 논의는 용어의 중복으로 인하여 유사한 관점으로 보이기도 하지만, 구체적인 방향성은 다소 차이가 있다. Fogarty가 다학문·간학문을 합쳐서 세분화였고 초학문적 접근에서 주제 중심을 강조한 데 반하여 Drake & Burns는 다학문과 간학문을 분리하여 제시하고 세 가지 유형 모두 주제를 부각했다는 점 등 여러 가지 상이함을 보인다.

이러한 내용상의 이견은 교수-학습이 이루어지는 융복합의 외적 수행을 중심에 두느냐, 융복합이 발생하는 내적 원인에 두느냐에 따라 달라진다고 볼 수 있다. 무엇이 보다 가치가 있는 융복합교육인가의 여부보다 어떠한 관점에서 바라보느냐가 세부 유형을 구분하게 되는 것이다. 다만 여러 유형마다 개별적인 평가의 지표를 세우고 이에 따른 평가 도구와 기준을 만드는 것은 매우 지난한 작업인 만큼 지금·여기의 교육 현장에서 가장 효율적으로 적용할 수 있는 유형으로 주제 중심 모형을 제안하고자 한다. 앞에서 언급했던 것처럼 융복합교육이 기본적으로 여러 교과의 뒤섞임을 전제로 하지만 수행 과제에 따라 특정 교과가 두드러지기 마련이다. 그러다보면 자칫 어떤 과제 수행이건 해당 교과만을 우선시한 채 다른 교과들은 보조적 역할에 머물 수밖에 없는 경우가 생긴다. 즉 교과를 전면에 내세우면 어떠한 방식의 수행 과제를 정하더라도 특정 교과를 기반으로 하는 현상이 발생하는데, 이는 융복합교육의 예가 될 수는 있겠지만 궁극적인 지향점을 반영했다고 말하기 어렵다.[9] 교수-학습의 과정이

9 메가트렌드를 기반으로 미래 사회를 전망하건대 앞으로 오랜 시간이 지나면 특정 교과를 구분하는 것 자체가 의미가 없는 진정한 융복합교육의 시대가 올 지도 모르겠다. 특정 교과를 기반으로 하지 않는 초학문적 융복합교육이 이루어진다면 새로운 시대에 맞도록 국어교육의 역할 또한 변할 것이다. 다만 미래에 나타날 융복합교육이 학문의 구분을 없애는 수준까지 이른다 하더라도 그러한 과정은 매우 오랜 시간을 필요로 할 것이며, 현재의 국어과가 감당해야 할 몫은

나 평가의 흐름 상 그러한 경우가 나타날 수 있다고 해도 이를 전제하는 것과 자연스럽게 드러나는 것은 차이가 있다. 따라서 국어교육의 성격을 자연스럽게 드러내면서 다른 교과와의 어울림을 도모하려면 국어과에 적합한 주제를 선정하고 이에 따라 융복합교육 및 평가를 실시하는 방식이 효율적이라고 하겠다. 국어과에 적합한 주제를 선정하는 것은 융복합의 외적 수행이건 내적 발생이건 관계없이 교수-학습이 이루어지는 근본적인 추동력이 되기 때문이다. 주제 중심 모형은 Fogarty의 다중공유 모형과 Drake & Burns의 다학문적 통합을 기반으로 한 것이며 구체적인 내용은 다음과 같다.

〔그림 1〕 주제 중심 모형의 국어과 융복합교육

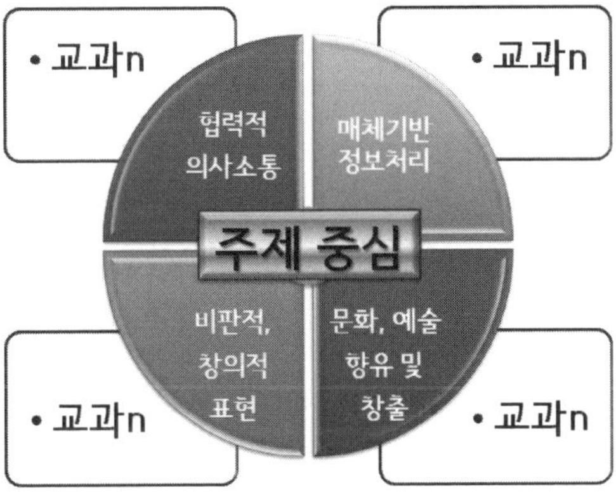

먼저 '주제 중심'이라고 하는 것은 현행 교육과정의 성취 기준과 유사하다. 특정 교과를 전제로 하지는 않더라도 핵심 역량을 기반으

충분히 크다고 할 수 있다. 그리고 주제 중심의 모형 접근은 지금·여기에서 국어교육의 특성을 십분 살려내는 것과 더불어 미래의 융복합교육 양상까지 반영한 포섭이라고 하겠다.

로 하여 국어과의 특성에 맞게 교수-학습할 수 있는 융복합적인 주제를 선정하는 것이 가장 기본적인 작업이다. 이때 주제 중심의 수행을 통하여 도모하고자 하는 바는 앞에서 이 논의의 기반으로 삼겠다고 했던 국어과 핵심 역량 7가지와 21세기 역량을 조합한 것이다. 다만 평가라는 것이 전제된 만큼 '~비교 · 대조할 수 있다.' 등의 수행이 전제된 주제가 보다 효율적이다. '협력적 의사소통'은 융복합교육이라고 해도 기본적으로 교수-학습의 목표는 의사소통을 지향한다는 점을 간과해서는 안 된다는 것이다. 단순히 지식을 습득하는 것이건 해당 분야의 탐구를 요하는 것이건 수행하는 학습자 간 의사소통과 더불어 같은 사회를 구성하는 집단 내의 의사소통 능력 향상을 도모한다는 점에서 중요한 평가의 지표가 될 것이다. 그리고 융복합교육에서는 함께 수행을 만드는 학습자 간 협력적 의사소통이 중요하기 때문에 자연스럽게 관계 형성에 어느 정도 기여할 수 있느냐로 이어지게 된다. 학습자들이 해당 주제에 대한 교수-학습을 하는 속에서 의사소통 능력을 함양하면 구성원들의 관계를 보다 원만하게 만들 수 있을 것이다. 이는 융복합교육의 특성이 주제를 바라보는 시각을 다각화함과 동시에 학습자들의 다양한 관점과 능력을 존중하면서 배려와 상호작용을 강화한다는 점에서도 그 근거를 찾을 수 있다(김선아 · 홍지영 · 임가영, 2014: 186-190). 한편 주제 중심의 과제를 수행하는 속에서 학습자들은 보다 효과적인 소통과 결과물 도출을 위하여 '다양한 정보를 처리하고 매체를 활용'하게 된다. 이때 매체라는 것은 단순히 시각적인 대상을 포함하여 학습자의 환경을 중심으로 무엇이건 제한을 두지 않고 활용 가능하며, 효율적인 매체 활용을 통한 정보처리 능력 함양 또한 융복합교육의 평가 지표로 삼을 수 있다. 이와 더불어 주제 중심의 활동을 통한 융복합교육은 학습자들의 '비판적, 창의적 표현'을 이끌어낼 수 있어야 한다. 융복합교육의 근본적인 목표 중 하나가 단편적인 지식의 습득으로만 그치지 않고 여러 학문을 응용하여 학습자의 삶을 풍요롭게 만드는 것이라면 주어진 과제를 수행하는 속에서 비판적이고 창의적인 표현 능력을 추구하는 것은 지극히 자연스러운 현상이다. 이는 다양한 핵심 역량 연구에서도 공통적으로 내세우는 항목이기도 하거니와 국어과의 특성을 보다 강조할 수 있는 특화된 부분이라고 하겠다. 마지막으로 학습자들은 과제 수행을 통하여 새로운 '문화와 예술을 향유하고 창출' 할 수 있어야 한다. 이 또한 국어교육의 목표 중 하나인 문화 창조를 굳이 언급하지 않아도 교육과정과 평가가 지향해야 할 가장 기본적인 지표라고 할 수 있다. 주제 중심 모형의 융복합교육을 통하여 학습자의 학습 경험이 보다 풍부하고 유의미해지는 것이 하나의 전제 조건인 만큼(차윤경 외, 2014: 21-22), 이러한 교수-학습과 평가의 축적은 조금씩 새로운 가치를 창출하는 데까지 나아가야 한다. 따라서 주제 중심 모형에서 발현된 문화·예술 향유 및 창출 역시 융복합교육의 평가 지표로 활용할 수 있을 것이다.

한편 '교과n'은 융복합교육의 특성을 고려하여 국어과 중심의 주제를 고려하되 여러 교과가 함께 어우러진 모습을 의미한다. 이때 교과n의 형태는 Fogarty와 Drake & Burns가 의미하는 다학문이나 간학문적 형태를 모두 포함하며, STEAM 교육의 형태까지 모두 통어한다고 할 수 있다. 모형의 가장 바닥에 교과n이 자리한 것은 주제 중심의 융복합교육을 하는 데 있어 가장 기본적인 전제조건임을 의미하며, 이는 융복합교육의 기반이기 때문에 몇 개의 교과가 융합되었는가는 평가 지표로 삼지 않아도 무방하다.

3. 융복합교육적 평가의 방향성

3.1. 평가의 방향과 내용

특정 교과의 교수-학습 내용을 평가한다는 것은 기본적으로 해당 내용의 수업 설계가 이루어졌다는 전제가 있어야 하기에 매우 어려운 일이다. 융복합교육이라는 특성 상 세부 교과나 영역을 드러내지는 않지만 각 연구자마다 독립적인 지적 체계를 기반으로 교수-학습 내용을 형성하기 마련인데, 이들에 대한 평가 기준을 세우고 성취수준을 제시하는 것 또한 많은 천착을 필요로 한다. 하물며 하나의 학문 내 세부 영역도 아닌 두 개 이상의 학문이 녹아서 이루어진 융복합교육에 대한 평가는 자칫 특정 교과의 개별성을 알지 못하고 자의적인 방향으로 제시될 우려가 있다. 따라서 이 연구에서는 국어과를 무게 중심에 두지만 여러 교과에서 융통성을 가질 수 있는 수준의 평가의 방향과 그 내용에 대해 살펴보도록 하겠다.

융복합교육적 접근에 따른 평가에서 기본적으로 고려해야 할 내용은 다음과 같다. 서두에서 밝혔듯이 융복합교육의 교수-학습 내용이 쉽지 않은 만큼 평가의 방향성도 단순히 학습자만을 대상으로 하지 않고 평가자 스스로에 대한 자기평가가 있어야 한다. 이에 따라 자기 평가에서 중요하게 생각해야 할 부분을 제시하면 다음과 같다.

첫째, 당위적인 부분이지만 교수자는 평가의 주제나 내용에서 두 개 이상의 교과가 효과적으로 어우러졌는가의 여부를 확인해야 한다. 위에서도 언급했던 것처럼 융복합교육의 내용은 STEAM과 같은 다중 교과의 뒤섞임도 가능하지만 같은 인문학 교과건 인문학과 이과의 만남이건, 혹은 예술 교과와의 결합이건 2개 이상의 학문적 합함이 이루어져야 한다.[10] 이때 중요한 것은 의도적으로 특정 교과의 색깔을 지우기 위하여 노력할 필요는 없다는 점이다. 물론 융복합교육의 취지를 보다 효과적으로 살리려면 개별 교과의 두드러짐 없이 혼융되는 것이 바람직할 것이다. 그러나 모든 교수-학습 내용이 그러한 강박관념을 가지고 진행되어서도 안 되고, 진행될 수도 없다. 오히려 대부분의 내용은 융복합교육을 지향한다고 해도 수행 과제의 주제에 따라 특정 교과의 모습이 드러날 수밖에 없다. 교수-학습의 과정에서 특정 교과의 흔적을 애써 지우려는 노력이 오히려 학습 내용을 위축시킬 우려가 있으며, 학습의 질을 떨어뜨릴 가능성도 존재한다. 따라서 두 개 이상의 학문적 뒤섞임을 전제하되 주제 중심을 통한 자연스러운 융합의 모습이어야 한다.

둘째, 핵심 역량을 기반으로 하는 만큼 그러한 역량이 평가 내용에 충실히 담겨 있는지 살펴야 한다.[11] 이 연구에서는 OECD의 핵심 역량을 기반으로 국어과 핵심 역량과 21세기 역량을 혼융하였으나 다양한 주제의 수행 과제를 교수-학습하는 속에서 다시 융복합교육에 적합한 핵심 역량이 개발될 여지는 충분히 있다. 교사가 무엇을 가르치고 평가해야 하는지, 학생이 무엇을 공부하고 성취해야 하는지에 대한 실질적 지침인 성취기준을 엄선하여 핵심 역량과 핵심성

---

10 중·고등학교 교육 현장의 여건을 고려한다면 실제로 세 개 이상의 교과가 융복합된 교수-학습 과정이나 사례를 만들기가 매우 어렵다. 교과 수가 많아지면 교수-학습의 난이도가 올라간다는 단순한 계산은 차치하더라도 개별 독립 교과를 지도하고 있는 교사들이 복수 교과에 대한 지식 영역을 함부로 재단할 수 없다는 것이 가장 큰 한계라고 하겠다. 현실적 어려움을 극복하기 위해서는 결국 '주제 중심'으로 하되 협업(Co-Teaching)을 통한 교수-학습이어야 하는데, 이는 제도권 교육 시스템을 매우 근본적으로 수정해야 하는 문제여서 보다 면밀한 정책적 연구가 필요하다. 현재 융복합교육을 중·고등학교에 적용한다면 자유학기제가 활발히 시행되고 있는 중학교 수준에서 가장 효과적일 것이다.

11 한국교육과정평가원(2013: 139-140)에서는 국제적 평가의 동향으로 '학습지향적 평가'와 '수업과 연계된 평가', '협력적 문제해결력 평가', 그리고 '핵심역량 중심 평가'로의 전환 등을 강조한다고 분석하였다.

취기준을 정책 연구하는 것은 이러한 교수자 입장에서의 자기평가 강화라고 할 수 있다.[12] 따라서 교수자는 단위 학교의 특성을 감안하여 학습자들의 시대적 핵심 역량을 실천할 수 있는 평가 내용인지에 대한 지속적인 확인이 필요하다.

셋째, 기본적으로 융복합교육이 가진 취지가 현재의 시대적 흐름을 수렴하고 미래 사회에 효과적으로 적응할 수 있는 학습자를 기르고자 하는 것인 만큼 교수-학습의 과정과 평가 전반에 걸쳐 자발적인 학습 분위기가 형성될 수 있도록 여건을 제공해야 한다. 이때 여건이라고 하는 것은 단순히 정책적이나 시설 개선 등 물리적인 것만을 의미하지는 않는다. 물론 물리적인 여건이 전제되는 것은 필요하지만, 융복합교육적 평가라는 부분에 초점화를 한다면 학습자들의 평가 항목들이 실질적인 지식으로서의 가치를 지닐 수 있어야 유의미하다는 점이다. 융복합교육이 활성화되면 높은 수준의 난도를 기반으로 교수-학습 및 평가가 가능할 것이다. 하지만 교수자에게도 학습자에게도 생소한 신세계인 만큼 개별 교과의 이론적인 깊이를 내세우기보다는 삶의 유용성에 보다 중점을 두고 평가 내용을 설계하는 것이 필요하다.[13]

이렇듯 교수자의 입장에서 평가의 고려 사항을 살폈다면 학습자들을 평가할 때 어떠한 점에 유의해야 하는지도 고찰이 필요하다. 우선 융복합교육적 평가라고 한다면 학습자들의 결과물뿐만 아니라 과정까지도 평가할 수 있어야 한다. 융복합이라고 하는 것이 단순

12 2013년 6월 3일자 한국교원신문 1면(http://www.hangyo.com/APP/news/article.asp?idx=41898)

13 이 밖에 허용적인 분위기 조성이나 미디어 매체의 사용, 충분한 활동 시간 보장 등 다양한 수준에서 교수자의 자기평가가 필요하지만, 일반적인 평가의 지침과 상당 부분 겹치는 부분이기 때문에 자세한 설명은 생략하겠다.

계산을 통한 결과 도출이 아니므로 제시된 주제를 수행하는 과정에서 학습자들이 해답을 찾기 위하여 접근하는 과정이 매우 중요하기 때문이다. 이는 융복합교육의 평가 결과로 인한 학습자의 성장보다 문제를 해결하는 과정 속에서 학습자의 인지적, 정의적 영역이 보다 성숙하게 된다는 점을 의식한 것이기도 하다. 문제를 해결하는 과정에서 간학문적이건 초학문적이건 교과의 융합적 사고를 자연스럽게 습득할 수 있으며, 그 자체가 핵심 역량을 함양하는 결과로 이어질 수 있다는 점에서 특히 중요한 부분이라고 하겠다. 따라서 학습자를 평가할 때에는 평가의 결과물에 대한 피드-백과 더불어 과정에 대한 상호작용이 반드시 있어야 한다.

둘째, 주제 중심 모형을 기반으로 하기 때문에 학습자들이 주제를 충실히 파악하고 접근했는가에 대한 확인을 해야 한다. 탐구학습 등의 교수-학습 모형은 학습자의 창의성과 자발성을 이끌어낸다는 점에서 긍정적이지만, 자칫 논의가 한없이 공전하거나 엉뚱한 방향으로 흐를 수 있다는 맹점을 지니고 있다. 융복합교육도 여러 교과가 뒤섞여 있는 만큼 주제 중심으로 과제를 제시한다고 하나 학습자들이 이를 해결하는 속에서 방향 감각을 상실할 우려가 충분하다. 따라서 교수자는 평가를 할 때 해당 주제에 대한 성취기준과 성취수준을 구체적으로 제시하고 이를 기반으로 평가해야 한다. 성취기준(achievement standard 또는 performance standard)은 각 교과목에서 학습자가 성취해야 할 지식이나 기능, 태도의 능력과 특성을 진술한 것이다. 반면 성취수준(achievement level 또는 performance level)은 학습자가 주제별 성취기준에 도달하는 정도를 몇 개의 수준으로 구분하고 그 내용을 설명하는 것이다(이두현, 2014: 206-207).[14] 이러한

14 성취수준은 주제의 특성에 따라 성취기준 단위의 성취수준(상, 중, 하)과 학기

구체적 평가 내용 제시를 통하여 학습자들의 평가 방향성도 확인하고 보다 객관적인 평가를 도모할 수 있다.[15]

셋째, 모둠활동의 평가를 기본으로 하되 그 속에서 개별평가도 함께 이루어지도록 평가 계획을 세워야 한다. 융복합교육은 교수자가 지식의 전달자로서의 역할도 하지만 기본적으로 학습자들이 주어진 과제를 해결할 수 있도록 도와주는 안내자로서 기능하는 것이 바람직하다. 이는 앞에서 제시한 핵심 역량을 보다 실질적으로 체득하기 위한 방법이며 자발적 동기유발을 강화하기 위한 효과적 조치이기도 하다. 교수자가 안내자로서의 역할을 하고 학습자가 문제해결에 보

단위의 성취수준(A-B-C-D-E 등)으로 구분된다.

15 교육과정평가원(2012)에서 제시하고 있는 성취기준과 성취수준의 개발 시 고려 사항은 다음과 같다.

성취기준	성취수준
가. 교과 교육과정의 내용을 근간으로 하여 무엇을 성취할 것인가를 명시하기 위해 가급적 '~할 수 있다'의 형식으로 진술함으로써 '도달점 행동'이 드러나도록 한다. 나. 교육과정의 내용이 교수 · 학습 및 평가의 단위로 적절한지 검토하여 지나치게 포괄적이거나 상세한 경우에는 분리하거나 통합하여 재구성한다. 다. 내용 성취기준이 학년이 높아감에 따라 수준의 위계가 나타나도록 진술되었는지 검토하여 교과 내 성취기준 간의 위계가 드러나도록 진술한다. 라. 교수 · 학습 활동의 현실적 실천가능성을 고려하여 모호하지 않고 구체적인 내용을 담고 있으면서도 어법에 맞고 명확하게 진술한다. 마. 교육과정의 내용에 비하여 학습량이 많아지거나 내용 수준이 높아지지 않도록 수준과 양을 적정화하여야 한다.	가. 성취수준에 대한 일반적 정의를 바탕으로 상, 중, 하 수준의 일반적 특성과 교과별 특성을 반영하여 진술하되 성취 수준을 진술할 때에 수행을 명확히 판단할 수 있는 외현적 행동 동사를 사용한다. 나. 각 성취수준별 전형적인 특성을 제시하며, 지식과 기능, 태도의 깊이와 범위 등에 따라 각 수준간 위계가 드러나도록 진술한다. 성취수준 간 특성을 구분할 때 지식의 깊이, 수행의 정도 등의 관점에서 이해와 수행의 진전 정도를 표현한다. 다. 교육과정에 제시된 내용에 비하여 수준이 높아지거나 학습량이 많아지지 않도록 성취수준에 대한 특성을 제시한다. 보통의 학생들이 교육과정 기준에 충실히 학교 교육을 받은 경우 성취수준의 '중' 이상을 획득할 것으로 가정하여 진술해야 한다. 라. 학기 단위의 성취수준은 한 학기 전체 성취기준을 포괄하는 수준에서 전반적인 이해와 수행 특성을 진술한다.

다 효과적으로 다가가기 위해서는 모둠활동을 지향하는 것이 바람직하다. 모둠활동 자체가 개별 학습자의 역량을 중시함과 동시에 여러 교과별 장점을 지닌 학습자들이 함께 노력하는 속에서 융복합교육의 가치를 극대화시킬 수 있는 방법이기 때문이다. 다만 모둠활동을 하다 보면 의욕적인 학습자와는 달리 '무임승차 효과'나 '봉 효과'를 의식하는 학습자도 존재하기 때문에 과제 수행에 대한 모둠 평가와 더불어 개별 평가도 병행해야 한다. 이는 수행과정 보고서나 적절한 역할 분담 등을 통하여 상당 부분 극복할 수 있으며, 사전에 해당 내용을 충분히 주지시키고 보다 적극적인 활동의 분위기를 형성하는 것도 가능하다.

지금까지 융복합교육적 평가에서 중시해야 할 내용들에 대해 살펴보았다. 이제 이러한 내용을 기반으로 학교 현장에서 활용할 수 있는 평가의 방법은 무엇인지 알아보도록 하겠다. 융복합적 접근에 따른 평가는 단순히 주제 자체에 대한 달성 여부만을 확인하는 것이 아니라 매우 다양한 활동의 양상과 과정 등을 확인해야 하는 복잡한 접근이다. 평가를 하기 전에 교수자 스스로 평가의 주제나 방향성이 융복합교육의 취지에 맞는지 점검해야 하며, 학습자들의 활동 과정을 평가하는 동안에도 의도했던 교육의 지향점과 일치하는지 지속적인 자기평가가 동시에 이루어져야 한다.

이렇듯 융복합교육 평가의 역동적인 모습들을 감안한다면 오늘날 학교 현장에서 적용 가능한 평가 방법은 성취평가제의 의미를 강화한 수행평가라고 할 수 있다. 이는 차윤경 외(2014: 94-95)에서도 언급했던 것처럼 융복합교육이 학습 내용에 대한 구성적 접근을 강조한다는 점에서 기본적으로 수행평가와 유사한 점이 많기 때문이기도 하다. 지필평가 중심의 교육이 학습자들에게 비효율적인 지식의 축적만을 요구한다는 비판에서 시작된 수행평가는 제7차 교육과정 이후 중요성이 꾸준히 강조되고 있다.[16] 수행평가가 학습자의 능동적 구성주의를 강조하는 패러다임의 전환을 선도한다는 점, 과제의 결과와 더불어 과정을 중시한다는 점, 특정한 지식의 앎으로 그치는 것이 아니라 학습자의 지속 가능한 성장을 도모한다는 점, 해당 주제의 현상에 대한 탐구와 함께 근본적인 지식과 맥락을 들여다본다는 점, 단순히 지금 얻은 성과보다는 훌륭한 사회 구성원으로 성장하기 위한 자질 형성에 역점을 둔다는 점 등이 그 이유이다(한정현, 2012: 209-210).[17] 그리고 이러한 수행평가는 위에서 논의했던 융복합교육적 접근에 따른 평가의 방향성과 상당 부분 교집합을 형성하고 있다. 이는 결국 융복합교육의 목표 달성 여부를 확인하는 데 있어 지필평가도 필요하지만 그 가치를 공유하는 수행평가의 효율적 적용이 매우 중요하다는 것을 의미한다.

다만 기존의 수행평가가 단일 교과의 영역 안에서 활용되었기 때문에 이것을 융복합교육적 평가의 기재로 가져오기 위해서는 평가기준 등에 대한 보완이 필요한데, 이는 성취평가제의 내용을 결합하여 일정 부분 해소가 가능하다. 성취평가제는 상대적 서열을 정하여 소위 '누가 더 잘 했는가'를 평가하기보다 '해당 과제를 통하여 학습자가 무엇을 얼마나 성취하였는가'를 평가한다는 점에서 기본적으로 수행평가의 가치와 맞닿아 있다(교육과정평가원, 2012, 2014; 김신영,

---

16 교과의 특성에 따라 부침을 거듭하고 있는 것 또한 사실이다. 수행평가의 최소 기준은 교육청 지침을 따르지만 그 속에서 이루어지는 수행의 내용이나 방법 등은 전적으로 해당 교과의 교수자의 영향력이 크게 좌우하기 때문이다. 이는 교수자의 역량이나 교육적 가치관에 따라 수행평가의 질이 결정된다고 해도 과언이 아닐 만큼 융복합교육을 평가의 영역으로 가져온다면 정책적으로 이러한 문제의식의 공유 및 해결이 필요하다.

17 이 밖에 한정현(2012)에서는 수행평가의 속성이 생태학의 가치를 잘 반영하고 있다는 점을 강조하면서 학습자의 실질적 성장을 하는 데 있어 제도권 내의 평가 방법으로는 최선의 유형이라는 점을 언급하였다.

2012; 이두현, 2014). 이러한 성취평가제가 가진 장점은 절대평가를 전제로 하였기 때문에 학습자의 활동에 대한 과정 및 결과를 보다 구체적으로 제시하고자 노력하였다는 점이다. 특히 성취기준과 성취수준의 세분화는 그 동안 수행평가의 평가 기준이 가지고 있던 모호함에 대한 해결 방안을 제시하였기 때문에 이를 통하여 융복합교육적 평가의 효과적인 방향성이 제시될 수 있을 것이다.

지금까지 언급한 평가의 방향과 유의점을 바탕으로 구체적인 평가의 예를 살펴보도록 하겠다.

3.2. 평가 도구의 개발과 적용

융복합교육 평가의 효과적인 방법이 성취평가제의 내용 기준을 기반으로 하는 수행평가라면 이에 대한 구체적인 방안과 평가 기준이 있어야 할 것이다. 기존에 연구 결과 보고서로 나온 성취평가제의 내용들은 개별 교과를 기반으로 하고 있기 때문에 성취기준이나 성취수준 또한 특정 교과의 수행을 예로 제시하였다. 하지만 융복합교육은 주제 중심의 활동을 표방하고 있는 만큼 국어과의 특성이 드러난다고 하더라도 주제를 수행하는 과정과 결과 자체를 곧 평가 기준으로 환원시켜야 한다. 이때 특정 교과의 성취기준이 함께 녹아들어가는 것은 물론 자연스러운 현상이기 때문에 의도적으로 배재할 필요는 없다. 여기에서는 이러한 점을 염두에 두고 융복합교육에 따른 평가 기준의 일반적 제시와 더불어 특정 주제를 바탕으로 구체화시키도록 하겠다.[18]

---

18 차윤경 외(2014)에서 제시하고 있는 융복합교육의 평가 기준과 평가 항목은 다음과 같다.

융복합적 평가의 예시를 만드는 데 있어 전제하는 점은 다음과 같다. 우선 수행 주제를 위한 성취기준은 교육과정의 내용을 근간으로 해야 하지만 문·이과 통합 교육과정으로의 전환과 연구의 가시적 성과를 도모하기 위하여 통상적으로 제시하는 국어과의 특정 영역에 한정하지 않는다. 둘째, 주제 중심의 성취수준을 제시하는 만큼 학기말 단위인 A~E 등급보다 상, 중, 하 수준의 예를 보이고자 한다. 셋째, 수행 과제는 모둠을 구성하여 집단으로 이루어지며 주제를 수행하는 기간은 일회적이지 않고 한 학기를 충분히 활용한다. 넷째, 과제 수행은 학교 내·외, 정규 수업과 일과 후 시간을 두루 이용할 수 있어야 하며, 모둠별 '수행과정 보고서'에 과제 수행 상황을 자세히 기록해야 한다. 수행 과정의 일부를 정규 수업 시간에 할애할 때에는 모둠별 토의가 진행되도록 하며, 지도 교사가 토의 내용을 지켜보고 평가에 반영할 수 있어야 한다. 다섯째, 모둠 수행을 원칙으로 하지만 토의 과정이나 수행과정 보고서, 과제 결과물, 역할 분담 및 기여도 등을 고려하여 얼마든지 차등 평가를 할 수 있어야 한다. 모둠 내에서도 차등 평가가 이루어져야 학습자들의 동기유발이 생기고

평가 기준	세부 평가 항목
능동적 참여	· 문제해결을 위한 자신의 성취 목표를 설정하고 있는가? · 문제해결에 대한 자신의 기대가 높은가? · 자신의 이해관계를 확인하고 권리를 주장하는가?
다양성 이해	· 학습과정에서 다양성에 대해 얼마나 열려 있는가? · 다양한 견해와 입장을 어느 정도 이해하는가? · 다양성을 인정하고 타인과의 공존을 추구하는가?
협력적 수행	· 구성원과 공감대를 형성하고 원만한 관계를 유지하는가? · 협력적 작업을 성공적으로 수행하는가? · 과제 수행 과정에서 갈등을 조정하고 대안을 제사하는가?
맥락성 활용	· 학습의 맥락을 구분하고 근거를 밝히는가? · 실제 맥락을 얼마나 체험하고 표현하는가? · 문제해결을 위해 맥락적 이해와 체험을 어떻게 활용하는가?
통합적 추구	· 다양한 관점과 원리를 활용하여 문제를 해결하는가? · 내용을 넘어 감성적 통합을 추구하는가? · 다양한 참여자 사이의 대화적 통합이 이루어지는가?

자신의 역할을 다른 학습자에게 전가시키는 부작용이 최소화되기 때문이다. 여섯째, 주제 중심의 수행 과제가 완료되면 결과물을 학급 내 다른 학습자들과 공유하고 교사의 평가뿐만 아니라 학습자 간 상호평가를 받을 수 있도록 해야 한다. 이는 서로를 평가하려는 목적에서 나아가 서로의 결과물을 살피는 속에서 자신들의 부족함을 보완하고 다른 지식을 자연스럽게 배우기 위한 목적이다.

위의 내용들을 바탕으로 주제 중심의 융복합교육 평가 예시를 보이도록 하겠다. 여기에서는 융복합교육의 취지를 살려 여러 교과의 특성을 준용하되 국어과에서 교수-학습한다는 점을 염두에 두고 살펴보고자 한다. 앞에서도 언급했듯 융복합이라면 국어과의 특정 영역을 위시하는 것보다 이를 통합적으로 제시하는 형태가 바람직하다. 따라서 듣기·말하기, 읽기, 쓰기를 분리하지 않고 의사소통교육이라는 취지를 살릴 수 있도록 '표현하기'를 상위 주제로 삼았다. 표현하기라는 큰 주제를 효과적으로 수행하기 위해서 학습자들은 자연스레 국어과의 의사소통 영역 전반을 활용해야 하며, 하위 주제를 어떻게 설정하느냐에 따라 다른 교과와의 융합을 도모할 수 있게 된다. 이때 융합할 수 있는 교과는 주제를 효과적으로 수행할 수 있는 조건을 통하여 구체화시킬 수 있다. 이에 대한 예를 보다 자세히 제시하면 다음과 같다.

〈표 3〉 주제 중심 융복합교육 평가 예시

주제	가을에 가면 좋은 곳 UCC로 만들어 소개하기
내용	가을에 가면 의미 있는 곳을 직접 방문하여 그곳을 소개하는 영상을 찍고 이를 파일로 편집한 뒤 제출함.
조건	· 단순히 재미만을 추구하는 장소가 아니라 다양한 학습적 가치를 지닌 곳이어야 함.(역사적, 과학적, 사회적, 문화적, 예술적 등등) · 모둠별 수행 과제인 만큼 모든 모둠원들이 해당 영상 속에서 자신에게 주어진 내용을 표현하해야 함. · 체험한 곳을 소개하되 다른 학습자들이 감상하는 과정에서 해당 장소에 가고 싶은 욕구가 생기도록 창의적인 구성을 갖추도록 함.

목표	· 학습자들의 삶과 관련 있는 곳을 직접 체험하고 그곳을 소개하는 과정에서 다양한 교과 지식을 축적하며 표현력을 기를 수 있음. · 모둠학습으로 서로의 의견을 공유하는 과정에서 협업적 의사소통 능력을 키울 수 있음. · 체험한 곳을 영상으로 담고 다듬는 속에서 매체 활용 능력과 정보 처리 능력을 향상시킬 수 있음. · 다양한 학습적 가치를 지니는 곳을 방문하고 그 내용을 공유하는 과정에서 간학문적 지식을 쌓을 수 있음.
기타	· 학습자들에게 과제 분량, 세부 수행 방법 등 자세한 내용을 안내하고 이를 평가 지표에 반영함. · 모둠별 모둠장과 서기 등 역할 분담을 명확하게 하고 수행과정 보고서에 역할 기여도와 수행과정을 최대한 자세히 기록함.
성취수준	
상	체험한 장소의 학습적 가치를 효과적으로 표현하였으며, 그곳이 지닌 정서적, 심미적 삶의 유용함을 감상할 수 있다. 단순한 소개가 아니라 자신이 맡은 내용을 충분히 이해한 뒤 타인에게 효과적으로 전달하고 있으며, 창의적인 표현을 통하여 감상하는 이가 해당 공간에 방문하고 싶도록 하였다. 과제를 수행하는 과정에서 모둠원 간 토의를 통한 의사소통이 원만하게 이루어졌고, 긴밀한 숙의 내용이 수행과정 보고서에 충실하게 기록되었다. 정보처리 과정과 매체 제작 능력이 능숙하여 결과물을 감상하고 평가하는 데 무리가 없다.
중	체험한 장소의 학습적 가치를 잘 표현하였다. 자신에게 주어진 부분을 분명하고 충실하게 표현하였다. 과제를 수행하는 과정에서 모둠원 간 토의를 통한 의사소통이 원만하게 이루어졌다. 정보처리 과정과 매체 제작 능력이 무난하여 결과물을 감상하고 평가하는 데 무리가 없다.
하	체험한 장소의 학습적 가치를 표현하는 데 어려움을 보인다. 자신이 맡은 내용을 충실히 설명하지 못하며 과제 수행 과정에서 모둠원 간 협업이 잘 되지 않았다. 정보처리 과정과 매체 제작 능력이 미흡하여 결과물을 감상하고 평가하기가 어렵다.

먼저 주제를 '~에 대하여 소개하기'로 정함으로써 표현하기라는 국어과의 특성이 살아 있도록 하였다. 학습자들의 삶에 보다 직접적인 도움이 될 수 있어야 한다는 융복합교육의 방향성을 살려 단순히 지식을 학습하는 주제에 머물지 않고 직접 체험하는 방식을 선택하였다. 그리고 '조건'에서 학습적 가치를 살리되 구체적인 범주를 제시하면서 다른 교과와 함께 어우러져야 한다는 점을 강조하였다. 목표에서는 표현력을 기른다는 국어과의 취지를 언급하면서도 간학문적 지식을 쌓을 수 있다는 점 또한 제시하면서 융복합교육의 가치를 전달하기 위한 고민을 담았다. 이러한 고민은 성취수준을 제시할 때에도 이어지도록 하였는데, 주제에 맞게 효과적으로 표현하였는지를 중심으로 다른 교과와의 어울림은 적절했는지 또한 평가의 지표로 삼았다. 이러한 수행 과제는 반드시 모둠별 학습을 전제로 하며 수

행과정 보고서를 통해 모둠별 기본 평가와 더불어 개인별 평가가 함께 이루어질 수 있도록 의도하였다. 이를 통해 앞에서 제시했던 협력적 의사소통과 비판적·창의적 표현, 문화·예술 향유 및 창출, 매체기반 정보처리의 가치를 구현하고자 노력하였다.

4. 성과 및 한계

융복합교육은 단순히 교과 내 영역 통합의 수준에서 나아가 교과 간 통합을 지향하기 때문에 이를 교수-학습의 과정으로 풀어내는 일은 쉽지 않다. 따라서 이러한 교수-학습의 종착역이자 성과 지표라고 할 수 있는 평가를 정치하게 다듬고 제시하기까지는 여러 교과가 협의하며 다양한 시행착오를 겪어야 할 것이다. 융복합교육이 STEAM 교육이나 과학교육을 중심으로 활발하게 논의되었다고는 하지만 인문학, 특히 국어교육 분야에서의 성과는 여전히 걸음마 수준이다. 이 연구는 융복합교육이 활발한 궤도에 오르려는 출발점에 즈음하여 앞으로 논의될 많은 시행착오 중 하나로서 밑거름을 제공하기 위한 단초라고 할 수 있다.

융복합교육이 개별 교과의 특성을 일정 부분 살리면서 통합적 지향을 모색하기 위해서는 주제 중심의 과제 수행과 평가가 효과적이라고 하겠다. 이는 특정 주제가 교과의 색을 드러내더라도 다른 교과와 융합되는 데 무리가 없으며, 교사들 간 협업이 활발하지 않은 상황에서 가장 실현 가능성이 큰 방법이기 때문이다. 또한 문·이과 통합교육과정의 취지와도 잘 부합하며 학교 현장에서 학습자들의 삶에 유용한 수행 과제를 연구하기에도 용이하다는 점을 고려한 결과이다. 여기에 시대의 화두라고 할 수 있는 핵심 역량의 가치를 기반으로 하여 수행평가와 성취평가제를 참고한 것은 융복합교육이 가진 탄력적 운영을 실천하기 위함이었다. 그리고 적지 않은 문제점을 예상하면서도 특정 주제를 바탕으로 하여 성취수준을 상, 중, 하로 나누어 제시하려는 노력은 단순히 추상적이고 당위적인 주장에서 벗어나 보다 가시적인 성과에 한 걸음 다가서려는 노력이라고 할 수 있다.

주제 중심의 과제를 구체화하고 성취주순을 예로 보였지만 융복합교육의 교수-학습 과정 변화에 따라 그 방향성은 여전히 유동적이다. 특히 제도권 교육에서 교육과정의 내용에 기반하여 성취기준이 정해지고 그에 맞춰 주제를 만들어야 한다면 주제 중심의 융복합교육은 운신의 폭이 상당히 줄어들 수밖에 없을 것이다. 많은 현실적 어려움과 한계를 지니고 있지만 융복합교육의 지향은 비단 우리나라뿐만 아니라 세계적인 흐름인 만큼 게을리 할 수 없다. 두려움 없는 실험적 시도들이 학습자들의 국어 능력 신장과 삶의 질 향상에 조금이나마 기여하길 기대한다.

참고문헌

교육과학기술부(2012),「2009 개정 교육과정에 따른 성취기준·성취수준 -고등학교 국어-」

한국교육과정평가원(2012),「성취평가제 운영매뉴얼」

한국교육과정평가원(2013),「창의인성교육의 실현을 위한 평가방법 개선 종합방안」

한국교육과정평가원(2014),「2009개정 교육과정에 따른 고등학교 핵심 성취기준 개발 연구_총론」

2013년 6월 3일자 한국교원신문 1면

(http://www.hangyo.com/APP/news/article.asp?idx=41898)

가은아(2014),「핵심 역량 기반 국어과 교육과정의 구상」,『작문교육』제20집, 한국작문학회.

김규훈·김혜숙(2013),「국어과 창의·인성 교육의 실행 원리 탐색」,『국어교육』제140호, 한국어교육학회.

김선아 외(2013),「숙의를 통한 융복합 교육과정의 가능성 탐색」,『미술교육논총』제27권 1호, 한국미술교육학회.

김선아·홍지영·임가영(2014),「비판적 다문화교육을 위한 융복합교육의 방안 탐색」,『미술교육논총』제28권 3호, 한국미술교육학회.

김시정, 이삼형(2012),「융복합 교육의 양상에 대한 국어교육적 접근」,『국어교육학 연구』제43집, 서울대학교 국어교육연구소.

김신영(2012),「교사의 학생평가와 성취평가제」,『교육평가연구』제25권 제4호, 한국교육평가학회.

김양은(2005),「미디어 교육의 개념 변화에 대한 고찰」,『한국언론정보학보』28호, 한국언론정보학회.

김영아(2015),「문학 기반 융복합 교육 방안 연구」, 한양대학교 박사학위논문.

박가열 외(2014),『미래의 직업 연구』, 한국고용정보원 정책자료집.

박기문(2014),「융합인재교육에서의 학습성과 측정을 위한 핵심 역량 구성요인 개발」, 『한국기술교육학회지』 제14권 제2호, 한국기술교육학회.
박영민(2014a), 「미래 핵심 역량과 중등 작문교육」, 『작문연구』 제20집, 한국작문학회.
박영민(2014b), 「중학교 통합 국어과 교육과정 및 교과서 개발 방안」, 『청람어문교육』 51집, 청람어문교육학회.
박영석 외(2013), 「STEAM 교사 연구회 개발 자료 분석: 융복합교육적 접근」, 『교육과정연구』 제31권 제1호, 한국교육과정학회.
박인기(2014), 「글쓰기의 미래적 가치」, 『작문연구』 제20집, 한국작문학회.
서혁 · 오은하(2013), 「스마트 교육 환경에서의 핵심 역량 기반 국어과 교육과정의 재구성 방향」, 『청람어문교육』 48집, 청람어문교육학회.
원진숙 · 왕옥진(2010), 「핵심 역량 기반 창의 인성 교육을 위한 초등 국어과 쓰기 교육 방법」, 『작문연구』 제20집, 한국작문학회.
이경진 · 김경자(2012), 「통합교육과정 접근으로서의 '융합인재교육(STEAM)'의 의미와 실천 가능성 탐색」, 『초등교육연구』 제25권 3호, 한국초등교육학회.
이광우 외(2008), 『미래 한국인의 핵심 역량 증진을 위한 초 · 중등학교 교육과정 비전 연구(Ⅱ)』, 경제 인문사회연구회 협동연구총서 08-31-01 RCC 2008-7-1, 한국교육과정평가원.
이근호 외(2012), 『미래 사회 대비 핵심 역량 함양을 위한 국가 교육과정 구상』, 한국교육과정평가원 연구보고 RRC 2012-4.
이두현(2014), 「성취평가제 도입에 따른 단원 융합(STEAM)형 평가도구 개발」, 『한국사진지리학회지』 제24권 제4호, 한국사진지리학회.
이민희 · 임해미(2013), 「수학사를 활용한 융합적 프로젝트기반학습(STEAM PBL)의 설계 및 효과 분석」, 『대한수학교육학회지』 제15권 제1호, 대한수학교육학회.
이철현(2014), 「학습자의 21세기 핵심 역량 증진을 위한 실과교과 정보교육의 방향 탐색」, 『한국실과교육학회지』 제27권, 한국실과교육학회.
임유나(2012), 「통합 교육과정에 근거한 융합인재교육(STEAM)의 문제점과 개선 방향」, 『초등교육연구』 제25집 4호, 한국초등교육학회.
진미석 · 박경현(2014), 「대학생 핵심 역량으로서의 한국어 의사소통역량 진단과 특성」, 한국어교육학회 제277회 학술대회 자료집.

차윤경 외(2014), 『융복합교육의 이론과 실제』, 학지사.

최유현 · 이은상 · 김동하, 「중학생을 위한 STEAM 교육 프로그램의 개발」, 『한국기술교육학회지』 제13권 제1호, 한국기술교육학회.

최홍원(2013), 「핵심 역량의 관점에 기반한 국어교육의 재구조화 연구」, 『새국어교육』 제97호, 한국국어교육학회.

한정현(2012), 「쓰기 영역 수행평가의 생태학적 구성 방안 연구」, 『새국어교육』 제90호, 한국국어교육학회.

한철우 · 임택균(2010), 「지식 기반 사회의 핵심능력과 국어교육」, 『청람어문교육』 42집, 청람어문교육학회.

Drake, S. M. & Burns, R. C.(2004). Meeting Standards through integrated curriculum, / 박영무 외 공역(2006), 『통합교육과정』, 원미사.

Fogarty, R. (2009). *How to integrate the curricula* (3rd ed.). Thousand Oaks, CA:Corwin Press.

OECD (2003), *Definition and selection ofcompetencies* : Theoreticaland conceptual foundation(DeSeCo), Paris : OECD Pres.

Stanley, T. (2011). *Project-Based Learning for Gifted Students: A Handbook for the 21st-Century Classroom*. TX: Prufrock Press.

매체언어의 융복합적 교육내용 구성 방안

- 국어과 핵심역량을 중심으로

이 연구는 국어과 핵심역량의 관점에서 매체언어 교육에서는 어떠한 핵심역량을 설정할 수 있는지 알아보고자 한다.

창의융합형 인재, 핵심 역량, 매체언어교육, 융복합적 교육 내용, 영역별 성취기준

이 연구를 통해 국어과 교육과정에서 제시한 핵심역량을 매체언어 교육의 핵심역량으로 추출한 후 매체언어가 각 영역의 융복합적인 내용으로 구성될 수 있는 방안을 마련해 보았다.

1. 들어가며

2015 교육과정에서 추구하는 창의융합형 인재는 인문학적 상상력, 과학기술 창조력을 갖추고 바른 인성을 겸비하여 새로운 지식을 창조하고 다양한 지식을 융합하여 새로운 가치를 창출할 수 있는 사람이다. 이러한 인재상은 분명 과거의 전통적인 산업화 시대의 인재와는 다르게 수평적 조직 구조 내에서 주요 문제를 발견하고 유용한 정보를 탐색하고 분석하여 조직원들과 함께 이를 해결할 수 있는 역량을 내재한 인물을 의미할 것이다(최숙기, 2014: 82). 그리고 이를 위하여 2015 교육과정은 문이과 통합형을 전제로 하여 개발되었다. 국어과 역시 이러한 개정 취지에 영향을 받을 수밖에 없다. 그런데 김규훈(2014: 80)에서 지적하고 있듯이 이러한 교육과정의 개정이 국어교육 내부의 개정 요구를 얼마나 잘 반영하고 있는지도 돌아볼 필요가 있다.[1] 단순히 문이과 통합형 교육과정이라는 외부 요인만을 들어 국어과 교육과정을 개정하려고 한다면 그것은 국어교육의 생태를 무시한 처사일 것이다. 그러나 그 개정의 필요성이 언어 개념 확장이나 국어능력 개념의 변화 등을 반영한 것이라면 이는 바람직한 개정이라 할 수 있다.

한편 2015 교육과정 개정의 키워드 중 또 다른 하나는 핵심역량이

---

1 이인제(2009: 112)에서는 불행하게도 국어교육을 질적으로 개선하는데 필요한 사항이 정부의 교육과정 정책 의제로 형성된 경우는 거의 없다고 지적하고 있다. 이는 결국 국어교육 내부의 개정 요구에 의해 국어과 교육과정의 개정이 추진된 적이 없다는 것을 의미한다. 이번 개정의 추진도 마찬가지이다. 이러한 일이 반복되는 이유는 국가 주도의 교육과정 개정이 정책적 판단에 의해서만 이루어진다는 점과 국어교육 학계에서 교육과정 개정의 정책적 필요성을 이끌 만한 연구가 부족하게 이루어지고 있다는 점 등이 복합적으로 작용하고 있을 것이다. 이에 대해서는 국어교육 학계 내외부 모두의 반성이 필요하다.

다. OECD의 DeSeCo 프로젝트(2001)에서 제시한 핵심역량이 세계적으로 붐을 일으키면서 각국의 교육에 많은 영향을 미치고 있다. 이 핵심역량의 요소들은 분명 교육, 그 중에서도 국어교육에 중요한 변화 요인을 담고 있다. 새로운 핵심역량이 필요해진 이유는 과학기술의 발전에 따라 인간의 생태환경이 변화하고 그에 따른 다양한 삶과 소통 방식의 변화가 급격하게 이루어져서 기존의 역량만으로는 미래 사회를 살아갈 수 없기 때문이다. 이러한 인간의 삶과 소통 방식의 변화는 바로 국어교육의 매체언어 교육과 직접적인 연관성을 가진다. 그러나 지금까지의 매체언어 교육은 의사소통 방식의 변화에만 초점이 맞추어져 있어서 인간의 삶에 필요한 핵심역량이라는 보다 넓은 관점을 담아내기에 부족함이 있다. 미래 사회를 살아갈 학습자들의 삶에 필요한 핵심역량이 무엇인가라는 관점에서 매체언어 교육을 바라볼 필요가 있다.

이 연구는 이러한 핵심역량의 관점에서 매체언어 교육에서는 어떠한 핵심역량을 설정할 수 있는지 알아보고자 한다. 교육과정에 제시된 국어과의 6가지 핵심역량은 그동안의 핵심역량 연구 성과에 따른 것이며 이는 매체언어와 크고 작은 관계를 맺고 있다. 이 핵심역량들이 매체언어와 어떠한 연관성이 있는지를 밝혀내고자 한다. 그리고 이를 토대로 매체언어의 융복합적 교육내용 구성 방안을 마련해 볼 것이다. 이미 매체언어가 가지고 있는 융복합적 성격에 따라 핵심역량을 중심으로 하여 구성될 수 있다. 매체언어는 어차피 하나의 영역이나 범주로 자리잡지 않고 다른 영역에 흡수 통합되어 있으므로 융복합적 교육의 내용을 구성하는 것은 어려운 일이 아니다. 이번 연구를 통하여 지금까지 매체언어의 위치가 기존의 국어교육 영역 속에서 애매하게 제시되고 있는 문제를 해결하고, 나아가 국어교육의 영역의 교육내용들이 학습자들의 삶 속에서 미래를 대비한 핵심역량을 담아낼 수 있도록 융복합적 교육 내용을 제시하고자 한다.

2. 매체언어 교육의 핵심 역량

핵심역량이 갑작스럽게 교육계의 화두로 떠오른 것은 OECD의 DeSeCo 프로젝트(2001)에서 미래사회의 필수 능력을 제시하면서부터이다. 이는 앞서 밝혔듯이 과학기술의 발달에 따른 인간의 삶과 소통 방식이 변화하였다는 배경에서 출발한다.[2] DeSeCo 프로젝트(2001)에서는 이러한 환경의 변화 속에서 살아가기 위해서 필요한 역량으로 '도구의 상호작용적 활용', '다양한 집단에서의 상호작용', '자율적 행동'을 제시하고 있다. 특히 여기에 '상호작용'이라는 용어가 반복하여 등장한 것은 소통 매체 기술의 발달이 급격하고도 중요하게 이루어졌기 때문이다. 즉 핵심역량은 매체 기술의 발달로 인하여 삶의 영역이 넓어지고 도구를 통한 비대면 소통 방식이 일상화되고 넘쳐나는 정보 속에서 선택과 집중이 중요해지고 그 속에서 주체성의 확립이 더욱 절실해진 환경을 반영한 것이다. 그런데 세 가지 핵심역량과 그 하위 요소들을 자세히 살펴보면 서로 층위가 다르고 다소 추상적인 내용들도 포함되어 있음을 알 수 있다. 이는 이 프로젝트가 장기간에 걸쳐 많은 국가의 참여 속에서 이루어졌기 때문일 것이다. 따라서 이 핵심역량을 각 국가의 교육으로, 나아가 각 교과의

---

2 이근호 외(2012)에서는 국가 교육과정 구상에 있어서 미래 핵심역량을 연구해야 할 필요성으로 사회변화의 급가속화와 스마트 교육을 비롯한 최근 학교교육 환경의 변화, 지식의 단순 축적보다는 지식 활용의 중요성이 부각되는 등의 미래 사회에 대비하는 핵심역량 반영 등을 들고 있다. 이는 핵심역량이라는 용어에 자꾸 '미래'라는 수식어가 덧붙는 이유를 이해할 수 있는 대목이다.

교육으로 가져오기 위해서는 핵심역량이 대두된 배경을 이해하고 각 국가의 환경과 교과 교육의 특성을 반영한 체계적인 접근이 필요하다.[3]

2015 국어과 교육과정에서는 지금까지 이루어진 국어교육의 핵심역량에 대한 연구들을 바탕으로 하여 6가지 핵심역량을 제시하고 있다. 그런데 이들은 매체언어 교육과 직접적으로, 간접적으로 관련을 맺고 있다. 핵심역량의 필요성이 대두된 배경이 매체언어 교육의 필요성이 대두된 배경과 같은 맥락이기 때문이다. 이에 국어과 핵심역량이 각각 매체언어와 어떤 연관성을 가지는지 확인하고 이에 따른 세부 요소를 추출하고자 한다. 이 세부 요소들은 매체언어의 융복합적 교육 내용 구성의 발판될 수 있다.

첫째, 비판적 · 창의적 사고 역량에서 매체언어와 연관성을 찾는다면 매체 환경에 따라 비판적과 창의적이라는 용어가 강조되고 있다는 점이다. 물론 비판적 · 창의적 사고 역량이라는 용어는 과거에도 필요로 했던 역량이므로 특별히 미래 사회를 대비하기 위해 새롭게 제시된 것은 아니다. 다만 새로운 시대적 환경 속에서는 기존의 비판적 · 창의적 사고 역량과는 다른 관점의 접근이 필요하다. 교육과정에서 제시한 '다양한 상황이나 자료, 담화, 글'이라는 조건은 당연히 매체 텍스트들을 포함해야 한다. 그러나 텍스트보다 더 중요한 것은 이들을 주체적인 관점에서 해석하고 평가하는 능력과 새롭고

3 그런데 핵심역량의 논의가 국내로 들어오면서 이러한 배경에 대한 이해가 약해지면서 다른 의미로 해석되는 경향이 있다. 성열관(2013: 33)에서는 한국의 핵심역량 도입이 글로벌 사회에의 소속감과 뒤처지지 않았다는 정체성을 유지하기 위한 방편이며 이로 인해 핵심역량 중심 교육과정이라는 글로벌 규범과 국가 내부의 교육 체제가 서로 겉도는 문제가 발생하고 있다고 지적하고 있다. 이러한 지적은 교육과정 전반에 대한 것이지만 국어과 교육과정에서도 반성적으로 검토해볼 필요가 있다.

독창적인 의미를 부여하거나 만드는 능력이다. 사실 비판적 문식성에 대한 연구는 이미 많이 다루어졌다(정현선, 2006: 113-115; 윤여탁 외, 2008: 39). 그러나 그동안 비판적 문식성이 강조된 것이 수용자로서의 학습자들이 무분별하게 미디어 텍스트를 수용하지 않도록 하기 위한 보호주의적 관점이 좀더 강조되었다면 이번에는 주체적 관점을 좀더 강조하고자 한다. 이는 스스로 매체의 의미를 해석하고 평가하는 것이 더욱 중요하다는 점을 부각시키기 위해서이다.[4] 매체 환경으로 인하여 오늘날에는 너무나 많은 자료나 정보를 접하게 되고 자신의 해석이나 판단보다는 다른 사람들의 해석이나 판단에 의지하게 되는 경향이 강해지므로 주체성이 강조될 수밖에 없다. 이는 DeSeCo 프로젝트(2001)에서 자율적인 행동 역량을 강조한 것과 같은 맥락을 가진다.

또한 창의성도 매체 기술의 발달로 인하여 다양한 방식으로 표출할 수 있게 된 환경을 반영해야 한다. 이는 창의성이 새로운 것을 만들어내는 것만을 의미하는 것이 아니라 기존의 것을 새롭게 바꾸거나 새로운 의미를 부여하는 것까지 포함하게 됨을 의미한다.[5] 서영진 외(2013: 135)에서도 창의적 사고력에 이미 존재하는 것을 새로

4 그동안 학습자들이 매체 텍스트를 무분별하게 수용할 수밖에 없는 인식 능력을 가지고 있다는 생각에서 텔레비전이나 인터넷 매체로부터 학습자들을 보호하고 이들이 매체 텍스트를 비판적으로 볼 수 있는 능력을 길러주어야 한다고 보는 관점이 지배적이었다. 그러나 최근에는 학습자들도 각자 자신의 기준으로 매체 텍스트를 바라보고 있으므로 무조건 보호해야 하는 대상이 아니라 스스로의 기준을 자신의 주체성으로 발전시킬 수 있는 교육이 필요하다는 방향으로 바뀌고 있다.

5 창의성에 대해서는 김은성(2004: 194)에서와 같이 창의성에 독창적인 산물을 만들어가는 능력 외에 문제해결적 능력까지도 포함시키기도 하지만 그렇게 된다면 다른 핵심역량들과 또다시 중첩되는 부분이 발생하게 된다. 따라서 이번 연구에서는 그러한 창의성의 개념으로 확장시키지 않을 것이다.

운 시각에서 해석해내거나 개성적인 사고를 형성하여 새로운 것을 만들어내는 능력 등을 제시하고 있다.

이에 따라 이 역량에서 매체언어 교육의 핵심 요소는 '매체 환경 속에서 다양한 상황이나 자료, 담화, 글에 대하여 주체적이고 비판적인 관점에서 해석하고 평가하는 능력과 독창적인 사고로 새로운 의미를 부여하거나 자료, 담화, 글을 만드는 능력'으로 구체화시킬 수 있을 것이다.

둘째, 자료 · 정보 활용 역량은 매체언어 교육과 가장 깊은 연관성을 가진다. 필요한 자료나 정보를 수집, 분석, 평가하고 이를 효과적으로 활용하여 의사를 결정하거나 문제를 해결하는 능력은 당연히 수많은 자료나 정보를 수집하여 이를 활용해야 하는 매체 환경에서 필요한 것이기 때문이다. 그런데 이 역량을 다룰 때 주의할 점은 그 활용 방법을 익히는 것이 매체언어 교육의 목적이 아니라는 점이다. 수많은 자료나 정보의 홍수 속에서 필요한 자료를 선별하여 평가하고 이를 필요한 의사소통에서 활용하는 것이 중요하다. 이 중 자료와 정보의 선택과 수집, 분석과 평가는 기본적으로 필요한 능력이다. 이러한 논의는 이미 매체언어 교육의 여러 연구들에서 유사하게 나타나고 있는 것이므로 새삼스러울 것은 없다.[6] 다만 이를 좀더 명료하게 핵심역량으로 설정할 필요는 있을 것이다. 단순히 자료나 정보

---

6 김정자 외(2006: 229)에서는 인터넷의 정보를 수용할 때는 주체적이고 능동적인 읽기가 필요하다고 하였다. 이는 정보 텍스트에만 해당하는 것은 아니다. 윤여탁 외(2008)에서도 디지털 매체 환경에서의 읽기 방식이 변화하여 독자가 스스로 독서 경로를 만들어가며 항해를 진행해야 하며 이 과정에서 주체적 읽기 행위가 중요하다고 밝히고 있다. 김성희(2013: 161-165)에서도 매체 환경에서 정보의 탐색과 선택은 읽기의 출발점으로 중요한 부분이며 이에 따른 주체적 탐색과 선택 능력이 중요한 교육내용이 되어야 한다고 주장하였다. 매체 환경은 많은 정보와 자료를 제공하는 대신 스스로 선택하고 판단하기를 요구하고 있는 것이다.

를 활용하는 것이 아니라 '자료나 정보를 주체적으로 선택하여 수집, 분석, 평가하는 능력과 이를 능동적으로 활용하여 의사 결정이나 문제를 해결하는 능력'으로 구체화시킬 수 있을 것이다.

셋째, 의사소통 역량에서 매체언어 교육과의 연관성을 찾는다면 아무래도 소통 방식의 변화에 따라 의사소통에 다양한 기호와 매체가 사용된다는 점일 것이다. 이는 앞의 자료나 정보를 의사소통에 활용하는 것에서 한발 나아가 생각과 느낌, 경험 등을 다양한 매체로 표현하고 다양한 기호나 매체로 표현된 텍스트를 이해하고 그 의미를 구성해내는 것을 의미한다. 그런데 의사소통 역량은 그 층위가 다양할 수 있다.[7] 이 연구에서는 대인 관계 역량과 중복되지 않는 범위에서 의사소통을 다루기 위해 언어적 관점을 중심으로 한 의사소통 역량을 다루고자 한다. 의사소통의 언어적 관점에 중점을 둔다는 것은 결코 작은 내용이 아니다. 의사소통 역량에 대하여 진미석·박경현(2014: 34)에서와 같이 적극적 경청과 이해 능력, 효과적인 의

---

7 이 역량은 대부분의 핵심역량 관련 연구에서 빠뜨리지 않고 제시하고 있으나 그 층위는 조금씩 다른 점이 있다. 대학생의 핵심역량을 연구한 진미석·박경현(2014: 31-32)에서는 의사소통 역량은 연구자의 관점에 따라 인지적/행동적, 성향/상태, 언어적/대인적/관계적 관점으로 나누어 볼 수 있다고 하였다. 서영진 외(2013: 129)에서는 의사소통 능력을 '음성언어, 문자언어, 다양한 기호 등으로 생각, 의견, 느낌 등을 표현하고 이해하는 능력'으로 제시하고 있다. 이것은 철저히 언어적 관점에 따른 것으로 볼 수 있다. 서혁·오은하(2013)에서는 이를 '다중담화텍스트 기반 의사소통 역량'이라고 부르고 있는데 여기에 의사소통 역량과 대인 관계 역량을 모두 포함시킨다고 하였다. 이는 관계적 관점에서 접근한 것이다. 2015 국어과 교육과정에서 말하는 의사소통 역량도 '자아와 타인, 세계의 관계를 점검·조정하는 능력'이라는 진술이 있으므로 관계적 관점을 포함하고 있다. 다양한 소통 환경을 고려하여 의사소통 역량을 단순한 의사소통에 관련한 능력만으로 한정짓지 않고 의사소통을 통하여 관계를 점검하고 조정하는 능력으로까지 확대하려는 의도로 보인다. 다만 이렇게 의사소통 역량을 확장할 경우 다음에 제시되는 대인관계 역량과 중첩되는 부분이 있어서 혼란을 줄 수 있다는 문제점을 안고 있다.

사전달 및 발표 능력, 토론과 조정 능력 등으로 세분화시켜 제시할 수도 있다. 그러나 여기서는 여러 가지 핵심역량 중 하나로 의사소통 역량을 다루고자 하므로 복잡하게 세분화시키지는 않을 것이다. 간단하게 두 가지로 나누어 '자료나 글에 사용된 언어, 기호와 매체 등을 이해하면서 의미를 구성하는 능력과 언어, 기호와 매체 등을 활용하여 생각과 느낌, 경험을 자료나 글로 표현하는 능력'으로 보고자 한다.

넷째, 공동체·대인 관계 역량에서 매체언어 교육과의 연관성을 찾는다면 그것은 매체환경으로 인하여 소속하게 되는 공동체의 범위가 확장되고 대인 관계의 폭도 넓어지게 되었다는 점일 것이다. 즉 매체 환경으로 인하여 확장된 공동체라는 것이 전제되고 그 전제 속에서 다양성을 존중하고 상호 협력하며 관계를 맺는 것과 갈등을 조정하고 점검하는 것이 강조된다. 물론 그동안의 국어교육 학문 담론에서도 대인관계라든지, 상호 존중이나 갈등 조정 등의 내용은 지속적으로 연구되어 왔다.[8] 그러나 국어과 교육과정에서 대인관계 역량이라는 것이 전면에 등장한 것은 이번이 처음이다. 미래 사회에서는 더욱 확장된 대인관계와 공동체에서 여러 가지 능력들이 절실하게 필요해질 것이므로 매체언어 교육에서도 이들에 대하여 새롭게 관심을 가지고 연구해야 한다. 이에 관련된 연구의 범위는 넓겠으나 이 연구에서는 국어과 교육과정의 핵심역량에서 강조하고 있는 다양성

---

8 의사소통의 맥락이 중요시되면서 의사소통 참여자의 관계에 관심을 둔 연구(박영목, 2000: 206), 사회언어학적 관점에서 언어의 사회문화적 맥락과 소통의 관계에 관심을 둔 연구(김혜숙, 2009: 59-60) 등에서 대인관계에 대하여 관심을 가져왔다. 또한 생태학의 담론을 끌어와 배려와 관계성을 통한 국어수업의 평가를 논한 연구(이호형, 2013: 298-310), 생태적 관점에서 협력 학습을 통해 문법 교육을 논한 연구(고희성·김혜숙, 2013: 193-195) 등에서 존중과 협력 등이 지속적으로 연구되어 왔다.

을 존중하고 상호 협력하며 관계를 맺는 능력과 갈등을 조정하고 점검하는 능력에 초점을 맞추고자 한다. 핵심역량이 대두된 환경의 변화에 주목한다면 '확장된 대인관계와 공동체에서 다양성을 존중하고 상호 협력하며 관계를 맺는 능력과 갈등을 조정하고 점검하는 능력'으로 정리해 볼 수 있을 것이다.

다섯째, 문화 향유 역량에서 매체언어 교육과의 연관성을 찾는다면 매체 환경 속에서 만나게 되는 다양한 문화를 이해하고 그 아름다움과 가치를 내면화하여 수준 높은 문화를 향유·생산하는 능력이라고 할 수 있다. 이때에도 매체 환경 속의 문화에 대한 향유와 생산이라는 것은 배경으로 전제되고 다양한 문화를 이해하고 내면화하여 수준 높은 문화를 향유하고 생산하는 능력이 중심이 된다. 굳이 '국어로 형성·계승'된다는 것을 명시하지 않더라도 매체 환경에서 만나게 되는 다양한 문화 텍스트라는 것만으로도 충분히 그 향유의 대상을 보여줄 수 있다고 본다. '국어로 형성·계승'된다는 명제가 오히려 매체 환경에서 만나게 될 더욱 다양한 복합양식의 문화예술 작품들을 제한할 수 있기 때문이다. 또한 매체 환경에서의 문화 텍스트는 그 작품 자체로만 존재하지 않고 그 소통 현상과 함께 존재한다. 따라서 이 역량의 배경에는 매체 환경에서 만나게 되는 다양한 형태의 문화 텍스트와 그 소통 현상이 놓이게 된다.

그리고 다양한 문화를 향유한다는 것이 어떤 것인지 좀더 구체적으로 들여다 볼 필요가 있다. 서영진 외(2013: 138)에서는 문화예술 향유능력에서 중요한 부분은 '향유'라고 하면서 향유의 대상에 대하여 그것이 향유할 가치가 있는 것인지에 대해서 의사소통 능력 및 비판적·창의적 사고력 등의 역량을 기반으로 검토하는 방향으로 정리하고 있다. 향유하는 능력을 단순히 즐기는 능력으로 보지 않고 향유 대상의 가치를 판단하고 점검하는 능력으로 확장하고 있는 것이다.[9] 이러한 다양한 문화를 향유하고 나아가 이를 생산할 수 있는 능력도 제시되어야 한다. 여기서 문화의 생산은 반드시 새로운 것의 창작만을 의미하지는 않는다. 의미를 재구성하고 재창조하는 것 등 다양한 창작 행위를 포함할 수 있다. 따라서 이들을 정리하면 '매체 환경 속에서 만나게 되는 다양한 문화 텍스트와 소통 현상에 대하여 가치를 발견하여 평가하고 내면화하는 능력과 이러한 다양한 문화를 향유하고 다양한 방식으로 생산하는 능력'이 된다.

여섯째, 자기 성찰 · 계발 역량은 메타인지적으로 자신의 삶을 바라보는 능력이라는 점에서 앞의 역량들과 약간 다른 성격을 가진다. 여기에 매체언어 교육과의 연관성을 찾는다면 매체 환경에서 일어나는 여러 현상들을 통하여 삶의 가치와 의미를 끊임없이 반성하고 탐색하며 변화하는 사회에서 필요한 재능과 자질을 계발하고 관리하는 능력 정도로 살펴볼 수 있다. 매체언어 교육에서 이와 유사한 성찰적 태도의 강조는 이미 여러 연구들에서 강조되어 왔다(최현섭 외, 2007: 327; 윤여탁 외, 2008: 50). 이때 성찰은 매체 환경에서 일어나는 여러 현상들에 대하여 일어나게 된다. 이러한 현상들의 주체이자 참여자의 입장에서 자신과 자신이 만들어가는 삶의 가치와 의미를 성찰하고 탐색할 수 있어야 한다. 또한 2015 교육과정에서 새롭게 강조하고 있는 자신의 재능과 자질을 계발하는 것도 관심을 가져야 한다. 이것은 변화하는 사회라는 환경 속에서 자신에게 필요한 것을 찾고 자신의 재능을 계발하고 관리할 수 있는 능력을 의미할 것이다.

---

9 관련하여 김규훈 · 김혜숙(2013: 424)에서는 국어과 핵심역량으로서의 문화향유 능력에 대하여 "여러 문화 현상에서 다양한 삶의 모습을 보고 심미적인 정서를 함양하며 다원적 가치를 이해하며 공동체의 문화를 향유하는 데 필요한 능력"으로 규정하고 있다. 따라서 다양한 문화의 가치를 발견하는 능력, 그 가치를 평가하고 내면화하는 능력이 이 핵심역량의 내용요소로 제시될 필요가 있다.

이들을 정리해 보면 '매체 환경에서 일어나는 현상들에 대하여 주체이자 참여자로서 가치와 의미를 성찰하고 탐색하는 능력과 변화하는 사회에서 필요한 재능과 자질을 계발하고 관리하는 능력'이 된다.

지금까지 여섯 가지 핵심역량을 매체언어와 연관 지어 살펴보았다. 이들 핵심역량은 서로 층위가 다르기 때문에 애초에 나란히 놓일 수 있는 것은 아니다. 가령 자료·정보 활용 역량은 매체언어 교육의 관점에서 본다면 가장 기초적인 역량에 속한다고 할 수 있다. 그리고 의사소통 역량은 국어교육의 영역으로 본다면 언어 기능 영역에 직접적인 연관성을 가질 것이고 반면 문화 향유 역량은 문학 영역과 관련지을 수 있는 역량이다. 거기에 비판적·창의적 사고 역량은 좀더 심화된 역량으로 제시될만한 것이다. 나머지 공동체·대인 관계 역량과 자기 성찰·계발 역량은 앞서 제시된 역량들과 층위가 다른 역량들이다. 이들은 기초적인 역량부터 기능, 사고, 문화 등으로 위계성을 가지게 배열할 수도 있다. 이번 연구에서는 이러한 위계성 연구를 추후의 과제로 남기고 2015 교육과정에서 제시한 순서를 기본으로 하여 매체언어와의 융복합에 초점을 맞추고자 한다.

3. 매체언어의 융복합적 특성

매체언어는 지금까지 국어교육에서 하나의 영역이나 독립된 내용 범주가 아닌 기존의 영역들에 흡수 통합되어 제시되어 왔다. 2007 교육과정의 내용체계에서 매체는 지식의 하위 요소로 들어가 있었고 2009 교육과정의 내용체계에서는 텍스트에 포함되어 있었다. 그리고 이제 2015 교육과정의 내용체계에서는 핵심개념, 일반화된 지식, 내용요소, 기능 등에 고르게 분포되어 있다. 이는 매체언어의 필요성은 인정하지만 매체언어를 무엇으로 보아 어떤 위치에 두어야 할지에 대한 명확한 합의가 없었다는 것을 보여준다. 그러다 보니 영역별 내용에서 보이는 매체언어의 내용도 천차만별로 분포될 수밖에 없었다.[10]

서유경(2013: 85)에서는 국어교육 내에서의 매체언어교육의 존재 역사와 함께 디지털 환경이라는 사회적 변화는 여러 차원에서 매체, 언어, 문화를 융복합할 필요성을 제기하였다고 밝히면서 융복합의 범위는 매체 간의 융복합, 매체언어와 국어과 내용 영역간의 융복합, 매체와 교수학습 방법 간의 융복합으로 나누어 볼 수 있다고 하였다. 이 중에서 국어과 내용 영역간의 융복합은 국어교육의 영역별 내용에 매체언어를 융합하자는 의도로 현재 교육과정에서 사용하고 있는 융복합의 방식과 가장 유사하다. 그런데 영역별 내용의 무엇과 매체언어 교육의 무엇이 어떠한 방식으로 융복합되어 들어가야 하는지에 대해서는 명확하게 제시하지 못하고 있다. 이제는 매체언어가 영역별로 내용과 어떻게 융합되어야 하는지에 대한 방안을 마련해야 할 때이다. 이를 위해서 먼저 매체언어 교육이 내재적으로 가지고 있는 융복합적 특성이 무엇인지부터 밝혀야 한다. 그 특성에 따라 영역별 내용의 어느 지점에 매체언어가 들어가야 할지 명확해질 수 있을 것이다.

매체언어 교육이 가지는 융복합적 특성은 매체언어의 본질적 속성으로부터 기인한다. 국어교육에서 매체언어에 주목하게 된 것은

10 박인기(2016: 7)에서는 국어교육에서 다룬 융복합의 인식 흐름 중에는 국어교육이 의사소통 능력을 기르는 데 목적을 두는 교과임을 전제로 소통 매체의 질적 변화에 주목하고 그에 따른 소통 역량의 확장을 국어과 교육에서 보다 적극적으로 해야 함을 논하는 것이라고 밝히고 있다. 결국 이러한 연구의 흐름을 교육과정이 적절하게 반영하지 못하고 있음을 보여주는 것이다.

언어의 개념을 확장해야 한다는 논의에서 시작한다. 그동안의 음성언어와 문자언어만으로는 현대 사회의 다양해진 소통 방식과 언어 현상을 설명할 수도, 가르칠 수도 없기에 매체언어 교육이 등장하게 되었다. 김대희(2007: 210)에서는 미디어 교육이 현재를 살아가며 배우고 가르치는 학생과 교사들에게 국어교육의 방향을 제시해줄 수 있다고 하였고 김대행(2007: 8)에서는 언어를 보는 시각이 제대로 자리잡았다는 것으로부터 매체언어 도입의 필요성을 찾기도 하였다.[11] 이처럼 매체언어 교육은 국어교육에서 당연히 가르쳐야 할 대상인 언어의 변화에 따라 그 중요성이 강조된 것이므로 국어교육의 모든 영역에 매체언어 교육의 내용이 반영되는 것은 자연스러운 일이다. 극단적으로 말한다면 융복합의 논의조차 필요가 없을 정도로 이미 매체언어는 국어교육의 각 영역 속에 들어와 있어야 한다.

먼저 매체언어가 듣기·말하기, 읽기, 쓰기 영역에 녹아들어갈 수밖에 없는 특성은 다양화된 의사소통의 양식과 그에 따른 소통 방식의 변화에 있다. 간단히 말해서 소통 방식의 변화이지만 그 속을 들여다보면 늘어난 비대면 의사소통에 따른 평가와 판단의 중요성, 선택과 분석의 중요성 등 복잡한 요소들이 내재되어 있다. 매체언어 교육이 국어교육에 등장하게 된 배경이 기술매체의 발달에 따른 의사소통 방식의 변화 때문이므로 의사소통의 기본적인 영역인 듣기·말하기, 읽기, 쓰기 영역과의 융복합 가능성은 그 태생으로부터 출발한다고 할 수 있다.

11 그러나 아직까지 언어를 보는 이러한 관점의 변화가 확실하게 국어교육에 반영되지는 못한 듯하다. 박인기(2010: 144)에서 지나친 언어 특히 문자언어 중심주의로 인하여 국어교과의 생태환경(문화, 미디어, 테크놀로지 등)에 대한 적응과 진화에 유연하지 못하였음을 지적하고 있듯이, 국어교육은 아직까지 매체언어가 중요시되는 환경에 적응하지 못하고 있다.

매체언어 교육이 국어과 교육과정에 처음 등장할 때 주로 듣기와 말하기 영역에 많이 나타난 것은 온라인 대화를 필두로 한 음성언어적 성격을 가진 소통 방식 때문이다. 그 후로 인터넷 매체가 급속하게 발달하면서 읽기 영역과 쓰기 영역에서는 인터넷 게시판의 읽기나 쓰기 등을 반영하지 않을 수 없게 되었다. 그리고 이러한 반영은 초기에는 주로 온라인 대화, 뉴스, 인터넷 게시판이라는 구체적인 매체 양식에 초점을 맞추어 이루어졌다. 2007 교육과정에서 7학년 듣기 "(2) 광고를 보거나 듣고 설득의 전략을 파악한다."(교육인적자원부, 2007: 6), 7학년 말하기 "(3) 인터넷 게시판의 내용을 비판적으로 분석하고 인터넷 토론에 주체적으로 참여한다."(교육인적자원부, 2007: 7), 8학년 듣기 "(4) 라디오 프로그램을 듣고 진행자의 말하기 특성과 효과를 평가한다."(교육인적자원부, 2007: 7)와 같은 내용이 발견되는 것은 이 때문이다. 그런데 이와 같은 매체 양식의 속성을 따라 매체언어가 들어오는 것은 바람직한 융복합이 아니다. 소통 기술의 발달, 소통 문화의 변화 등에 따라 매체 양식은 얼마든지 달라지고 다양해질 수 있기 때문이다.

2015 교육과정에서는 중1~3학년군 듣기·말하기 "(11) 매체 자료의 효과를 판단하며 듣는다."(교육부, 2015: 41)와 읽기 "(7) 매체에 드러난 다양한 표현 방법과 의도를 평가하며 읽는다."(교육부, 2015: 44)와 같이 매체에 따른 다양한 소통 방법에 대한 교육 내용이 제시되어 있다. 그나마 초기에 나타났던 매체의 개별 양식에 주목하였던 것에 비하면 나름 진일보한 변화라고 할 수 있다. 다만 효과를 판단하거나 방법과 의도를 평가하는 등의 기능적인 측면에만 치우쳐 있는 것은 아쉬운 대목이다.[12] 가령 매체 자료의 효과를 판단할 때 어

12 사실 그동안의 매체언어 교육은 의사소통의 도구로서 그 기능적 내용에 치우쳐

떤 점이 강조되어야 하는지, 매체에 드러난 방법과 의도를 평가하는 것이 학습자의 삶의 어떤 국면에서 중요하게 작용할 것인지 등에 대해서도 좀더 명확한 인식과 내용이 제시되어야 한다.

여기에 앞서 살펴보았던 매체언어 교육의 핵심역량 중 '자료나 정보를 주체적으로 선택하여 수집, 분석, 평가하는 능력과 이를 능동적으로 활용하여 의사 결정이나 문제를 해결하는 능력'이 결합되어 제시될 필요가 있다. 매체 자료를 주체적으로 선택하여 그 효과를 판단하고 활용하는 능력이 강조되어야 한다. 또한 매체에 드러난 의도나 방법에 대한 평가가 단지 그 효과성에 대한 평가가 아니라 이를 통한 의사 결정이나 문제 해결 능력이 함께 제시되어야 한다.

여기에 그동안 많은 매체언어 교육의 연구에서 강조한 비판적 분석과 생산(정현선, 2006: 113), 매체 텍스트와 문화의 성찰(최미숙, 2007: 81), 매체를 통한 주체적 삶의 형성(김정자, 2007: 62), 매체언어의 이해와 수용을 둘러싼 사회문화적 맥락에 대한 고려(최숙기, 2010: 92) 등도 매체언어와 이들 영역이 융복합될 수밖에 없는 특성을 보여준다. 이러한 연구들은 매체언어 환경에서의 소통이 이러한 능력 혹은 내용 내용들을 필요로 하고 있음을 기반으로 하고 있기 때문이며 이러한 능력 혹은 교육 내용들은 듣기·말하기, 읽기, 쓰기 영역에서 빼놓을 수 없는 내용들이기도 하다.

있던 것이 한계였다. 이제는 인식, 문화 등의 측면에서 매체언어 교육의 내용이 들어와야 한다. 김대희(2015: 72-73)에서는 그동안의 매체언어 교육이 화법, 독서, 작문이라는 틀 안에 갇혀서 매체언어의 가치가 사장되고 있다고 하였다. 예를 들어 폭력적인 언어 사용을 순화시키는 내용이 있다면 그것이 화법의 틀에 구속되어 언어도덕적 태도 형성에만 치우쳐 정작 미디어에 대한 인식 형성이 이루어지지 못하고 있다는 것이다. 또한 김성희·김혜숙(2012: 17-18)에서는 그동안의 매체언어 교육의 아쉬운 점으로 소통의 양상에만 한정되어 있음을 지적하면서 이제는 인간의 삶, 문화에 미친 영향까지도 다루어야 한다고 주장하였다.

관련하여 교육과정을 살펴보면 이미 듣기 · 말하기, 읽기, 쓰기 영역의 교육내용들에는 비판, 주체, 성찰, 맥락 등의 내용이 이미 포함되어 있음을 알 수 있다. 예를 들어 2015 교육과정 중1～3학년군의 듣기 · 말하기 "(9) 설득 전략을 비판적으로 분석하며 듣는다."(교육부, 2015: 41)에서는 비판적 듣기를, 같은 학년군의 읽기 "(9) 자신의 읽기 과정을 점검하고 효과적으로 조정하며 읽는다."(교육부, 2015: 44)에서는 성찰적 읽기를, 고1학년의 쓰기 "(4) 쓰기 맥락을 고려하여 쓰기 과정을 점검 · 조정하며 글을 고쳐 쓴다."(교육부, 2015: 47)에서는 맥락적 쓰기를 제시하고 있다.

이는 앞서 제시한 매체언어의 핵심 역량 중 '매체 환경 속에서 다양한 상황이나 자료, 담화, 글에 대하여 주체적이고 비판적인 관점에서 해석하고 평가하는 능력과 독창적인 사고로 새로운 의미를 부여하거나 자료, 담화, 글을 만드는 능력'과 관련되는 것이다. 비판적 듣기, 성찰적 읽기, 맥락적 쓰기 등은 매체 환경 속에서 능동적이고 주체적으로 살아가기 위해 필요한 의사소통 기능의 능력들인 것이다.

한편 문법 영역은 그동안 매체언어를 반영하는 양상이 혼란스러웠던 만큼 더욱 근본적인 부분에서부터 고민해볼 필요가 있다.[13] 2015 교육과정의 「언어와 매체」의 성격에서 밝힌 바와 같이 문법교육이 학습자에게 국어 능력의 기저가 되는 지식 체계를 갖추고 차원 높은 의사소통을 할 수 있게 하기 위한 것이라면 매체언어가 가지고 있는 새로운 언어의 지식 체계와 새로운 의사소통 방식에 주목하여야 한다. 주세형(2005: 263)은 소통으로서의 언어관은 문법 교육으로

13 2007 교육과정에서는 "7학년 문법 (1) 다양한 매체에 나타난 언어 사용 방식의 차이점을 파악한다."(교육인적자원부, 2007: 10)와 같은 매체언어 교육의 내용이 문법 영역에서도 반영되어 있었으나 2009와 2015 교육과정의 문법 영역에서는 이러한 내용을 전혀 찾을 수가 없다.

하여금 '언어 자체'에 대한 지식을 제공하는 것에만 초점을 두지 않고 의사소통 행위의 주체인 발신자와 수신자가 동원하는 모든 수단에 관심을 두게끔 한다고 밝히고 있다. 또한 김은성(2010: 12-13)은 매체언어에 대한 문법교육의 유연한 확장과 심화가 필요하다며 규범적 관점, 기술적 관점, 비판적 관점에서 문법교육이 매체언어를 반영해야 한다고 밝히고 있다. 여기에는 언어규범의 파괴 현상에 대한 접근도 있고 언어의 기호적 관점으로의 접근도 있으며 언어소통의 분석적 접근도 있다. 어느 쪽이든 간에 언어의 개념 확장을 통하여 문법교육에서 매체언어 교육을 자신의 일부로 인정해야 한다는 것이다.[14] 결국 매체언어가 언어의 개념 확장을 전제로 하고 새로운 의사소통 방식에 따라 주목받게 된 것이라는 점 자체가 문법교육에 융합되어 들어갈 토대를 가지고 있는 셈이다.

가령 2015 교육과정 중 초5~6학년군의 문법 "(1) 언어는 생각을 표현하며 다른 사람과 관계를 맺는 수단임을 이해하고 국어생활을 한다."(교육부, 2015: 36)와 관련하여 교육과정의 설명에서는 지시적·정보적·친교적·정서적·명령적 기능을 중심으로 언어가 대상과 상황 맥락에 따라 다양하게 표현되어 인간관계 형성에 중요한 영향을 미친다는 점을 가르치고자 한다고 밝히고 있다(교육부, 2015: 36). 그러나 이 내용을 지시적·정보적·친교적·정서적·명령적 기능에만 국한시킨다면 다른 사람과의 관계를 맺는 수단으로서의 언어를 협소하게 볼 수밖에 없다. 이미 학습자들이 살아가는 환경은

14 제13차 한국문법교육학회의 학술대회에서 문법교육이 매체언어 환경에 대하여 의사소통 공간으로서, 지식을 생성하는 공간으로서 접근해야 한다는 주장(홍경화, 2015: 51-54), 문법교육이 매체언어 환경의 변화에 대응하여 문법 지식과 단위를 확대하고 새로운 매체언어는 변이형으로 이해해야 한다는 주장(윤구희, 2015: 124-125) 등이 나온 것도 같은 맥락이다.

수많은 대인관계를 전제로 하여 확장되고 있다. 따라서 이러한 환경의 변화에 주목한다면 앞서 매체언어 교육의 핵심 역량에서 제시한 '확장된 대인관계와 공동체에서 다양성을 존중하고 상호 협력하며 관계를 맺는 능력과 갈등을 조정하고 점검하는 능력'을 여기서 함께 다룰 수밖에 없다.

한편 문학 영역에서는 그동안 매체언어 교육의 반영이 다른 영역에 비하여 소극적으로 이루어져 온 것이 사실이다. 2007 교육과정과 2009 교육과정의 문학 영역에서는 매체언어 교육에 관련된 내용을 전혀 찾을 수가 없다. 다행히 2015 교육과정의 문학 영역에서는 중1~3학년군 문학 "(8) 재구성된 작품을 원작과 비교하고, 변화 양상을 파악하며 감상한다."(교육부, 2015: 53)가 제시되었고 이와 관련하여 국어자료의 예에서 "문학 작품을 다른 갈래나 매체로 재구성한 작품"을 제시하고 있다. 비록 하나뿐이긴 하지만 그나마 이러한 성취기준과 자료가 제시된 것은 지금까지의 교육과정에 비하여 나아진 것이라 하겠다. 그러나 문학이야말로 다양한 매체 텍스트로의 재생산, 문학의 영역 재발견 등등 다양한 요인으로 인해 매체언어와 융합해야만 하는 것이 현실인 것에 비하면 반영의 양상이 너무 빈약하다.[15] 박윤우(2008: 28)에서는 매체언어와 문학어의 접점이란 텍스트로서 매체언어와 그 양식성을 수용자가 나름대로 의미화하는 과정에서 형성되어야 한다고 하였다. 이는 텍스트가 매체언어와 문학의 융복합에서 매우 중요한 역할을 한다는 것을 말해주는 것으로 앞서 제시한 2015 교육과정의 재구성된 작품을 원작과 비교하며 감상한다는 내용에 반영되어 있다. 그러나 그것만으로는 충분하지 않다. 매체 환

15 권순긍(2015: 36-39)에서는 디지털 미디어의 상호소통 방식과 이본(異本)의 존재가 가지는 유사성, 판타지 장르와 고전소설의 환상성 등을 근거로 하여 고전문학이 디지털 미디어에서 재탄생하여 공존할 수 있음을 보여주고 있다.

경에서의 문학은 재구성된 작품에만 초점이 맞춰지는 것이 아니라 그에 따른 소통 현상과 그로부터 발생하는 문화 현상까지도 바라볼 수 있어야 한다. 김창원(2008: 74-80)은 문학능력을 바라보는 교육과정의 변화를 고찰하면서 2007 교육과정의 문학 능력에 텍스트에 관한 능력뿐 아니라 소통에 관한 능력과 문화와 맥락에 관한 능력까지 모두 포함된다고 하였다. 따라서 이미 문학교육의 내부에는 매체언어 교육을 받아들일 준비가 그 목표 차원에서부터 되어 있다고 볼 수 있다. 이에 텍스트 차원을 포함하여 문학적 소통과 문화 현상까지 포함한 매체언어 교육 내용이 문학교육에 융복합적으로 녹아들어가도록 내용을 구성해야 한다.

이러한 가능성은 2015 교육과정 고등학교 10학년의 문학 "(4) 문학의 수용과 생산 활동을 통해 다양한 사회·문화적 가치를 이해하고 평가한다."(교육부, 2015: 66)에서 엿볼 수 있다. 이와 관련하여 교육과정의 설명에서는 작가의 생각을 그대로 받아들이기보다는 자신의 가치관에 따라 작품의 주제를 해석하고 평가하면서 수용하는 점과 자신이 상상하거나 경험한 것에 사회·문화적인 가치를 부여하여 자신의 관점이 잘 드러나게 작품을 생산하는 점을 강조하고 있다. 그런데 여기에 매체언어의 핵심 역량인 '매체 환경 속에서 만나게 되는 다양한 문화 텍스트와 소통 현상에 대하여 가치를 발견하여 평가하고 내면화하는 능력과 이러한 다양한 문화를 향유하고 다양한 방식으로 생산하는 능력'이 함께 제시될 필요가 있다. 요즘 작품의 수용과 평가에는 그 작품이 놓인 매체 환경의 맥락이 많은 영향을 미치고 있으며 작품의 생산 역시 마찬가지이기 때문이다.

4. 핵심역량 중심의 융복합적 내용 구성

지금까지 국어교육의 각 영역과 관련지어 매체언어 교육이 가진 융복합적 특성을 살펴보았다. 이들은 앞서 추출한 매체언어 교육의 핵심역량 요소들이 각 영역의 어떠한 지점에 맞닿아 있는지 보여주고 영역별 내용 성취기준 중 어떤 것들과 융복합될 수 있는지 보여주고 있다. 물론 앞에 설명한 특성과 영역들이 융복합의 전부는 아니다. 영역별 내용에 다른 다양한 가능성이 열려있다. 다양한 영역별 내용 성취기준과 매체언어 교육의 핵심역량 요소를 융복합의 지점으로 끌어온다면 매체언어 교육의 융복합적 내용을 구성할 수 있을 것이다.

이에 이번 연구에서는 2015 교육과정 중1～3학년군의 영역별로 매체언어 교육의 융복합적 교육 내용을 제시하고자 한다. 앞서 몇 가지 사례를 언급하였듯이 영역별로 이미 매체언어 교육과의 연관성을 내포한 것도 있고 좀더 확장하여 살펴보아야 하는 것도 있다. 물론 모든 내용 성취기준이 매체언어와 융복합적으로 제시될 필요는 없다. 매체언어의 핵심역량이 꼭 필요한 지점에 융복합적으로 실현될 수 있다면 보다 현실적이고 바람직한 교육이 이루어질 수 있을 것이므로 이러한 관점에서 핵심역량을 중심으로 융복합적 교육 내용을 제시하고자 한다.

〈표 1〉 매체언어의 핵심역량과 관련된 내용 성취기준(교육부, 2015: 41~53)

매체언어의 핵심역량	영역별 내용 성취기준
매체 환경 속에서 다양한 상황이나 자료, 담화, 글에 대하여 주체적이고 비판적인 관점에서 해석하고 평가하는 능력과 독창적인 사고로 새로운 의미를 부여하거나 자료, 담화, 글을 만드는 능력	듣기·말하기 (9) 설득 전략을 비판적으로 분석하며 듣는다.
	읽기 (6) 동일한 화제를 다룬 여러 글을 읽으며 관점과 형식의 차이를 파악한다.

자료나 정보를 주체적으로 선택하여 수집, 분석, 평가하는 능력과 이를 능동적으로 활용하여 의사 결정이나 문제를 해결하는 능력	읽기 (1) 읽기는 글에 나타난 정보와 독자의 배경지식을 활용하여 문제를 해결하는 과정임을 이해하고 글을 읽는다.
	읽기 (8) 도서관이나 인터넷에서 관련 자료를 찾아 참고하면서 한 편의 글을 읽는다.
	쓰기 (1) 쓰기는 주제, 목적, 독자, 매체 등을 고려한 문제 해결 과정임을 이해하고 글을 쓴다.
	쓰기 (6) 다양한 자료에서 내용을 선정하여 통일성을 갖춘 글을 쓴다.
자료나 글에 사용된 언어, 기호와 매체 등을 이해하면서 의미를 구성하는 능력과 언어, 기호와 매체 등을 활용하여 생각과 느낌, 경험을 자료나 글로 표현하는 능력	쓰기 (8) 영상이나 인터넷 등의 매체 특성을 고려하여 생각이나 느낌, 경험을 표현한다.
	문법 (1) 언어의 본질에 대한 이해를 바탕으로 하여 국어생활을 한다.
확장된 대인관계와 공동체에서 다양성을 존중하고 상호 협력하며 관계를 맺는 능력과 갈등을 조정하고 점검하는 능력	듣기·말하기 (12) 언어폭력의 문제점을 인식하고 상대를 배려하며 말하는 태도를 지닌다.
	쓰기 (10) 쓰기 윤리를 지키며 글을 쓰는 태도를 지닌다.
매체 환경 속에서 만나게 되는 다양한 문화 텍스트와 소통 현상에 대하여 가치를 발견하여 평가하고 내면화하는 능력과 이러한 다양한 문화를 향유하고 다양한 방식으로 생산하는 능력	문학 (1) 문학은 심미적 체험을 바탕으로 한 다양한 소통 활동임을 알고 문학 활동을 한다.
	문학 (8) 재구성된 작품을 원작과 비교하고, 변화 양상을 파악하며 감상한다.
매체 환경에서 일어나는 현상들에 대하여 주체이자 참여자로서 가치와 의미를 성찰하고 탐색하는 능력과 변화하는 사회에서 필요한 재능과 자질을 계발하고 관리하는 능력	듣기·말하기 (1) 듣기·말하기는 의미 공유의 과정임을 이해하고 듣기·말하기 활동을 한다.
	읽기 (10) 읽기의 가치와 중요성을 깨닫고 읽기를 생활화하는 태도를 지닌다.

첫 번째 핵심역량에서는 주체적이고 비판적 관점과 독창적인 사고가 중요하다. 듣기·말하기와 읽기, 쓰기 영역에서 이와 관련된 내용 성취기준을 찾아볼 수 있다. 그런데 이들 두 성취기준은 새삼스러운 것은 아니다. 설득 전략을 비판적으로 분석하는 내용 성취기준은 이미 여러 차례 제시된 것이며 이때의 텍스트는 주로 대중 매체 속에 나타난 광고 텍스트가 제시된다. 읽기 (6)의 내용은 얼핏 보면 관련성이 없어 보이지만 동일한 화제에 대한 여러 글을 읽고 그 차이를 파악하기 위해서는 독자의 주체적이고 비판적인 해석 능력이 필요하다. 특히 신문 기사에 대하여 이러한 활동을 하는 내용이 교과서에서 제시되어 있다. 따라서 이들은 새로운 내용은 아니지만 매체

언어의 핵심역량과 관련지어 다음과 같이 내용을 구성해 볼 수 있다.

> 다양한 매체 텍스트에 나타난 설득의 전략을 비판적으로 분석하고 평가한다.
>
> 동일한 화제를 다룬 여러 글을 읽으며 관점과 형식의 차이를 주체적으로 파악하고 새로운 의미를 부여한다.

전자는 이미 매체언어의 핵심역량을 담고 있으므로 특별히 더 제시할 것은 없다. 후자에서는 여러 글의 관점의 차이를 주체적으로 파악하는 것과 나아가 이들에 대하여 새로운 의미를 부여하는 내용으로 확장하였다. 이는 쓰기 영역과 통합적으로 제시해 볼 수 있을 것이다.

두 번째 핵심역량에서는 주체적인 선택과 평가, 능동적인 활용 및 문제 해결 능력이 중요하다. 읽기 (1)과 쓰기 (1)에서는 읽기와 쓰기의 과정이 곧 문제 해결 과정임을 제시하고 있다. 읽기 (8)과 쓰기 (6)은 자료의 선택의 중요성이 강조되고 있다. 따라서 이들은 읽기와 쓰기의 영역 간 통합도 시도해 볼 수 있는 내용들이다. 이에 따라 매체언어의 핵심역량을 중심으로 하여 다음과 같은 내용으로 구성해 볼 수 있다.

> 도서관이나 인터넷 등 다양한 경로를 통하여 자료들을 찾아 필요한 자료와 글을 주체적으로 선택하여 읽고 능동적으로 내용을 선정하여 통일성을 갖춘 글을 쓴다.
>
> 주어진 문제를 해결하기 위하여, 글에 나타난 정보와 독자의 배경지식을 활용하여 글을 읽고, 주제, 목적, 독자, 매체 등을 고려하여 글을 쓴다.

전자는 기존의 내용 성취기준에 자료의 주체적 선택과 능동적 활용을 좀더 강조하였고 후자는 문제 해결의 과정임을 먼저 인식하고 이를 위하여 글을 읽고 쓰는 내용으로 구성하였다. 이때 이 두 가지 내용이 연합하여 하나의 주제 중심 수업이 이루어지도록 구성할 수 있다.[16]

세 번째 핵심역량에서는 언어, 기호와 매체 등을 이해하고 표현하는 것이 중요하다. 쓰기 (8)과 같이 매체의 특성을 이해하는 내용 성취기준이 연관성을 가진다. 이보다 좀더 확장하여 문법 (1)과 같이 바른 국어생활을 위하여 언어의 본질적 특성을 이해하는 것도 관련지어 볼 수 있다. 다만 문법 (1)은 메타적 관점에서 접근할 수 있으며 어찌 보면 모든 언어활동의 기저 지식으로 필요한 것이라고 할 수 있다. 일단 여기서는 쓰기 (8)과의 영역 간 통합을 시도해 보고자 한다. 문법이 가지는 기저 지식으로서의 역할이 매체언어 교육과 함께 어떻게 다른 영역에 융복합적으로 제시될 수 있는지 확인해 보기 위해서이다.

> 영상이나 인터넷 등의 매체 특성과 이들이 가지는 언어적 특성을 이해하고 이를 바탕으로 자신의 생각이나 느낌, 경험을 매체의 특성을 고려하여 효과적으로 표현한다.

매체의 특성과 이들에 가지는 언어적 특성을 이해하는 것은 중요

---

16 사실 매체언어와 각 영역의 융복합 논의는 기존의 영역 간 통합과 함께 맞물려 있는 지점이 많다. 읽기와 쓰기, 듣기와 말하기가 서로 동떨어져 있는 것이 아니며 매체 환경에서는 이들이 더욱 긴밀하게 관계를 맺기 때문이다. 다만 이번 연구에서는 매체언어가 각 영역에 어떻게 융복합적으로 자리해야 하는지에 대한 부분에 초점을 맞추기 위하여 영역 간 통합을 본격적으로 다루지는 않겠다.

한 기저 지식이다. 기존의 성취기준에서 매체의 특성을 고려한다고 제시되어 있는데 이때 매체의 특성만을 이해하는 것이 아니라 그들이 가지는 언어적 특성을 함께 이해하고 이들을 바탕으로 하여 자신의 생각을 표현한다면 보다 효과적인 언어생활을 할 수 있을 것이다.

네 번째 핵심역량에서는 다양성의 존중, 관계를 맺는 능력, 갈등 조정 등이 중요하다. 듣기 · 말하기 (12)는 상대를 배려한 말하기의 내용이므로 협력적 관계를 맺는 능력과 연관성을 가진다. 쓰기 (10)은 쓰기 윤리의 내용 속에 다른 사람의 글이나 자료를 올바르게 인용하는 것이 포함되어 있는데 여기에는 다른 사람에 대한 존중과 배려가 포함되므로 연관성을 가진다고 볼 수 있다. 이들은 다양해진 매체 환경에서 더욱 강조되어야 하는 내용이므로 보다 적극적으로 내용을 구성할 필요가 있다.

> 대면 대화나 비대면 대화에서 나타날 수 있는 언어폭력의 문제점을 인식하고 상대를 배려하고 존중하며 말하여 협력적 관계를 맺는 능력을 기른다.
>
> 다양한 매체 자료와 글에 관련한 쓰기 윤리를 지키고 서로 존중하고 협력하며 글을 쓰는 태도를 지닌다.

전자에서는 언어폭력의 문제가 대면 상황 외에도 일어날 수 있음을 포함하며 상대를 배려하는 것을 넘어서서 협력적인 관계를 맺는 소통을 할 수 있도록 내용을 제시하였다. 후자에서는 매체 자료와 글의 여러 상황에서 지켜야 할 쓰기 윤리를 지키는 것과 함께 다른 사람의 글을 존중하고 협력하는 태도를 제시하였다.

다섯 번째 핵심역량에서는 다양한 문화 텍스트와 소통 현상의 향유가 중요하다. 문학 (1)에서는 문학의 소통에 대한 내용이 약간이나

마 제시되어 있다. 여기에 문학 소통의 가치를 발견하고 내면화하는 능력으로까지 발전한다면 더욱 심화된 문학 교육내용이 될 수 있다. 문학 (8)에서는 최근의 다양하게 재구성된 작품을 대상으로 하고 있다. 이때 단지 감상하는 것에서 넘어서서 작품을 재구성해보는 내용으로까지 확장해 볼 수 있다.

> 문학은 심미적 체험을 바탕으로 한 다양한 소통 활동임을 알고 문학의 소통아 가지는 가치를 발견하고 이를 향유하며 내면화하는 문학 활동을 한다.
>
> 재구성된 작품을 원작과 비교하고, 변화 양상을 파악하며 감상하고 새로운 관점에서 작품을 재구성하여 이를 공유하고 소통하는 활동을 한다.

이러한 내용을 실현하기 위해서는 문학 작품이 다양한 경로로 소통되는 현장을 교실로 끌어올 수 있어야 한다. 그러나 이미 학습자들의 삶 속에서는 그러한 소통이 활발하게 이루어지고 있으므로 이는 어려운 일이 아닐 것이다.

여섯 번째 핵심역량은 국어교육에 직접적인 관련성이 없는 내용일 수도 있다. 그러나 다양한 소통 현상의 주체이자 참여자로서 자신의 언어생활을 성찰하고 점검하며 앞으로의 사회에서 필요한 언어 능력을 계발하고 관리하는 능력으로 연결 지어 볼 수 있다. 듣기 · 말하기 (1)이나 읽기 (10)은 모두 자신의 언어생활을 점검해보는 내용으로 구성되어 있다. 물론 이는 다른 영역에서도 찾아볼 수 있을 것이다.

> 듣기 · 말하기가 의미 공유의 과정임을 이해하고 자신의 듣기 · 말하

기 활동을 성찰하고 그 가치와 의미를 탐색한다.

읽기의 가치와 중요성을 깨닫고 자신의 읽기 활동을 성찰하고 자신의 미래를 개척하기 위한 읽기를 생활화하는 태도를 지닌다.

지금까지 여섯 가지 핵심역량을 중심으로 하여 각 영역의 관련된 성취기준을 찾아 이들과의 융복합적 내용을 구성해 보았다. 물론 여기에 제시된 것들 외에도 몇 가지 성취기준에서 간접적인 연관성을 찾아 더 제시될 수 있다. 직접적이거나 간접적인 연관성을 가진 성취기준이 매체언어 교육의 핵심역량과 함께 제시되기 위해서는 각각의 영역이 보다 확장된 언어 개념을 전제로 하여 폭넓은 의사소통의 방식을 가져와야 한다. 더불어 매체언어의 여섯 가지 핵심역량이 대등하게 나열되는 것이 아니라 좀더 정교하게 위계화를 갖출 필요가 있다.[17]

5. 나가며

매체언어가 국어교육의 일부로 자리매김한지 벌써 20여년이 흘렀고 이제는 그 중요성에 대해서는 확고부동한 인식을 가지고 있는 듯

17 다만 잡다한 내용의 분산보다는 꼭 필요한 핵심역량의 요소들이 위계적 질서를 가질 수 있어야 한다. 장은주 · 홍완선(2015: 22-23)에서는 매체 교육과정 구성 방안을 제시하면서 초등 1~3, 초등 4~6, 중등 1~3, 고등 1~3의 4주기별로 각각 목표를 제시하고 있다. 매체와 친해지기와 매체를 알기 정도의 낮은 수준부터 매체를 활용한 문제해결, 매체를 통한 소통 참여 정도의 높은 수준까지 위계성을 갖춘 내용이 제시되어 있다. 이를 참고한다면 핵심역량을 중심으로 하여 내용상의 위계성을 확보하는 방안도 검토해볼 필요가 있을 것이다. 핵심역량의 요소들이 가지는 위계화 혹은 매체언어 교육의 위계화는 별도의 연구로 이루어질 필요가 있다.

하다. 그러나 매체언어의 위치는 교육과정이 개정될 때마다 바뀌고 있는 것이 현실이다. 매체는 언어생활은 물론 지식의 습득, 사고의 과정 등 삶의 전반에 걸쳐 있으며 국어과 내의 모든 영역에 관련되어 있다. 따라서 매체언어는 국어과의 영역이 어떻게 설정되든 간에 고르게 분포되어 있어야 한다. 그리고 기왕이면 미래 사회를 대비한 핵심역량에서 매체언어에 관련된 핵심요소들을 추출할 수 있다면 이들이 여러 영역들의 내용 성취기준 속에서 융복합적으로 제시되는 것이 바람직할 것이다.

이번 연구에서는 핵심역량이 대두된 배경을 살펴보고 2015 국어과의 핵심역량을 매체언어 중심으로 하여 정리해 보았다. 핵심역량에 관심을 갖게 된 배경은 다양한 과학기술의 변화와 그에 따른 소통 방식의 변화 때문이다. 이러한 변화는 매체언어 교육과 직접적인 연관성을 가진다. 이에 따라 국어과 교육과정에서 제시한 핵심역량을 매체언어 교육의 핵심역량으로 추출해 보았다. 비판적 · 창의적 사고 역량, 자료 · 정보 활용 역량, 의사소통 역량, 공동체 · 대인 관계 역량, 문화 향유 역량, 자기 성찰 · 계발 역량의 6가지 핵심역량은 각각 매체언어와 깊은 연관성을 가진다. 그러나 아직까지 매체언어 교육이 국어교육의 각 영역에 어떤 방식으로 융복합되어 들어가야 하는지 방안이 마련되지 않아 현재의 국어교육에는 매체언어 교육 내용이 제대로 제시되지 못하고 있다. 이에 매체언어가 각 영역과 융복합적으로 만날 수 있는 지점들을 확인하고 이를 토대로 하여 융복합적인 내용을 구성할 수 있는 방안을 마련해 보았다. 언어 기능 영역뿐 아니라 문법과 문학에서도 각각 매체언어가 강조되어야 하는 지점이 있으며 특히 이들은 핵심역량과도 밀접한 관련성을 가진다. 기존의 영역별 성취기준이 매체언어 교육의 핵심역량 세부 요소들과 적절한 지점에서 만나 하나의 융복합적 내용을 만들어 낼 수 있음을 확인하였다.

물론 이번 연구에서 보여준 내용만으로는 부족함이 있다. 후속 연구로 핵심역량을 중심으로 한 위계성을 확보하기 위한 노력과 다양한 영역과의 결합을 통해 보다 언어생활의 실제에 가까운 내용을 마련하기 위한 노력도 함께 병행되어야 할 것이다.

참고문헌

교육부(2015), 국어과 교육과정

교육인적자원부(2007), 중학교 교육과정

고희성・김혜숙(2013), 생태학적 관점의 통합 문법교육을 위한 교수-학습 방법 연구 -“협력학습”을 중심으로, 국어교육학연구 47, 국어교육학회.

김규훈(2014), 문이과 통합형 국어과 교육과정 개발에 관한 일고찰 - 국어과 과목 설정 문제를 중심으로-, 새국어교육 101, 한국국어교육학회.

김규훈・김혜숙(2013), 국어과 창의, 인성 교육의 실행 원리 탐색 - 국어과 핵심역량의 개념화를 바탕으로-, 국어교육 140, 한국어교육학회.

김대행(2007), 매체 환경의 변화와 국어교육의 방향, 국어교육학연구 28, 국어교육학회.

김대희(2007), 국어과 교육과정에서의 미디어 교육 수용 양상에 관한 연구 - 제7차 국어과 교육과정 개정안을 중심으로-, 국어교육학연구 28, 국어교육학회.

김대희(2015), 매체 언어 교육의 한계와 변화 방향성, 독서연구 37, 한국독서학회.

김성희(2013), 국어교육의 내일을 여는 인터넷 매체언어 교육, 동국대학교출판부.

김성희・김혜숙(2012), 매체 생태학의 관점을 반영한 인터넷 매체언어의 교육내용 연구, 새국어교육 92, 한국국어교육학회.

김은성(2004), 국어과 창의성의 기본 개념, 국어교육 113, 한국어교육학회.

김은성(2010), 문법교육과 매체 언어 문화, 국어교육학연구 37, 국어교육학회.

김정자 외(2006), 인터넷 환경의 언어 문화 교육 내용 개발 연구, 한국교원대학교 부설 교과교육공동연구소.

김정자(2007), ‘국어’ 교육과정의 매체언어 교육 내용, 국어교육학연구 28, 국어교육학회.

김창원(2008), 문학 능력과 교육과정, 그리고 매체 - 교육과정 목표를 통해 본 문학 능력관과 매체의 수용, 문학교육학 26, 한국문학교육학회.

김혜숙(2009), 사회 방언과 국어교육, 국어교육학연구 35, 국어교육학회.
박영목(2000), 의사소통의 맥락과 전략, 교육연구논집, 홍익대부설교육연구소.
박윤우(2008), 기호/ 소통/ 문화로 본 매체언어와 문학어, 문학 능력, 문학교육학 26, 한국문학교육학회.
박인기(2010), 국어교육과 매체언어문화, 국어교육학연구 37, 국어교육학회.
박인기(2016), 국어교육의 융·복합교육 기능과 작용, 국어교육 152, 한국어교육학회.
서영진 외 10인(2013), 미래 사회 대비 국가 수준 교육과정 방향 탐색 - 국어, 연구보고 CRC 2013-19, 한국교육과정평가원.
서유경(2013), 융복합 시대의 매체언어 교육 방향 탐색, 새국어교육 95, 한국국어교육학회.
서혁·오은하(2013), 스마트 교육 환경에서의 핵심역량 기반 국어과 교육과정의 재구성 방향, 청람어문교육 48, 청람어문교육학회.
성열관(2013), 핵심역량 교육과정의 글로벌 규범과 로컬의 전유, 교육과정연구 32, 한국교육과정학회.
윤구희(2015), 매체 변화에 따른 문법 교육의 방향 연구, 한국문법교육학회 학술발표논문집, 한국문법교육학회.
윤여탁 외(2008), 매체언어와 국어교육, 서울대학교출판부.
이근호 외 3인(2012), 미래 사회 대비 핵심역량 함양을 위한 국가 교육과정 구상, KICE 연구 리포트 2012, 한국교육과정평가원.
이인제(2009), 국어 교육 정책의 지향과 과제, 우리말교육현장연구 3(1), 우리말교육현장학회.
이호형(2013), 국어 수업의 교사 자기 평가 원리 탐색- 생태학적 관점을 중심으로-, 새국어교육 94, 한국국어교육학회.
장은주·홍완선(2015), 국어교사의 인식과 요구에 따른 매체 교육과정 구성 방안, 우리말교육현장연구 9, 우리말교육현장학회.
정현선(2006), 기호와 소통으로서의 언어관에 따른 매체언어교육의 목표에 대한 고찰, 국어교육연구 19, 서울대학교 국어교육연구소.
주세형(2005), '내용'과 '방법'으로서 국어지식 영역의 역할, 한국초등국어교육 27, 한국초등국어교육학회.

진미석 · 박경현(2014), 대학생 핵심역량으로서의 의사소통역량의 진단과 특성, 국어교육 146, 한국어교육학회.

최미숙(2007), 매체언어 교육을 위한 교육과정 개발 방향 - 선택 과목을 중심으로-, 국어교육학연구 28, 국어교육학회.

최숙기(2010), 국어교육과 매체언어 이해 교육, 청람어문교육 42, 청람어문교육학회.

최숙기(2014), 2015 문 · 이과 통합형 고등학교 국어과 교육과정의 구성 방안 탐색 - 미국 CCSS와 연계한 뉴욕 주 고등학교 자국어 교육과정 운영 사례를 중심으로-, 청람어문교육 51, 청람어문교육학회.

최현섭 외(2007), 상생화용, 새로운 의사소통 탐구, 커뮤니케이션북스.

홍경화(2015), 매체 언어 환경과 문법교육의 관계 설정, 한국문법교육학회 학술발표논문집, 한국문법교육학회.

DeSeCo(2001), The Definition and Selection of Key Competences(Executive Summary, Unpublishedpaper), OECD.

생태언어학 관점의 국어사 교육 방향 모색*

- 융복합 교육을 지향하며

이 연구는 국어사 교육을 중심으로 융복합 교육을 논의하고, 국어사 교육의 본연적 성격을 되살려 국어와 삶의 생태를 총체적으로 교수-학습하는 국어사 교육의 내용을 고민하는 작업이다.

국어사 교육, 국어의 생활문화, 생태언어학, 언어 변이의 생태, 한글 창제, 국어의 변천, 국어 수난과 발전

이 연구가 출발점이 되어 학습자가 우리말의 역사에 대한 폭넓은 관점을 바탕으로 주변과 소통하며 우리말과 그 생활사를 풍부하게 탐구할 수 있는 방안이 열리길 기대한다.

* 이 논의는 "김효연 · 김규훈(2016), 「생태언어학 관점의 국어사 교육 방향 모색」, 『우리말글』 68, 우리말글학회."를 수정 및 보완한 것이다.

1. 들어가며

이 연구는 융복합적 국어교육을 위하여 생태언어학 관점의 국어사 교육 방향을 모색하는 것이 그 목적이다. 이는 국어사 교육을 중심으로 융복합 교육을 논의하고, 국어사 교육의 본연적 성격을 되살려 국어와 삶의 생태를 총체적으로 교수-학습하는 국어사 교육의 내용을 고민해 본다는 점에서 의의가 있다.

국어사란 아득한 옛날부터 지금까지 국어가 겪어온 변화를 말한다(이도영, 1999: 304). 이렇게 본다면 국어사 교육이란 국어의 역사, 즉 국어가 어떤 과정을 거쳐 현재에 이르렀는지 그 변천사를 살피는 일에 대한 교육이다. 이는 곧 국어사 교육의 목표가 우리말과 글의 과거를 알고, 현재를 이해하며, 이를 바탕으로 국어의 미래에 대한 발전적인 방향을 모색할 수 있게 하는 데 있음을 뜻한다.

국어사 교육의 필요성은 대부분 인정하지만, 일각에서는 국어사 교육 내용은 교수학습이 어렵고, 학습 부담이 너무 크며, 학습자 삶과의 관련성을 찾기 어렵다는 등의 이유로 제도 교육에서 국어사 관련 지식과 중세 문법을 다루면 안 된다는 견해까지 등장하기도 하였다(이춘근, 2002: 177, 주세형, 2005: 325 재인용). 그러나 국어교육의 내용으로 기능 요소뿐만 아니라 문화 요소를 함께 고려하면서부터 국어사 교육의 필요성은 오히려 재조명 받고 있다. 국어사 교육은 범박하게 이야기하면 우리나라 언어가 어떻게 변해 왔는가를 기본적인 교육 내용으로 삼는 것이고, 이때 '언어'라는 것은 문화와 분리해서는 생각할 수 없는 것이기 때문이다. 결국 우리의 언어가 어떻게 변해 왔는가를 살피는 일은 우리 문화의 흐름을 읽어낼 수 있는 일이 될 수 있고, 이는 선인들의 사고를 이해하는 일과도 다르지 않다.

현행 사회과 교육과정(교육과학기술부 고시 2012-14호)에 따르면

'한국사'는 우리 역사가 형성 · 발전되어 현재에 이르기까지의 전 과정을 다루는 과목으로, 한국사가 세계사의 발전 과정 속에서 형성된 역사의 산물임을 파악하고 현재 한국인의 삶을 심층적으로 이해하게 하는 데 중점을 둔다고 하였다. 즉 어떤 것의 역사란 독자적으로 형성되는 것이 아니라 주변의 것과 끊임없이 소통하며 만들어지는 것이며, 과거를 안다는 것은 현재에 대한 깊이 있는 이해를 가능하게 한다는 것이다. 국어교육의 문학 영역에서도 같은 맥락으로 파악되는 문학의 역사에 관한 교육 내용을 찾아 볼 수 있다.[1] 교육과정만을 본다면 '국어사 교육'의 취지도 '한국사'의 그것과 크게 다르지 않다. 국어사 교육 내용은 개인, 지역, 민족(한민족), 국가(대한민국), 세계 속에서 국어가 변천해 온 역사적 과정을 이해하고 다가올 미래의 언어생활을 발전적, 창조적으로 조망하여 적극적으로 국어의 미래를 개척할 수 있는 능력을 길러 주기 위해 설정하였기 때문이다.

하지만 국어사 교육 내용은 국어에 대한 구조적 지식의 측면이 강하고, 학습자 스스로 무엇인가를 탐구하거나 실제에 적용해 보게 하는 성격은 거의 갖지 못하고 있다. 더욱이 국어사 교육을 통해 바람직한 국어 의식의 함양을 추구함에도 지식의 내용이 태도로 전환되는 작업은 어려운 실정이다. 역사적인 국어가 그저 외워야 할 하나의 지식 조각이 아니라, 당대 언중의 삶과 환경에 긴밀한 관련을 맺고 있었던 유기체적(organic) 실체라고 볼 때, 국어사 교육에 새로운 방향성을 제시하는 작업은 고민할 여지가 충분하다.

---

1 국어과 교육과정(교육과학기술부 고시 2012-14호)에 따르면 한국문학의 전통을 이해하는 일은 오늘날 한국 문학을 생산하고 수용하여 내일의 한국 문학을 창의적으로 발전시키는 데 밑거름이 되는 것이다. 또한 한국 문학은 한국의 역사적 발전에 따라 한국 문학만의 고유성이 형성된다고도 설명하고 있다. 이는 한국 문학의 역사를 아는 것이 현재를 이해하고 미래를 향해 나아가는 바탕이 된다는 인식을 전제하는 것이다.

따라서 이 연구는 국어사 교육에서의 '국어사'가 과거를 이해하기 위한 과거가 아닌 현재를 보기 위한 과거여야 한다는 점을 인식의 바탕으로 하여, 국어사 교육이 우리말의 역사에 대한 온전한 생태를 품은 교육으로 거듭나야 함을 강조한다. 이에 이 연구는 지식적인 측면을 강조하고 있는 현재의 국어사 교육을 생활과 문화의 내용을 강조한 국어사 교육으로 전환할 수 있는 방향을 탐색하는 작업이다. 이를 위해서 국어사 교육 담론에서는 다소 낯설지만 충분한 전이의 광맥을 내포한 생태언어학(ecolinguistics)을 도입해 보고자 한다.[2] 특히 생태언어학의 하위 내용으로서 '언어 변이의 생태'(Fill, 1993, 박육현 역, 1999: 18)에 주목한다. 이를 바탕으로 국어사 교육의 내용을 생태언어학적으로 전환할 수 있는 가능성을 가늠해 보고자 한다. 국어사 교육에서 생활과 문화의 내용을 강조하는 것 자체가 궁극적으로는 융복합 교육을 지향하는 일이며, 생태언어학을 통해 국어사 교육 내용이 마련될 때 국어사 교육에서의 융복합이 달성될 수 있을 것이다.

---

2 참고로 이른바 '생태학적 국어교육'의 담론은 2003년부터 논의되어 오고 있다. 박인기(2003: 3)에서는 생태학의 '총체적 인식론'이나 '관계적 세계관'의 관점을 국어교육에 유추하고 대입하여 국어교육의 현상과 발전상을 가늠하고 있다. 이성영(2003)에서는 '다양성과 평등성', '관계성과 전체성', '순환성과 진화성'의 개념을 수립하였다. 염은열(2003)은 국어교육의 생태 논의는 '실천 지향적 생태시학의 입장'과 '생태학적 발상이나 생태학적 상상력을 표제로 한 연구'로 대별될 수 있다고 하였다. 신헌재 외(2003: 21-38)에서는 국어교육의 평가 방법을 생태학적 관점에서 구안하였다. 김윤옥(2005: 45-47)은 생태학적 듣기·말하기를 언급하면서 학습자의 실제 환경이 중요함을 강조하였다. 최근에는 김혜숙 외(2014)에서 기존의 생태학적 연구 성과를 수렴하면서 교육과정, 수업, 평가를 비롯하여 국어과 하위 영역별로 생태학 담론을 통한 국어교육의 설계 방안을 모색하였다.

2. 국어사 교육에 관한 논의의 현황

국어사 교육에 대한 논의는 시작점을 찾아 되짚어 가다 보면 국어사 교육의 필요성을 점검하는 논의에 도착하게 된다. 국어사 교육의 필요성과 중요성에 대한 논의는 1990년대 중후반에 주로 이루어졌는데, 이때 국어사 교육이 어떤 점에서 필요하고 중요한지, 필요성과 중요성을 만족시킬 수 있는 교육 내용 선정 방법과 교수학습 방안에는 어떠한 것들이 있는지 등이 주된 논의거리로 등장하였다. 대표적으로 김영욱(1998), 이도영(1999), 김광해(1996) 등을 꼽을 수 있다.

김영욱(1998)은 국어사가 민족 언어의 역사라면 '국어사 교육'은 그것 중에서 가치가 있는 것들을 가르치는 교육 활동과 교육 내용을 말한다고 하였으며, 우리가 '언어능력'이라고 했을 때에 그것의 사용에 따른 현실적인 언어란 결코 시간적으로 동질적이지 않고, 현재 사용하는 언어도 과거에서부터 축적된 것임을 강조하여 국어사 교육의 필요성을 주장하였다. 이도영(1999)에서는 국어사 관련 내용이 고등학교에 국한하여 제시되고 있음을 지적하면서, 이는 국어사 관련 지식이 초등학교와 중학교에서는 배우고 가르치기가 어렵다는 점이 배후에 깔려 있는 것이라고 하였다. 그리고 이것은 기존의 국어사 교육이 국어사와 관련된 국어학의 연구 성과를 무비판적으로 수용했기 때문이기도 하며, 국어사 지식이 국어 사용과는 무관하다는 인식이 작용했기 때문이라고 꼬집음으로써 국어사 교육은 그 내용을 국어교육에서 새롭게 고민해야 한다는 점과 국어사 지식은 국어 사용과 매우 밀접한 관련이 있음을 역설하였다. 김광해(1996)에서는 국어교육을 굴러가게 하는 두 바퀴 수레로서 기능요소와 문화요소의 존재를 인정한다면, 국어 지식 영역의 교육에서는 '국어와 우리 문화, 국어와 세계의 문화, 국어의 역사, 한글의 문화사적 가치, 우리말 가

꾸기, 국어의 현재와 미래' 등 국어를 통한 문화적 자긍심을 고양하기 위한 내용들을 국어과목의 학습 내용으로 대단히 비중 있게 다루어야 할 것이라고 하였다. 또한 문학 영역이 국어를 예술적으로 사용하여 펼쳐낸 문화 현상을 다루는 것이라면 언어 지식(국어지식)에서 다루는 대상 '국어'는 그 자체가 역사적으로 이루어져 온 국어활동을 바탕으로 형성된 문화 유산이므로 '문학'과 '언어'는 함께 국어문화라는 틀 속에 들어갈 수 있는 것이라고도 하여 문화교육적 측면에서 국어사 교육의 가치를 조명하였다.

김광해(1996)과 관련하여 박형우(2004)와 김경훤(2005) 등에서도 국어사 교육이 문화교육으로서의 국어교육에서 의미 있는 역할을 담당할 수 있음을 주장하였다. 박형우(2004)는 7차 국어과 교육과정의 특징적인 내용으로 '국어문화의 언급'을 꼽으면서, 국어문화와 관련된 중요한 교육 내용 중의 하나로 '국어사'를 생각해 볼 수 있다고 하였다. 그는 국어사란 우리말의 변천사라고 할 수 있는 것으로 우리말의 역사이며, 그 언어를 사용하는 우리 민족의 정체성 확립과도 깊이 관련된 내용이라고 하였다. 김경훤(2005)에서는 국어사 교육이 단순히 국어교육 내용 중에서 국어학적 지식만을 배우고 암기하는 성격의 것이 아니라고 하면서, 자국의 역사를 안다는 것, 더불어 국어와 함께 한 민족의 역사와 정신을 안다는 것, 그래서 민족의식 고양에 큰 역할을 한다는 것 등이 따라 붙는 것이라고 하였다. 국어사 교육은 실용적 가치 외에 역사·문화적 의미까지 내포한다는 것이다.

이상의 선행 연구들에서 보듯이 국어사 교육에 대한 논의는 그것의 필요성과 중요성에 대한 것에서 차츰 국어문화교육과의 관련성을 가진 방향으로 변화·확대되어 왔다. 최근에는 국어사 교육의 내용과 방법에 대한 논의가 활발히 진행[3]되는 가운데 국어 생활문화의 측면에 집중하여 국어생활사 교육에 관한 논의도 많이 이루어지고 있다. 이들 논의는 그 방향이 다 조금씩은 다르지만 공통적으로 국어사 교육이 국어교육에서 반드시 이루어져야 한다는 데에는 모두 동의하고 있다. 하지만 논의의 방향이 다양해져 가는 가운데 국어사 교육에 대한 명확한 정의는 오히려 공유되지 못하고 있는 듯하다. 이는 국어사 교육 내용에 대한 기존의 논의만 보아도 알 수 있다.

박형우(2004), 고춘화(2011) 등에서도 살핀 바와 같이, 권재일(1995)에서는 '국어의 역사, 문자에 대한 이해' 정도를 국어사 교육 내용으로 논의하고 있는 것과 달리 김광해(1997)에서는 '우리말의 역사, 한글의 역사 및 가치'에 '우리말을 빛낸 인물'을 더하고 있다. 그리고 김영욱(1998)은 '국어의 계통, 훈민정음 이전의 문자, 훈민정음, 중세국어 문법, 근대국어 자료, 맞춤의 형성 과정' 등으로 그 내용을 세분화하고 있다. 이도영(1999)에서는 문화와 생활적인 부분을 강조하여 '국어 문화 영역, 정확하고 효과적인 국어 생활과 관련된 내용, 국어의 발전과 국어 문화의 이해와 창조와 관련된 내용' 등을 제시하고

---

3 국어생활사 교육이 아니라 '국어사 교육'을 키워드로 하는 논의는 크게 교육 내용 선정에 관한 논의와 교과서 구성 등 교과서 개발 방향에 관한 논의로 나누어 볼 수 있다. 국어사 교육 내용 선정에 관한 논의로, 먼저 주세형(2005)은 학습자에게 의미 있는 언어적 경험이 될 수 있도록 국어사 교육 내용의 설계 기준과 방향을 설정하였고, 박형우(2013)는 교육과정을 중심으로 국어사 교육의 목표와 내용을 살펴 국어사 교육 내용의 선정 기준을 마련하였다. 김유범(2013)과 석주연(2015)은 각각 중세국어와 근대국어로 논의의 범위를 한정하여 교육 내용 선정의 유의점을 제시하였다. 교과서 구성 등 교과서 개발 방향에 관한 논의로는 박형우(2006), 이승희(2012), 양정호(2012), 양영희(2013) 등을 들 수 있다. 박형우(2006)는 중세국어 문법과 국어사 내용에 대한 교과서 단원 구성 문제에 대해 논의하였고, 이승희(2012)는 국어사 단원의 구성과 내용, 자료, 학습 활동 등을 분석하여 문제점을 정리하였다. 양정호(2012)는 교과서 내에서 국어사 지식 교육이 구현된 양상을 검토하여 더 나은 교과서 개발을 위한 방향을 모색하였고, 양영희(2013)는 국어사 단원 구성의 근거를 설정하여 국어사 단원 구성의 방법을 제시하였다.

있다. 또 민현식(2002)은 '국어와 문화 영역, 문법과 규범 영역'으로 나누어 접근할 것을 논의했고, 이관규(2004)는 '국어가 걸어온 길, 시기별 국어 특징, 훈민정음 및 그 우수성, 옛말과 현대 말을 관련시킬 수 있는 표현들, 고전 문학 작품' 등으로 교육 내용을 제시하였다.

어떤 논의에서는 국어사 교육 내용으로 국어가 고대-중세-근대로 이어지는 시간 속에서 어떻게 변화해 왔는가를 다루는 것처럼 보이고, 또 어떤 논의에서는 과거의 국어와 현대의 국어가 어떤 관련성을 보이는가까지 중요하게 다루는 것처럼 보이기도 하며, 또 다른 논의에서는 여기에 문화적인 요소를 반드시 포함해야만 하는 것으로 보이기도 한다. 이런 혼란은 국어생활사 교육에 대한 논의를 보면 더욱 가중된다. 국어생활사 교육과 국어사 교육을 별개로 봐야 한다고 주장하는 장윤희(2009)는 "국어사가 국어 자체의 역사라는 점을 고려할 때 국어사 교육의 목표는 '국어' 그 자체의 특성에 대한 이해가 되는 편이 자연스럽다."(장윤희, 2009: 300)라고 하고 있다. 이 논의에서 국어생활사를 국어 문화와 연관시키고 있는 것을 함께 고려한다면, 이와 같은 주장은 이 논의가 언어를 생활(삶)이나 문화와는 별개로 다루어질 수 있는 대상으로 여긴다고 이해될 수도 있다. 그러나 주지하다시피 언어는 그것을 사용하는 사람들의 삶과 사고, 문화 따위와 분리할 수 없는 대상이다. 언어는 해당 언어 사용자의 사고와 그들의 역사와 문화를 보여주는 거울이다. 이와 같은 인식을 바탕에 두고 보았을 때 국어사와 국어생활사가 별개의 학문이라고 할 수 있는지는 다소 의문스럽다.

국어생활사 또는 국어문화사를 키워드로 하여 현행 국어사 교육의 내용을 보완하거나 대체할 수 있는 방법에 대한 연구는 먼저 이도영(1999)에서 그 구체적인 면을 확인할 수 있다. 이도영(1999)에서는 국어사는 먼 옛날부터 오늘날까지의 우리 민족의 정신적 물질적

생활을 반영하는 것이라고 할 수 있다는 이기문(1972: 2)의 견해를 인용하여, 그렇기 때문에 우리가 사용하고 있는 국어에도 우리 선조들의 삶이 반영되어 있는 말이 많이 남아 있는 것이고, 이러한 것들을 국어사를 통해 확인하는 것은 그 자체로 가치 있는 일일 것이며, 우리의 언어 사용에도 도움이 될 것이라고 확신하고 있다. 그리고 그는 이것이 어찌 보면 국어를 사용하는 사람에게는 의무라 할 수 있다며 국어사 교육의 필요성을 강조하였다. 특히 정확하고 효과적인 국어 생활과 관련된 내용을 선정하려면 언어학적 단위에 따른 국어사적 지식 외에도 텍스트, 담화, 화용론적 차원의 국어사적 지식이 필요하며, 우리 조상들이 어떤 언어관을 갖고 있었는지, 우리 조상들의 발상 및 표현 방식은 어떠했는지에 대해서도 알 필요가 있다고 주장하였다. 이 논의는 국어사 교육의 내용을 국어 생활과의 관련성에 주목하여 구체화했다는 점, 교육 내용을 담화와 텍스트 차원까지 확장시켜 제시했다는 점에서 그 의의를 찾을 수 있다.

십 년의 시간이 흐른 뒤의 논의인 장윤희(2009), 구본관(2009), 김유범(2009) 등은 국어생활사 교육에 대한 연구 방향을 총체적으로 읽어낼 수 있는 논의들이라 할 수 있다.

장윤희(2009)는 국어생활사가 국어사와는 구별되는 독자적인 학문임을 강조하면서, 국어생활사의 국어교육적 의의는 어떠한 것인지, 국어생활사 교육이 이루어진다면 그 목표가 어떠해야 하는지 등을 살펴보고 있는 것이다. 이 논의에서는 국어생활사를 국어 사용 생활사와 국어 대상 생활사로 나누어 볼 수 있다고 하는데, 전자에는 국어 화법사, 국어 독서사, 국어 작문사, 국어 문학 생활사, 국어 문체사, 국어 자료사를, 후자에는 국어 교육사, 국어 정책사, 국어 사상사, 국어 운동사가 포함된다고 말한다.

구본관(2009)은 국어교육에서의 국어생활사의 위상을 검토하고,

자료 중심성, 실제성의 원리, 통합성의 원리 등을 국어생활사 교육 내용 선정의 원리로 제시하면서 국어생활사 교육 내용 구성의 실제를 보이고 있다. 한편 이 논의에서는 국어사와 국어생활사 교육을 절충하는 두 가지 방안을 제시하고 있다. 그 방안 중 하나는 국어사를 중점적으로 교육하되 국어생활사적인 관점을 보충하는 방식이고, 다른 하나는 국어생활사를 중심에 두고 국어사적인 사실을 보조적인 지식으로 가르치는 방식이다. 이 논의에서도 지적했듯 현행 국어 교과서에서는 전자 방식의 절충적인 관점을 취하는 것이 일반적이다.

김유범(2009)은 국어생활사를 국어사, 문자사, 국어학사, 국어사상사, 국어교육사, 국어정책사와의 상호 비교를 통해 그 특성을 파악하려 하고 있으며, 이를 바탕으로 국어생활사 교육의 방법과 교재에 대해 논의하고 있다. 국어생활사 교육의 방법으로는 언어 요소를 활용하는 방법, 국어를 지키고 사랑한 인물들의 이야기를 통해 국어 화자들의 생활문화적 특성을 학습하는 방법 등을 제시하고 있고, 교재 구성과 관련해서는 국어사와의 조화 문제, 자료의 선정 문제, 선정된 자료의 제시 방법 및 학습 활동 구성 문제가 고려되어야 한다는 점을 언급하고 있다.

요컨대 국어사 교육에 대한 기존의 논의는 국어사 교육의 필요성과 중요성을 점검하고 논증하는 논의에서 출발하여, 현행 국어사 교육의 문제점을 인식하고 그를 극복하려는 노력의 과정에서 국어생활사 교육에 대한 논의로 차츰 옮아가는 흐름을 보이고 있다. 하지만 여전히 국어사 교육의 범위나 국어사 교육과 국어생활사 교육의 관계 등이 확고히 정립되지 못하였다. 국어사 교육을 단순히 국어의 문법적 변천이라는 협의의 개념으로 이해하는 경우 국어생활사 교육을 국어사 교육과 별개의 것으로 보거나, 국어생활사 교육이 국어사 교육을 대체할 수 있다고 주장해 버리기도 한다. 그러나 국어사는 말 그대로 우리말의 역사를 가리키는 것으로 음운, 어휘, 문장 단위의 문법적 지식과의 관련성만을 찾을 수 있는 것은 아니며, 국어사란 우리 언어의 역사라는 광의의 개념으로 접근할 필요가 있다.

3. 생태언어학 관점의 도입: 언어 변이의 생태

국어사 교육은 국어의 역사임에도 정작 '역사'에 주목하여 그 변화의 맥락을 탐구하는 데 소홀해 왔다. 당연히 국어의 형태적 · 기능적 변화 그 자체를 탐구하는 작업은 매우 중요하다. 그런데 이 변화의 탐구를 그저 국어의 통시적 '지식'으로 바라볼 경우, 그 지식은 자칫 학습자로 하여금 외워야 하는 대상으로 변모하게 될지도 모른다. 모든 변화가 그 변화를 둘러싼 내 · 외적 맥락의 영향을 받듯이, 국어의 변화 역시 그 현상 자체만큼이나 이면의 이유에 관한 맥락적 분석이 수반되어야 한다. 여기에서의 '맥락'은 국어라는 언어를 둘러싼 소통의 상황이나 그 저변의 사회문화뿐만 아니라 언어가 접촉하고 있는 특정한 환경을 두루 포괄하는 개념으로 바라볼 수 있다. 이렇게 바라보는 응용 언어학의 한 분야가 바로 생태언어학(ecolinguistics)이다. 생태언어학은 언어가 사용자인 인간, 그리고 소통되는 환경과 어떠한 상관관계에 놓여 있는지를 분석하고 진정한 언어의 생태는 무엇인지를 탐구하는 데 목적을 둔다. 이때 생태언어학적 관점이 언어와 그것을 둘러싼 모든 것들의 관계성에 주목하는 것이라는 점에서, 융복합 교육의 지향이 생태언어학적 관점으로 국어사 교육의 방향을 모색하는 작업과 동궤를 형성함을 알 수 있다.

융복합(convergence)이란 융합(fusion)과 복합(complex)이 합성된 말로,[4] 융복합 교육은 기존의 분과중심적인 학교교육체제로는 지식

정보사회에서 미래의 변화를 주도할 수 있는 창의적인 인재를 양성하기 어렵다는 지적에 대한 해결 방안들 중 하나이다(박영석, 2012: 78). 융복합 교육은 우리 교육 현실의 지나친 교과 분과주의를 극복하고 학습자 삶의 맥락 속에서 국어교육과 다른 교과 및 비교과 영역 사이의 넘나듦을 가능하게 하는 것이다(김규훈, 2015a: 87-90). 따라서 융복합 교육이 추구하는 인재란 전문분야에 대한 충분한 소양을 갖추고 다른 분야의 학문과도 소통할 수 있는 사람이며, 이러한 인재는 지속가능한 공동체의 건강한 삶을 영위할 수 있는 사람이다(노상우 · 안동순, 2012: 70-78). 즉 국어사 교육이 학습자로 하여금 언어의 변화 그 자체에만 주목하여 그것을 지식으로만 바라보게 하는 것이 아니라, 언어와 인간, 언어가 소통되는 환경을 넘나들어 주변과 끊임없이 소통하며 생동하는 언어를 학습할 수 있게 하는 것이 궁극적으로는 융복합 국어교육을 지향하는 일이라는 것이다. 학습자가 언어가 변화하는 맥락을 분석할 줄 알고 진정한 언어의 생태가 무엇인지 탐구할 수 있는 힘이 있다면, 곧 국어의 과거를 알고 현재를 이해할 줄 안다면 이를 바탕으로 국어의 미래에 대한 발전적인 방향을 모색할 수 있을 것이기 때문이다. 이는 지속가능한 공동체의 건강한 삶을 영위할 수 있다는 융복합 교육의 인재상과도 통하는 것이다. 김규훈(2015b: 31)에서 지적했듯이, 이러한 맥락에서 생태언어학은 융복합 국어교육의 논의를 확장하는 데 기여할 수 있다.

특히 생태언어학의 하위 분야 가운데 하나가 바로 '언어의 변이'에

4 융합의 상태는 각 개인의 개별성과 다양성이 하나의 통합된 전체를 이룬 상태를, 복합의 상태는 교육적 실천에서 지식 탐구 과정과 학습 성과의 다양성을 인정하고 이에 주목한 상태를 의미한다(차윤경, 2014: 22). 교과 차원에 주목하여 보다 간명하게 말하자면, 융합은 교과나 학문의 특징이 하나로 녹아들어 합쳐진 것이고, 복합은 결합되었음에도 기존 교과의 특징이 존재하는 것이다(박영석, 2012, 103).

대한 탐구라는 점에서 융복합 국어교육을 지향하는 국어사 교육 논의와 생태언어학의 접점은 더욱 선명해진다. 이 장에서는 생태언어학의 연구 영역을 개괄하고 국어사 교육의 새로운 방향을 제안할 수 있는 세부 내용으로 '언어 변이의 생태'에 대하여 살펴보고자 한다.

일단 생태언어학이 무엇인지 정확히 확인해야 한다. 생태언어학은 생태학으로부터 파생된 응용언어학의 한 분과이다. 주지하다시피 생태학은 본래 생물 간 상호작용이나 생물과 환경 간 상호작용에 관한 자연과학 분야의 연구를 통칭한다. 그런데 생태학은 학제적인 성격을 지니고 있는데(Fill, 1993; 박육현 역, 1999: 11-12), 생태학이 인문학, 그리고 사회학에 영향을 주면서, '정신생태학, 생태경제학, 사회생태학, 생태문학, 생태언어학' 등 다양한 분과가 생겨났다. 이들은 공통적으로 생태학이 지향하는 생태철학(eco-sophy)(Stibbe, 2015: 10)[5]으로서 '지속가능성(sustainability)'을 공유하며, 각 학문 분과를 이루는 요소들의 관계와 총체적 작동 양상을 중요한 연구 대상으로 상정한다. 이에 생태언어학은 이 학문 분과를 이루는 요소인 '언어, 인간, 환경'의 관계성과 총체성에 대한 탐구를 중요한 과제로 설정한다. 곧 생태언어학은 하나의 생태계를 형성하고 있는 언어와 언어 사용 주체인 인간, 그리고 인간의 언어 사용이 이루어지는 바탕으로서의 환경과의 상호작용을 탐구하는 학문인 것이다(Haugen, 1972: 325).

여기서 '언어, 인간, 환경' 가운데 무엇에 초점을 두는지에 따라 생태언어학의 구체적인 연구 영역이 설정된다. 이에 대하여 Fill(1993,

5 생태철학(eco-sophy)은 다양한 생태학의 분과가 공유하는 기저 인식론으로서 생태학적 가치, 신념, 운동(movement) 등을 말한다. 이에 대하여 Stibbe(2015: 10-12)에서는 특히 언어 속에는 생태학적 가치가 녹아 있으며 이를 밝혀내는 작업은 진정한 언어 사용의 지속가능성을 위해 필요한 일임을 역설하였다.

박육현 역, 1999: 21-24)에서는 '언어: 언어의 생태학', '인간: 행동 언어학, 언어와 갈등', '환경: 언어와 그룹, 언어와 인간 · 동물과 식물' 등으로 구분하여 생태언어학의 세부 연구 영역을 제시하고 있다. 이를 간단히 정리하면 다음 〈표 1〉과 같다.[6]

〈표 1〉 생태언어학의 연구 분야와 내용

중심	연구 분야	연구 내용
언어	언어의 생태학	· 언어생성, 언어소멸, 언어접촉, 언어충돌 등 언어변이 연구 · 개인의 이중언어능력(역동적 다중언어)
인간	행동 언어학	· 이음 발화(농담, 잡담 등)가 주는 공동체 협력의 언어 사용
	언어와 갈등	· 언어적 공격과 언어를 통한 힘의 위력과 화해의 화용론
환경	언어와 그룹	· 사회언어학적 변인(성별, 나이, 직업, 계층 등)과 차별 해소
	언어와 인간·동물과 식물	· 언어가 품은 인간 중심성에 대한 분석과 비판 · 일차원적 사고(근대적 사고)에 대한 비판과 생태적 사고

위 〈표 1〉은 생태언어학의 연구 분야와 내용을 집약한 것이다. 위에서 언급한 것처럼 상호작용하는 세 영역인 '언어, 인간, 환경' 가운데 어떤 영역을 중심에 두는지에 따라서 연구 분야가 세분화된다. 위 〈표 1〉에서 구체적인 연구 내용은 확인할 수 있기에 이들 분야가 삼는 주요 의제(agenda)를 제시하면 다음과 같다.

첫째, '언어의 생태학'은 언어가 하나의 생태계를 이루고 있다는 인식을 바탕으로 "언어가 어떻게 변이되어 오는가?"라는 주제를 탐구한다. 개인의 다중언어 능력 역시 이와 같은 맥락에서 언어의 공시적 변이에 해당한다. 둘째, '행동 언어학'과 '언어와 갈등'의 경우 "인간의 협력적 생활에 중추적인 역할을 하는 언어 사용의 양상은 무엇인가?"를 고민한다. 셋째, '언어와 그룹'과 '언어와 인간 · 동물과

---

6 이 〈표 1〉은 김규훈(2011: 8)에 제시된 생태언어학의 연구 영역에 대한 표를 보완 및 정교화한 것임을 밝혀둔다.

식물'은 각각 "사회 속의 언어 양상을 살피고 혹시 차별적인 언어 사용이 있지는 않은가?", "언어가 근대성의 산물로서 인간 중심성을 담고 있지는 않은가?"라는 문제의식을 해결한다. 특히 언어에 의해 사고가 형성됨에 주목하여 지금까지의 개발 중심 테제는 인간이 몸담고 있는 환경의 문제를 간과하게 만들었다고 하여, 언어를 통해 자연과 공존하는 생태적 사고의 함양을 중시한다.

이러한 생태언어학의 연구 분야 가운데 국어사 교육의 새로운 방향과 관련하여 특히 주목해 볼 수 있는 분야는 바로 '언어의 생태학'이다. 그것은 언어의 생태학이 언어변이(language-variation)에 대해 주목하기 때문이다. 언어의 생태학을 주창한 Haugen(1972: 325)에서 언급한 것처럼 언어생성, 언어소멸, 언어접촉, 언어충돌 등의 생태적 요인에 대하여 분석하는 것이 언어의 생태학에서 주로 논의하는 대상이다. 이는 국어사 교육의 기반을 이루는 국어사에 관한 이론과 동궤를 형성하면서도 차별되는 연구 내용을 지니고 있다.

이와 같은 사실은 생태언어학과 역사 언어학을 비교한 Fill(1993, 박육현 역, 1999: 17-18)을 통해 확인할 수 있다. 역사 언어학은 개별 언어의 역사를 목적으로 삼거나 여러 언어들에서 일어나는 특색 있는 특정 현상을 연구하는 것으로, 본연적으로 구조주의적 성격을 띤다. 이들 자체에 대한 연구, 곧 언어의 역사적 특징에 대한 연구만으로도 큰 의미가 있으며 이는 언어 발전의 형태로 보기도 한다(Samuels, 1970: 1). 그런데 생태언어학은 이와 같은 언어의 역사적 특징뿐만 아니라 "왜?"의 물음을 던진다. 곧 언어생성과 언어소멸이 어떠한 원인에서 이루어졌는지를 주목한다. 보다 구체적으로 Fill(1993, 박육현 역, 1999: 18)에서 밝혔듯이, 언어의 생태학은 개별 언어의 발전과 그 양태보다는 특정 지역에 있는 경쟁 언어 간의 억압 과정과 옹호력에 더 많은 근거를 두고 있다. 이는 언어변이를 둘러싼 다양한 생태적 요인을 복원하여, 궁극적으로 언어변이의 맥락과 언어변이의 모습을 총체적으로 보고자 하는 데 목적이 놓인다. 즉 '언어 변이의 생태'를 찾으려는 노력이 구조적 특성에 주목한 역사 언어학과 다른 것이다.

이와 관련하여 Mackey(1980: 35-41)은 '언어 이동의 생태학(the ecology of language shift)'을 주장하여 언어 변이의 생태를 찾는 것이 언어 역사의 연구에서 매우 중요함을 강조하였다. 언어 변이의 생태학 연구는, 가령, 한 집단의 전통적인 언어가 달라지는 이유는 다른 집단과의 교류에 있기도 하다고 밝힌다. 이때 다른 집단과의 교류는 두 가지의 양상으로 구체화되는데, 하나는 한 집단의 언어 양태가 다른 집단의 모습과 유사해지는 것이고, 다른 하나는 한 집단의 언어 양태가 다른 집단에 의해 수렴되어 사라지는 것이다(Mackey, 1980; Fill & Mühlhäusler, 2001: 68). 이러한 접촉은 국어사 연구에서 형태적으로 구분하여 다루던 '음운, 형태, 의미・기능' 등의 언어 단위에서 모두 일어난다. 이에 각 부문에서의 변화 모습과 그 차이에 주목하던 기존의 국어사 연구는, 문법교육에서 중시하는 '탐구'의 의미를 살려 모습의 변화를 야기하는 다양한 맥락적 원인에 대한 탐구의 학습으로 나아갈 방향이 생긴다. 보다 체계적으로 Mackey(1980, Fill & Mühlhäusler, 2001: 73)에서는 언어의 생태학이 방법적으로 접근할 수 있는 영역을 다음 세 가지로 제시한다.

- 두 언어의 영향에 대한 측정(the measurement of interlingual attraction)
- 집단 언어의 압력에 대한 정교화(the elaboration of community language pressure profile)
- 언어 사용의 유형에 대한 지역 부호화(the geocoding of patterns of language use)

물론 이들 세 가지의 언어 생태학에 대한 방법론을 바로 국어사 연구에 투영할 수는 없겠지만, 이들 세 가지는 국어사 교육의 연구로 재개념화할 수 있는 광맥을 풍부히 갖고 있다. 한자와 한글의 상호 영향, 한자어 중심의 한글 의미, 그리고 지역 방언의 통시적 변화에 대한 관심 등이 이와 연관된다. 이들 세 가지는 단순한 사실에 지나지 않을지도 모르지만, '국어'와 '역사'의 상관관계를 밝히고 그 맥락적 흐름을 국어사 교육에 적용할 수 있는 방안을 제공한다. 이는 국어의 역사가 아닌 역사로서의 국어를 바라보는 작업이며, 기존의 국어 변화의 양태에 역사적 내러티브를 부가하여 그야말로 언어 변이의 생태를 다루는 교육 내용의 전환을 꾀할 수 있는 것이다.

결국 생태언어학은 언어 변이의 생태를 주목하게 하여, 국어사에 대한 본질적인 인식의 전환과 국어사 교육에서 무엇을 중요시해야 하는지에 대한 본질적인 명제를 제시해준다. "첫째, 언어를 유기체로 바라보고 그 자체가 생태적인 대상임을 깨닫게 하는 국어 의식의 교육이 필요하다. 둘째, 언어의 변화 모습과 그 원인이 긴밀한 관계에 있음을 알고 그 변화는 곧 당대 사람들의 생활상에 대한 변화임을 직시해야 한다." 이들 두 가지의 명제를 바탕으로 이제 기존의 국어사 교육 내용을 생태언어학적으로 전환시킬 수 있는 가능성을 가늠해 보자.

4. 국어사 교육 내용의 생태언어학적 전환 가능성

국어사 교육의 문제점을 짚고, 생태언어학적 전환 가능성을 제시하기 위해서는 현행 국어사 교육의 내용이 교육과정에 어떻게 구성되어 있는지, 그 내용이 교과서에는 또 어떻게 나타나 있는지 살피는 일이 선행되어야 한다. 먼저 현행 교육과정[7]에서 국어사 관련 내용을 찾으면 다음과 같다.

· 국어(중1-3학년군) 〉 문법 영역

(11) 한글의 창제 원리와 가치를 이해한다.

· 국어II 〉 문법 영역

(11) 국어의 변천을 이해하고 국어의 발전 방향을 탐구한다.

(12) 한글의 제자 원리와 가치를 이해하고 우리 말글을 사랑하는 태도를 기른다.

· 독서와 문법 〉 국어 자료의 탐구

(26) 국어 자료를 읽고 국어의 변천을 탐구한다.

(27) 선인들의 삶을 통하여 국어 수난과 발전의 역사를 이해한다.

위의 내용 성취기준은 크게 세 가지의 핵심 내용으로 수렴된다. 그것은 바로 '한글의 창제 원리와 가치', '국어의 변천', '국어 수난과 발전'이다. 보다 세부적으로 이들 세 가지의 내용이 어떤 내용 요소를 지니고 교수-학습의 중점은 무엇인지 다음 〈표 2〉로 살펴보도록 하자.[8]

---

7 이 연구에서 제시하는 현행 교육과정은 2009 교육과정(2012년 개정)이다. 해당 교육 내용을 비판적으로 살피기 위해서는 현재 실행되고 있는 교육과정을 살피는 것이 바람직하다. 참고로 최근 고시된 2015 교육과정도 국어사 관련 성취기준은 '[9국04-08] 한글의 창제 원리를 이해한다.', '[10국04-01] 국어가 변화하는 실체임을 이해하고 국어생활을 한다.', '[12언매02-08] 시대 변화에 따른 국어 자료의 차이에 대해 살피고 각각의 자료에 나타나는 언어적 특성을 이해한다.' 등으로 제시되어 있어, 2009 교육과정과 크게 달라지지 않았다고 할 수 있다.

〈표 2〉 국어사 교육의 내용 요소와 교수-학습 중점

범주	세부 내용 요소	교수-학습 중점
한글의 창제 원리와 가치	· 한글의 창제 원리와 의의 · 한글 창제 전후의 문자생활	① 자료 및 실례 기반 당대 국어의 특성 알기 ② 국어를 하나의 동적 실체로 인식할 수 있기 ③ 국어를 삶 속에서 살아 숨 쉬는 인격적 실체로 이해하기
국어의 변천	· 국어의 계통 · 음운, 단어, 문장, 담화의 변천사	
국어 수난과 발전	· 전통적 수사, 속담, 관용어 등에서 알 수 있는 선인들의 국어생활 · 국어를 지키고 사랑한 선인의 태도	

위 〈표 2〉에서 국어사 교육 세 범주의 세부 내용을 들여다보면, 국어에 대한 사적 지식을 습득하고 그와 관련된 당대 사람들의 삶을 이해하며 궁극적으로 국어가 가치 있고 소중하다는 의식을 기르는 것으로 나아감을 알 수 있다. 이러한 내용을 교수-학습할 때에는 특히 실제 자료를 기반으로 해야 하며, 국어가 동적인 실체이며 인격적 실체로 이해할 수 있도록 지도해야 한다는 점을 강조한다.

이러한 점은 국어사 교육의 내용과 방법으로서 물론 타당하다. 국어가 걸어온 길을 살피고 그 길에서 한글의 자부심을 느끼고 국어의 수난과 발전을 이해하는 것만큼 중요한 내용은 없다. 그런데 문제는, 학습자가 다소 낯설게 느끼는 옛 국어의 모습을 지식, 그리고 지식을 통한 태도의 습득을 유도하는 교육 내용에 큰 부담을 느낀다는 사실이다. 국어를 동적 실체로, 심지어 인격적 실체로 교수-학습해야 한다는 교수-학습 방향 역시 학습자를 중심에 둘 때 쉽지 않은 작업이다. 일례로, 위 〈표 2〉에서의 '국어의 변천'은 국어가 알타이어족에 속한다는 계통적 내용과 더불어 각 시기별로, 즉 '고대-중세-근대'에서의 음운, 단어, 문장, 담화의 변천사를 학습 내용으로 하고 있다.

8 내용 요소와 교수-학습의 중점은 교육과학기술부(2008: 48)의 해설 내용을 기반에 둠을 밝힌다.

실질적으로 이들 내용이 국어사 교육의 핵심이라고 해도 과언이 아니기에, 학습자는 결국 국어의 시기별 변화를 형태적이고 의미·기능적인 지식으로 습득하는 데 초점을 두고 만다.[9] 국어 생활상을 강조하고 실제 자료를 통해 국어사를 탐구하도록 유도하는 좋은 취지임에도 실상 학습자에게 다가오는 지식의 내용은 실제 자료와도, 태도 교육과도 연계되지 못하게 하고 만다.

이렇게 볼 때, 국어사 교육은 이 교육 내용에서 중시하는 국어 의식에 관한 교육을 전면에 강조하고, 국어의 변화를 당대 생활상과 긴밀히 관련시키는 방향으로 이들 내용을 개선해 나가야 한다. 그리고 이러한 방향성은 바로 앞 장에서 논의한 생태언어학이 국어사 교육에 주는 두 가지의 명제, '언어를 유기체로 보고 생태적인 대상으로서 언어를 탐구하는 것'과 '언어의 변화가 당대 생활상과 떼려야 뗄 수 없는 관계임을 직시하는 것'이라는 명제를 바탕으로 수립 가능하다. 이는 자연스럽게 국어사 교육에서 실제 자료를 중시하게 하며, 국어가 동적 실체이자 인격적 실체라는 말과 더불어 생태적 실체임을 파악하게 한다. 특히 당대 '살아 있는 언어의 모습'이 담긴 실제 자료는, 그 자료가 놓인 생태적 맥락을 바탕으로 당대 '사람들의 삶의 모습'을 바라볼 수 있게 한다. 이때 언어만을 대상으로 삼지 않고 실제 자료를 통해 언어와 그것의 사용자인 인간, 그리고 언어를 둘러싼 환경을 바라보게 하고, 이들의 관계와 소통에 주목하여 언어를 탐구하게 한다는 점에서 융복합 교육의 지향도 가능해진다. 보다 실질적으로 위 〈표 2〉의 범주에 따른 세부 내용을 생태언어학적으로

---

9 김경훤(2005)의 지적 역시 이와 비슷하다. 국어사 교육이 단순히 국어교육 내용 중에서 국어학적 지식만을 배우고 암기하는 성격의 것이 아니라고 하면서, 자국의 역사를 안다는 것, 더불어 국어와 함께 한 민족의 역사와 정신을 안다는 것, 그래서 민족의식 고양에 큰 역할을 한다는 것 등이 따라 붙는 것이라고 하였다.

전환하여 다음 〈표 3〉과 같이 제안해 보고자 한다.

〈표 3〉 국어사 교육 내용 요소의 생태언어학적 전환 가능성과 융복합 교육의 지향

범주	생태언어학 관점	생태언어학적으로 전환된 내용 요소의 예	융복합 교육의 지향
한글의 창제 원리와 가치	▸두 문자체계의 관계와 영향	· 한자 시대에 한글 창제의 의의(한자와 한글 관계) · 한글의 창제 원리와 현대적 변용	· 언중의 삶과 한글로 인한 삶의 변화 · 캘리그라피, 스마트폰의 적용
국어의 변천	▸집단의 특성과 언어 사용	· 고대, 중세, 근대의 주요 국어 생활 자료 이해 · 국어 생활상과 음운, 단어, 문장, 담화의 변화	· 국어 생활의 모습을 통한 문화와 언어의 삶
국어 수난과 발전	▸지배 언어의 압력과 삶	· 일제 치하 언어의 생활과 국어 사랑의 노력 · 전통적 수사, 속담, 관용어 등에서 알 수 있는 선인들의 국어 생활[10]	· 우리말을 지키기 위한 선인의 삶과 당대 사회문화 · 언어의 배경이 되는 내러티브 기반 융복합

위 〈표 3〉은 국어사 교육 내용을 생태언어학적으로 전환할 수 있는 가능성과 융복합 교육의 지향을 제안해 본 것이다. 우선 앞 장에서 논의한 생태언어학의 관점을 도입하였다. 이 관점은 인간과 언어, 그리고 환경의 관계성과 총체적 작동 양상을 탐구하며, 특히 언어의 생태학 관련 내용을 염두에 둔 것이다. 그리고 이 관점에 따라 내용 요소를 생태언어학적으로 전환한 예와 이것이 융복합 교육의 지향과 맞닿는 지점을 제시해 보았다. 이들을 구체적으로 설명하면 다음과 같다.

첫째, '한글의 창제 원리와 가치' 내용에서는 '한글 창제를 둘러싼

10 이 내용 요소는 생태언어학의 관점에 부합하므로 그대로 제시한다. 그것은 당대 '언어'에 담긴 '환경과 인간'을 탐구하는 언어의 생태학에 관한 내용이기 때문이다. 앞의 2장에서 언급한 것처럼 국어사 교육의 내용도 국어생활과 문화의 내용이 강조되는 방향으로 개선되고 있다. 이 연구 역시 그러한 연구의 맥락과 동궤를 형성한다.

시대적 환경'과 '한글이라는 문자'의 상관관계에 주목한다. 이에 한자가 지배 문자로서 자리매김했던 시대에 한글 창제가 지니는 의의를 먼저 탐구한다. 이는 그저 당대 민중의 문자체계로서 한글이 사용되었다거나 한글이 독창적이라는 점만을 언급하는 것이 아니다. 한자와 한글의 관계를 탐구하여 당대 한글을 둘러싼 문자의 생태를 면밀히 파악하는 과정이다. 이를 통해 한글이 어떠한 가치를 지니고 있는지 자연스럽게 깨닫게 된다. 한자만을 사용했던 시기와 한글이 창제된 후의 언중의 삶과 사회문화적 변화를 살핀다면 한글의 가치와 한글 창제의 의의를 지식적으로 접근하지 않아도 알 수 있게 된다. 또한 한글 창제와 반포를 둘러싼 지배 세력의 의견 대립 등을 통해 한글이 가져오는 언중의 삶과 사회문화적 변화를 더욱 선명하게 볼 수 있으며 이는 한글 창제의 의의를 더욱 분명히 전달할 수 있다. 이는 한글 창제 그 자체에만 매몰되지 않고 그를 둘러싼 맥락을 넘나듦으로써 언어의 생태를 살피는 것이다. 이를 바탕으로 한글의 창제 원리와 현대에도 살아 있는 문자로서 한글이 변화하는 생태를 탐구하는 내용으로 연계한다. 가령 한글의 창제 원리가 스마트폰에 적용되고 있다는 기능적인 측면과 한글이 다양하게 변모하는 것이 사회문화와 상호작용하고 있다는 의식적인 측면을 강조할 수 있다. 또한 캘리그라피를 통해 한글의 창제 원리를 자연스럽게 이해시킬 수도 있다. 캘리그라피는 한글을 디자인의 소재로 삼는 것이므로 미술과에서는 디자인적 요소를, 국어과에서는 한글 자음과 모음의 체계를 알 수 있게 한다는 교육 목표를 달성할 수 있다.

둘째, '국어의 변천' 내용에서는 '당대 언중의 특성'과 '집단의 국어 사용'의 관련성에 주목한다. 여기에서 중요한 것은 언어 단위를 전면에 내세워 이들을 구조적으로 학습하게 하는 것이 아니라, 당대 언중의 특성을 담은 국어 생활 자료를 풍부하게 제시하는 것이다. 이들 국어 생활 자료에는 당대 삶의 모습이 투영되어 있기 마련이다. 이는 당대 생활상과 국어의 사용이 긴밀하게 관련되어 있기에 둘을 함께 살펴야 한다는 생태학적 인식의 발현이다. 이를 통해 국어 생활 자료에 대한 이해를 바탕으로 국어 생활상에 연계된 음운, 단어, 문장, 담화의 변화에 대한 탐구로 이어갈 수 있다. 여기서 중요한 것은 이들 국어 단위에 따른 변화 양상을 모두 다루는 데 초점을 두는 것이 아니라, 당대 국어 생활상과 연계적으로 해석할 수 있는 중요한 국어 단위의 변화 양상을 탐구하는 데 초점을 두는 것이다. 예컨대 한글 창제 이전의 표기 방식들은 모두 한자를 활용한 것으로 이는 우리가 한자문화권에 속해 있음과 연관지어 생각한다면 당연히 이해가 되는 부분이다. 그 표기 방식의 변화 역시 각 표기 방식의 특징과 그것의 사용자, 사회문화적 배경 등 해당 표기 방식을 사용하던 맥락에 대한 이해를 바탕으로 할 때 암기하는 학습이 아니라 이해하는 학습이 이루어질 수 있을 것이다. 우리말에 섞여 사용되는 외래어도 단순히 외래어라고 분류하여 외우게 할 것이 아니라 우리가 역사적으로 영향을 받은 나라와 그에 대한 배경을 통해 학습하게 해야 할 것이다. 또한 훈민정음 창제 초기에는 한자음의 표기를 동국정운식으로 하다가 현실음과의 괴리 때문에 이후에는 현실음에 맞추어 한자음을 표기한 것, 훈민정음 창제 시기에는 있었지만 한글이 사용되면서 사라진 문자가 있는 것 등 국어의 모든 변화는 그것을 둘러싼 맥락이 있기 때문에 일어나는 것이다. 따라서 국어의 변화에 초점을 맞출 것이 아니라 국어 생활의 모습을 통해 문화와 언어의 삶을 살피고, 그로부터 국어의 변화를 학습할 수 있도록 해야 한다. 이것이 언어가 그를 둘러싼 맥락과 관계를 맺고 끊임없이 소통하고 있음을 아는, 곧 진정으로 언어의 생태를 앎으로써 국어에 대한 이해를 확장하는 일이며, 역사로서의 국어를 학습하여 국어 사용의 바람직한 주체로 거듭나는 일이다.

셋째, '국어 수난과 발전' 내용에서는 '피지배의 역사적 환경'과 '지배 언어의 압력', 그리고 그로 인한 '당대 민중의 삶'에 대한 관계성에 주목한다. 일제가 취한 우리말에 대한 역사적 사실을 이해하고, 당대 일본어와 우리말의 관계를 파악하는 것이 먼저 필요하다. 이는 자연스레 일제 치하의 삶을 바라보면서 그때의 국어 생활을 탐구하는 과정으로 이어질 수 있다. 이때 국어 수난의 역사 속에서도 꾸준히 이어져 온 선인들의 국어 생활을 탐구하게 하는 것이 효과적이다. 이 과정에서 학습자는 국어의 가치를 알고 현 시점에서 국어를 사랑하는 태도를 기를 수 있다. 예컨대 역사 시간에 일제강점기에 대해 배우는 것과 국어 시간에 국어 수난과 발전에 대해 배우는 것이 분리되는 것이 아니라, 일제강점기의 삶을 이해하면서 그 삶의 국면 중 하나로 국어 생활을 들여다보게 되는 것이다. 단순하게 일본이 우리나라를 지배하고 압박했으니 국어가 수난을 당한 시기라고만 학습하지 않고, 일제강점기 삶의 국면을 들여다보는 과정에서 자연스럽게 국어 생활을 탐구하게 되는 것이다. 사회의 변화에 따라 언어 생활이 어떻게 변화했는지, 그 과정에서 우리말을 지키기 위해 선인들은 어떤 노력들을 했는지, 그리고 그 모든 것에 영향을 준 당대의 사회문화는 어떠했는지 등을 탐구함으로써 국어의 가치와 국어 사랑의 태도를 강조할 수 있게 된다. 전통적인 수사, 속담, 관용어 등은 모두 그 자체로서 당대 삶의 모습과 그 모습에 투영된 삶의 지혜를 깨닫게 하는 국어 생활 자료로 기능하는 것이다. 가령 '시치미를 떼다'라는 말은 매의 꽁지에 붙어 있던 매의 소유주가 적힌 이름표인 '시치미'를 떼고 자신의 매처럼 위장한다는 말에서 유래된 것이다. 매 꽁지에 이름표를 붙였던 이유는 매사냥이 유행함에 따라 사냥매가 많아져서 매가 뒤바뀌거나 매를 훔쳐갈 수도 있게 되자 이를 방지하기 위함이었다. 이처럼 전통적인 수사, 속담, 관용어 등은 그러한 언어가 만들어진 배경이 있으며 이를 통해 선인들의 국어 생활을 탐구할 수 있다. 그리고 여기에서 보이는 내러티브는 융복합 교육의 매개로 기능할 수 있다.

요컨대 국어사 교육 내용은 생태언어학, 특히 언어의 생태학에서 중시하는 언어 변이의 생태 관련 연구를 바탕으로 당대 역사적, 사회문화적 환경과 언중의 삶, 그리고 그 안에서의 국어 변화에 관한 탐구로 전환될 수 있다.[11] 그리고 이는 궁극적으로 융복합 교육을 지향하는 국어사 교육의 내용이 될 수 있다. 어쩌면 기존 국어사 교육 내용을 획기적으로 변화시키지 않았기에 이러한 전환이 의미 없다고 반론할지도 모르겠지만, 국어사 교육을 생활문화에 더 접근시키고 국어의 변화를 결부시키는 것은 분명 교육 내용의 질적 변환으로서 가치가 있다고 본다.

5. 나오며

지금까지 융복합 국어교육을 위하여 생태언어학 관점을 바탕에 둔 국어사 교육의 방향을 모색해 보았다. 국어사 교육의 주요 논의를 정리하여 국어사 교육이 국어에 대한 구조적 지식뿐만 아니라 생활문화의 측면을 포괄하여 나가고 있음을 확인하였다. 이러한 국어사 교육 담론과 동궤를 형성하면서 보다 실질적인 교육 내용의 전환을 가능하게 하기 위하여 생태언어학의 관점을 도입하였다. 관계와

11 이 연구는 생태언어학 관점에서 국어사 교육의 방향을 모색하는 첫걸음이기에, 지금까지 제안한 국어사 교육 내용을 구체화하는 작업에 돌입하지는 못하였다. 이들 교육 내용에 대한 실효성을 높이는 논의를 후속 연구로 기약한다.

소통을 중시한다는 점에서 생태언어학이 융복합 논의와 동궤를 형성한다고 보았기 때문이다. 생태언어학은 인간과 환경의 관계 속에서 언어의 통시적이고 공시적인 작용 양상을 균형성의 관점에서 탐구하는 학문이다. 생태언어학의 세부 연구 영역 가운데 '언어의 생태학'은 언어생성, 언어소멸, 언어접촉 등과 같은 언어 변이의 생태를 연구한다. '언어 변이의 생태'는 언어를 살아 숨 쉬는 유기체와 같이 인식하며, 언어의 모습이 '언어'를 둘러싼 '사용자'와 '환경'의 맥락적 관여와 긴밀한 관계에 놓여 있음을 파악하는 것을 중시한다. 이를 바탕으로 기존 국어사 교육의 내용 범주, '한글의 창제 원리와 가치, 국어의 변천, 국어 수난과 발전'을 생태언어학적으로 전환할 수 있다. 그 결과, '한글의 창제 원리와 가치'에서는 '한글 창제를 둘러싼 시대적 환경'과 '한글이라는 문자'의 상관관계를, '국어의 변천'에서는 '당대 언중의 특성'과 '집단의 국어 사용'의 관련성을, '국어 수난과 발전'에서는 '피지배의 역사적 환경'과 '지배 언어의 압력', 그리고 '당대 민중의 삶'에 대한 관계성을 중심으로 기존의 내용 요소를 생태적으로 구성해 볼 수 있다.

이 연구는 국어사 교육에서 융복합 교육을 논의하고 국어사 교육의 새로운 담론화 방향으로서 생태언어학을 도입하였다는 점에서 의의가 있다. 특정 교과를 중심으로 다른 (비)교과와의 융복합 양상을 보여주는 융복합 교육 논의는 자칫 인위적 결합이라는 인상을 줄 수 있으며, 이는 융복합 교육을 위한 융복합 논의라는 지적을 받을 수도 있다. 이 연구에서는 융복합의 본질적인 의미와 융복합 교육의 목표를 고려하여, 언어의 변화에 대한 지식적 접근에만 매몰되지 않고 '넘나듦'이 가능한 국어사 교육에 대해 논의하고자 하였다. 또한 이 연구는 국어사 교육에서 중시하는 사료(史料) 및 텍스트에 대한 논의와 함께 국어사 교육 내용을 직접적으로 구성하는 매개 담론을 제기한 것으로, 추후 국어사 교육의 내용 정련화에 기반이 되는 담론의 다양성을 확보하는 계기로서 작용할 수 있다. 다만 이제 국어사 교육의 연구 분야에서 처음 시도되는 생태언어학의 도입인 만큼, 생태언어학과 국어사 교육의 접점을 보다 세부적으로 밝혀 나가야 할 것이다. 이는 이 연구에서 말한 '언어 변이의 생태'를 구체화하는 작업인데, 실로 이는 개별 텍스트 각각에 대한 핍진한 분석을 통해서도 구현 가능할 것이다. 또한 이 연구에서 제기한 새로운 국어사 교육의 내용 요소를 실재화하고 이를 교수-학습의 차원으로 구현하는 작업 또한 필요할 것이다. 부족한 이 연구가 출발점이 되어 학습자가 우리말의 역사에 대한 전문성을 바탕으로 주변과 소통하며 교실 현장에서 우리말의 역사를 보다 흥미롭게 탐구할 수 있는 다양한 방안이 열릴 수 있기를 기대해 본다.

참고문헌

고춘화(2011), 「국어사 교육 내용의 실현 양상과 교육 방법 연구」, 『국어교육연구』 49, 국어교육학회.

교육과학기술부(2008), 『고등학교 교육과정 해설 ❷ 국어』.

구본관(2009), 「국어생활사 교육 내용」, 『문법교육』 10, 한국문법교육학회.

권재일(1995), 「국어학적 관점에서 본 언어 지식 영역 지도의 내용」, 『국어교육연구』 2, 서울대 국어교육연구소.

김규훈(2011), 「생태언어학의 교육과정 재개념화 방향 - 2009 교육과정 문법 과목의 내용 재구성 방안 모색」, 『교육과정평가연구』 14-1, 한국교육과정평가원.

김규훈(2015a), 「국어 능력의 융복합적 개념화 탐색」, 『우리말글』 67, 우리말글학회.

김규훈(2015b), 「융복합 교육을 위한 생태언어학 기반 국어과 빅 아이디어 제안」, 『교육과정평가연구』 18-3, 한국교육과정평가원.

김경훤(2005), 「국어사 교육의 문제점과 앞으로의 방향」, 『새국어교육』 70, 한국국어교육학회.

김광해(1996), 「국어지식 교육의 위상」, 『국어교육연구』 3-1, 서울대학교 국어교육연구소.

김광해(1997), 『국어지식교육론』, 서울대학교출판부.

김영욱(1998), 「국어사 교육은 과연 필요한가?」, 『선청어문』 26, 서울대학교 국어교육과.

김유범(2009), 「국어생활사 교육의 방법과 교재」, 『문법 교육』 10, 한국문법교육학회.

김유범(2013), 「중세국어 교육 내용의 선정」, 『국어사연구』 16, 국어사학회.

김윤옥(2005), 「생태학적 국어교육 - 듣기 · 말하기 교육을 중심으로-」, 『청람어문교육』 31, 청람어문교육학회.

김혜숙 외(2014), 『생태학 담론을 통한 국어교육 설계』, 동국대학교출판부.

노상우 · 안동순(2012), 「학문융합 관점에서 본 현대교육의 이론적-실천적 변화 모색」, 『교육종합연구』 10-1, 교육종합연구소.
민현식(2002), 「국어 지식의 위계화 방안 연구」, 『국어교육』 108, 한국국어교육연구학회.
박영석(2012), 「사회과 융복합 교육의 형태와 실현 과제」, 『시민교육연구』 44-4, 한국사회과교육학회.
박인기(2003), 「생태학적 국어교육의 현실과 지향」, 『한국초등국어교육』 22, 한국초등국어교육학회.
박형우(2004), 「국어사 교육의 내용 선정에 대한 연구」, 『국어교육』 114, 한국어교육학회.
박형우(2006), 「중세국어 문법과 국어사 단원의 구성에 대한 연구」, 『문법교육』 5, 한국문법교육학회.
박형우(2013), 「국어사 교육 내용의 선정 기준」, 『국어사연구』 16, 국어사학회.
석주연(2015), 「국어사 교육의 내용 선정 현황과 방향성 탐색: 근대국어 자료를 중심으로」, 『국어사연구』 16, 국어사학회.
신헌재 외(2003), 「생태학적 관점에 의한 국어과 평가 방안 연구」, 『교과교육공동연구지원사업 최종보고서 B 00036』, 학술진흥재단(한국연구재단).
양영희(2013), 「〈2011 국어과 교육과정〉에 근거한 국어사 단원 구성 - 선택교육과정의 ≪국어Ⅱ≫를 중심으로-」, 『우리말글』 59, 우리말글학회.
양정호(2012), 「국어과 교육 과정과 교과서의 국어사 지식 교육」, 『한국어학』 57, 한국어학회.
염은열(2003), 「글쓰기 개념 생태계 기술을 위한 시론」, 『한국초등국어교육』 22, 한국초등국어교육학회.
이관규(2004), 「국어사 교수 학습 내용의 체계성과 위계성에 대한 연구」, 『국어교육학연구』 20, 국어교육학회.
이기문(1972), 『국어사개설』, 민중서관.
이도영(1999), 「국어과 교육 내용으로서의 국어사」, 『선청어문』 27, 서울대학교 국어교육과.
이성영(2003), 「생태학적으로 타당한 독서 교육을 위하여」, 『한국초등국어교육』 22, 한국초등국어교육학회.
이승희(2012), 「고등학교 국어 교과서의 국어사 단원 내용 연구」, 『국어교육』

138, 한국어교육학회.
이춘근(2002), 『문법교육론』, 이회.
장윤희(2009), 「국어생활사 교육의 성격과 목표」, 『문법교육』 10, 한국문법교육학회.
주세형(2005), 「학습자 중심의 국어사 교육 내용 설계 방향」, 『국어교육학연구』 22, 국어교육학회.
차윤경(2014), 『융복합교육의 이론과 실제』, 학지사.
Fill, A.(1993), 박육현 역(1999), 『생태 언어학』, 한국문화사.
Fill, A. & Mühlhäusler, P.(2001), The ecolinguistics reader - Language, ecology and environment-, NY: CONTINUUM.
Haugen, E.(1972), The ecology of language, Essays by Einar Haugen, Stanford: Stanford University Press.
Mackey, W. F.(1980), The ecology of language shift. In Fill, A. & Mühlhäusler, P.(2001: 67-75), The ecolinguistics reader, NY: CONTINUUM.
Samuels, M. L.(1970), Linguistic evolution, Cambridge: Cambridge University Press.
Stibbe, A.(2015), Ecolinguistics - language, ecology, and the stories we live by-, London: Routledge.

문학교육학과 문학치료학의 접점 찾기*

– 융복합적 관점의 적용을 기반으로

이 연구는 융복합적 관점에서 문학교육학의 연구 영역을 확장하기 위해 문학교육학과 관련이 깊은 문학치료학의 학문적 특성과 이론적 배경, 실천구조를 밝히는 것에 목적이 있다.

문학교육학, 문학치료학, 융복합, 목적, 내용, 방법, 치유, 교수학습 공간, 텍스트 소통, 교사 역할

이 연구는 문학교육학이 융복합적 관점을 통해 개인의 내면적 치유에 관해 보다 깊은 관심을 갖고, 교육이 이루어지는 공간을 현상학적 차원에서 삶의 경험적 성장이 이루어지는 공간으로 재인식되어야 한다는 데서 의의를 찾을 수 있다.

* 이 논의는 "전한성(2016), 「문학교육학과 문학치료학의 접점 찾기」, 『국어문학』 62, 국어문학회."를 수정 및 보완한 것이다.

1. 논의를 위한 전제

지식과 행동, 학문과 인격은 과거 전통적 의미에서 밀접한 관계에 놓여 있었다. 그러나 현대기술문명의 사회에서 지식과 행동은 분리되고 학문과 인격은 별 관계가 없는 것처럼 되어 버린 것이 오늘의 현실이다.[1] 앎이 삶과 분리된 사회 속에서 살아가는 우리에게 삶이 앎의 기반이 아닌 대상화된 또 하나의 지식으로 받아들여지는 이상 진정한 의미의 소통은 불가능해 보인다. Rollo May(백상창 옮김, 1991)은 현대인들이 과학문명의 중독으로 메커니즘의 노예가 되어 인간상실과 자아상실증의 이중적 고통으로 고독, 불안, 권태, 공허감에 시달리게 되었다고 진단한다.[2] 그래서일까. 지식인들은 과학주의가 초래한 많은 문제들을 의식하여 앎과 삶의 밀접한 관계에 대한 다양한 의견을 내놓고 있다. 인간의 지식이 생명의 보존을 넘어 그 밖의 다른 무엇을 향해가는 것은 있을 수 없는 일이라고 말한 니체

---

1 이규호(1981: 9-15)는 인간의 지식과 행동의 분리에 대해 두 단계로 나누어 설명하고 있다. 첫째, 19세기 상대주의에 기반을 둔 역사주의는 모든 문화 체계 안의 지식들이 상대적이라는 인식을 제공하게 된다. 이러한 상대적인 지식의 축적은 오히려 인간에게서 행동할 수 있는 분명한 힘을 약화시킨다는 것이다. 둘째, 현대의 과학적인 지식의 가치중립을 믿는 경향이 지식과 행동을 분리시키고 학문과 인격을 분리시키는 데 결정적인 역할을 하게 된다. 이러한 과학주의는 사회적인, 개인적인 이상과 문화적인 가치에 대한 판단이 주관적이고 당파적인데 반해 과학적인 지식은 객관적이고 보편적이라는 사상을 발전시켰다는 것이다. 그는 역사주의와 과학주의가 현대를 살아가는 인간의 지식과 행동, 학문과 인격을 분리시킴으로써 앎과 삶의 괴리로 인해 많은 사회 문제들이 발생하였다고 주장한다.

2 Rollo May는 현대인의 불행은 자아를 잃어버린 것이라고 말하면서 자아의 재발견에 대한 자신의 생각을 밝히고 있다. 그런데 여기서 주목할 것은 저자 스스로 이 저서를 하나의 인간 정신의 치료서라고 언급하고 있다는 점이다. 이는 인간의 삶의 문제를 다루고 있는 언어적 형상물이 소통되는 현상에 치료라는 개념을 적용해볼 수 있음을 의미한다.

나, 정확한 지식을 추구하는 일은 늘 삶의 세계에 대한 일정한 이해에서 출발한다고 말한 가다머나, 삶에 대한 이해가 곧 존재임을 강조한 하이데거나, 그들의 이론에서 전제하고 있는 것은 모두 세계에 대한 지식, 앎 또는 이해가 삶의 기반에서 구체화된다는 점이다.

다소 거창하게 논의를 시작하였지만, 삶으로서의 문학교육을 지향하고자 하는 우리에게 이와 같은 사유는 반드시 필요하다. 현재 대학 입시에 초점을 두고 진행되는 우리 문학교육의 현실을 감안해보면, 지식과 삶의 문제에 대한 고민에서 결코 자유로울 수 없을 것이다. 그간 문학교육학(연구)에서는 문학교육이 지식 전달을 넘어 학습자의 정서까지 고려한 교수·학습 활동이 이루어질 수 있도록 하기 위해 많은 논의들이 있어 왔다.[3] 그러나 정작 문학교실에서 전개되는 수업 양상은 수없이 개정된 교육과정의 지침을 반영하기보다 대학 입시에 초점을 두고 진행된 것이 사실이다. 자신의 삶에 기반을 둔 앎의 실천을 수행하기 위해서는 형상화된 언어가 가진 힘과 위력을 인지하고, 이를 수용하고 생산하는 문학문화 활동을 적극적으로 전개할 필요가 있는데, 현실은 그렇지 못하였다. 따라서 설명할 수 없는 불안과 고독 등 자신의 삶을 둘러싸고 발생하는 여러 가지 문제들을 학습자들이 주체적으로 해결해 나갈 수 있도록 하기 위해서는, 문학교육의 실천이 교과적 지식 습득에 중점을 두기보다 융복합적 관점을 받아들여 개인의 정서 치유와 발달에 보다 깊은 관심을 쏟을 필요가 있다.

차윤경 외(2014: 20-21)에 따르면, 융복합적 관점은 학습자가 어떠한 지식을 자신의 삶 및 자신을 둘러싼 다양한 층위의 사회적 환경

---

3 신헌재(1998), 최현섭 외(1999), 한명숙(2002)를 비롯한 많은 연구자들이 문학교육의 목표로 상상력 발달, 삶의 총체적 체험, 심미적 정서 함양의 중요성에 대해 밝히며, 문학교육이 나아갈 방향과 내용 및 방법에 관련된 연구를 수행해 왔다.

과 유기적으로 연결하여 진정으로 지식을 의미 있는 방식으로 습득하고 생산해낼 수 있는 힘이라고 말한다. 이는 여러 학문분야의 개념이 유기적인 관계로 통합되는 과정에서 새로운 통찰이 촉진될 뿐만 아니라, 세계에 대한 보다 포괄적이고 종합적인 관점을 가질 수 있는 안목을 의미한다. 이를 학교교육 차원에서 생각해보면, 융복합교육은 교과 내·외적 주제나 개념을 중심으로 하여 관련성이 있는 다양한 학습 내용 요소를 학생에게 의미 있는 사회적 맥락 속에서 유기적으로 연결지어, 전인적 존재로서 학생의 개별성을 존중하면서 스스로 탐구하고 표현하는 진정성 있는 학습 경험을 촉진하는 일련의 교수 활동으로 볼 수 있다.

문학교육이 학습자가 문학을 통해 스스로 자존감을 찾고 자기 존재에 대한 성찰과 치유를 도모하는 교육이 되기 위해서는, 이와 같은 관점을 받아들여 교육과정을 유연화할 필요가 있다. 따라서 본고에서는 융복합적 관점에서 문학교육학이 문학치료학을 수용할 수 있는 접점을 교육과정 층위에서 탐색해보고자 한다. 그러한 이유는 선행연구들이 주로 문학치료학의 교육적 필요성과 통합 차원에서의 방법적 활용의 논의에 머무르고 있기 때문이다. 물론 정재찬(2009), 황혜진(2009), 한호정·이상우(2013) 등은 문학교육에서 다루어지는 대상(학습자, 교사)와 읽기·쓰기 같은 영역을 중심으로 문학치료의 교육적 적용 또는 통합 가능성을 고찰하고 있어 주목할 만하다. 그러나 대부분 문학교육학과 문학치료학의 접점 찾기는 수용(읽기) 차원에서는 독서치료의 방법적 특성을 바탕으로 텍스트 중심의 효과적인 읽기 방법을 다루는 데 중점을 두고 있는 인상이다.[4] 또한 생산(쓰기)

---

4 여기에는 박민(2009), 변학수(2010), 임성관(2013) 등이 있다. 문학교육의 수용차원에서는 이들 연구처럼 읽기(독서) 중심의 방법적 논의를 찾아볼 수 있지만, 듣기 중심의 문학치료학적 접근 방법을 다루고 있는 연구는 찾아보기 어렵다.

차원에서는 주로 자기성찰을 위한 글쓰기 방법으로 문학치료학적 접근을 논의하고 있다.[5] 이밖에도 읽기와 쓰기를 통합한 문학치료학적 접근 방법을 논의한 연구들도 확인할 수 있다. 그러나 이와 같은 연구들은 대부분 듣기 · 말하기보다 읽기 · 쓰기를 중심으로 한 문학치료학적 접근 방법에 초점을 두고 있어, 두 학문 간의 근본적인 접점 찾기에 대한 고민이 요구된다. 따라서 문학교육학에서는 문학치료학 분야를 활용의 차원을 넘어 어떤 형태로 수용하는 것이 바람직한지, 교육과정 층위에서 목표 및 대상, 내용과 방법에 대한 전반적인 점검이 필요하다.[6]

문학치료학 분야 역시 언어가 가진 힘과 위력을 인지하고 수용하는 일을 전제로 자기반성과 나아가 자기 상처의 치유를 도모한다. 문학치료학은 글로 쓰인 문자뿐만 아니라, 소리와 그림으로 이루어진 총체적인 언어를 통해 인간의 정서를 치료하는 연구 분야라고 할 수 있다.[7] 문학치료의 핵심은 잃어버린 언어의 재발견에 있다. 정보만 전달하고 정서와 의지를 전달하지 못하는 일종의 언어상실을 극복하고자 하는 것이다. 문학치료는 문학교육이 제도로서의 학교교육을 넘어 삶으로서의 교육으로 나아가고자 하는데 하나의 모델을 제시할 수 있다. 그러한 이유는 문학치료학에서 목표로 삼는 '치유의 힘'[8]이 제도로서의 문학교육을 넘어 평생교육 차원에서 문학문화의

---

5 여기에는 전점이(2007), 염은열(2010), 한귀은(2010), 조은상(2011), 박소영(2014) 등이 있다. 문학교육의 생산차원에서도 수용차원과 마찬가지로, 쓰기 중심의 방법적 논의를 다루는 연구가 주를 이루고 있다. 말하기 중심의 문학치료학적 방법의 적용을 논의하고 있는 연구는 찾아보기 어렵다.

6 학교에서 이루어지는 문학교육을 염두에 둘 때 학문(이론)과 실제를 연결해주는 것이 바로 교육과정이다. 따라서 문학교육학이 문학치료학을 수용하는 과정의 접점 찾기에 대한 고민은 교육과정 담론 층위에서 전개되는 것이 바람직해 보인다.

7 문학치료의 학적 가능성에 대해서는 변학수(2006: 239-286) 참조.

8 문학치료학에서 말하는 '치유의 힘'이란 일반 개인이 평생에 걸쳐 자신에게 발생

고양을 통해 인간다운 삶을 누리고자 하는 문학교육의 본령과 맥을 같이 하기 때문이다. 그러므로 본고에서는 융복합적 관점을 문학교육에 적용하여, 학습자가 자기 삶에 기반을 두고 문학지식을 의미 있는 방식으로 습득 및 생산해낼 수 있도록 교육 과정 차원에서 다른 학문과의 접점 가능성을 탐구하여 새로운 담론을 형성하고자 한다. 그러기 위해서는 문학치료학의 이론적 배경과 실천구조를 살펴보고, 이를 바탕으로 교육과정 층위에서 목표와 대상, 내용, 방법 차원의 접점 가능성을 탐색해보고자 한다.

2. 문학치료학의 이론적 배경과 실천구조

일반적으로 문학치료(Literatherapy)는 문학작품을 읽는 동안 자신의 삶과 작중인물의 삶을 동일시하는 과정에서 자신의 문제를 인식하여 카타르시스를 경험한 뒤 자기 문제를 이해하고 해결 방안을 모색하는 치료법이다. 문학치료는 문학텍스트 읽기를 중심으로 이루어져 왔는데, 현대에 와서는 보다 통합적이고 진보된 형태를 보이게 된다. 문학적 텍스트 읽기와 글쓰기 및 연행뿐만 아니라, 소리, 미술, 춤·동작과 같은 다양한 표현매체를 통하여 참여자의 의식의 표면으로 떠오르지 못하고 기억에서 은폐되거나 억압된 감정과 사고 및 경험을 안전하게 의식적 차원으로 불러온다. 이때 참여자들은 자신의 미해결된 감정이나 정서 및 문제를 치료적 현재에서 재체험하게 되며 비로소 자기이해에 도달하게 된다.[9] 이와 같은 치료적 구조화

하는 문제들을 스스로 해결하는 과정을 통해 정서적 이해를 도모하고 정체성을 유지하고자 하는 능력을 의미한다.

9 송진희(2006: 5)는 문학치료에서 감정적 통합과 인지적 구별의 과정이 불균등하

때문에 문학치료는 통합적 성격을 가질 수밖에 없다. 이는 미국의 문학치료협회(National Association for Poetry Therapy: NAPT)에서 정의하고 있는 문학치료 개념을 보면 보다 분명해진다.[10]

> 문학치료는 통합적 치료방법으로서 신체와 마음과 정신의 건강을 돌보기 위하여 여러 수단을 사용한다. 이때 문학이 주도적으로 혹은 부수적으로 사용될 수 있다. 그리고 훈련받은 문학치료사가 참여자[11]들에게 글쓰기 작업을 통하여 자신의 문제를 인지하고 감정을 표현하게 하여 자신의 삶을 변화할 수 있도록 도와준다.

위의 정의에서 알 수 있듯이, 문학치료는 한 개인이 자신에게 주어진 삶의 문제를 스스로 해결하기 위해 문학과 관련된 다양한 텍스트를 수단으로 이해와 표현 활동을 전개함으로써 자기 이해에 도달하는 것이다.[12] 따라서 문학치료학은 인간의 삶의 문제를 진단하고 문학 관련 텍스트의 이해와 표현을 통해 그러한 문제 상황을 예측하

게 발전할 때 이와 같은 요소들이 병적인 소인이나 질병을 일으킬 수 있다고 말한다. 그렇기 때문에 문학치료는 병리학적 특징을 지닌 에너지를 방출하거나 인지적 양상을 강화하는 등 정서와 인지적 측면을 동시에 다루고자 하는 통합적 학문의 형태를 갖는다고 설명한다.

10 http://poetrytherapy.org/index.html의 'What is Poetry Therapy' 참조. 이 협회에서 밝히고 있는 문학치료의 개념이 현대의 문학치료에 대해 가장 정통한 정의로 사용되고 있다(변학수, 2006: 18 재인용).

11 여기서 참여자는 상담에서의 클라이언트를 의미한다. 문학치료에서는 '환자'나 '내담자' 대신 '참여자'라는 용어를 사용한다. 이는 사람들이 갖는 삶의 문제들을 질병으로 보지 않기 때문에 그러한 용어를 사용하는 것으로 판단된다.

12 문학치료는 치유와는 다르다. 개인이 자신의 삶의 문제를 주체적으로 극복하고자 한다고 해도 스스로 치유할 수 있는 길은 한계가 있을 수밖에 없기 때문이다. 그래서 치료사의 개입이 필요할 수밖에 없기 때문에 문학치유 대신 문학치료라는 용어를 사용한다.

고 대처할 수 있도록 하는 하나의 이론으로 규정할 수 있다.[13]

문학치료는 보통 현실감의 유무에 따라 정신병(psychosis)과 신경증(neurosis)을 구분하고, 다시 신경증 내에서 유형과 반복의 정도에 따라 치료적 개입이 필요한 경우와 그렇지 않은 경우로 나눈다. 이러한 관점에서 문학치료의 대상을 고려해보면, 크게 세 가지로 나눌 수 있다. R. J. Rubin(1978: 7)은 이에 대해 다음과 같이 제시하고 있다.

〈표 1〉 문학치료의 대상 영역

	시설적	임상적	발달적
양식	개인이나 그룹, 일반적으로 수동적	그룹 활성화, 자발적 또는 비자발적	그룹 활성화, 자발적
참여자	정신병, 마약중독	정서장애, 행동장애	(위기 상황의) 일반인
계약자	사회	사회 또는 개인	개인
치료사	의사	의사, 심리치료사, 문학치료(상담)사	문학치료(상담)사
재료	지시	실제 체험, 허구적 문학	허구적 문학
기술	단순한 글에 대한 대화	참여자의 반응과 통찰을 고려한 텍스트를 통한 대화	참여자의 반응과 통찰을 고려한 (문학) 텍스트를 통한 대화
세팅	시설, 제도	시설, 상담실, 치료실	학교, 상담실, 치료실
목표	안전한 상황 유지	통찰을 통한 행동변화	자아 강화, 자기 계발

위의 〈표 1〉에서 알 수 있듯이, 문학치료의 대상은 시설적, 임상적, 발달적 영역으로 나눌 수 있다. 여기서 시설적, 임상적 영역은 참여자가 정신병을 앓거나 정서 또는 행동에 장애가 있는 환자이다. 이들은 전문시설이나 상담실, 치료실에서 의사 또는 심리치료사에

13 정운채(2007: 87-105)는 문학치료학의 학문적 특성을 진단과 예측과 대처를 지향하는 학문이라고 말한다. 그러면서 문학치료학은 작품과 삶을 직접 대응시키지 않고 작품에서 작품서사를 분석해내고, 삶에서 자기서사를 분석해낸 다음에 이 작품서사와 자기서사를 대응시켜 자기 삶의 문제를 해결해나갈 수 있도록 하는 과정의 일체를 이론적으로 설명할 수 있어야 한다고 주장한다.

의해 부수적 치료의 일환으로 문학치료를 받게 됨을 알 수 있다. 이에 반해 발달적 영역에서는 학교나 상담실에서 건강한 일반 개인이 문학치료(상담)사의 안내에 따라 허구적 문학 텍스트를 활용하여 자신의 정서나 삶의 문제를 해결해 나감을 알 수 있다.[14]

현재 우리나라에는 다양한 형태의 문학치료학이 전개되고 있다. 1990년 후반 정운채 교수에 의해 독자적인 문학치료의 이론적 배경이 정립되어, 문학텍스트를 중심으로 서사적 관계의 자기 이해를 통해 삶의 문제를 해결하고자 하는 문학작품 중심의 치료이론이 등장하였다.[15] 또한 미국에서 출발한 독서치료, 시치료, 드라마치료, 이야기치료와 같이 개인의 정서 치유에 중심을 둔 문학 장르를 활용한 치료이론도 나타났다.[16] 2004년부터 본격화된 개인의 자발성, 창의성, 잠재력 개발 등 일반적인 능력을 향상하고 일상생활의 균형성을 강화하는 독일의 통합문학치료이론이 국내에도 본격적으로 도입되었다.[17] 이들 문학치료학의 공통점은 그 대상이 발달적 영역을 중심으로 하고 있다는 것이다. 치료공간이 교실이나 상담실, 치료실 그 밖의 정서적 안정을 도모할 수 있는 공간이면 무방하다. 또한 치료사는 문학치료(상담)사이며, 치료의 대상은 장애나 정신병을 앓고 있는 환자가 아닌 건강한 일반 개인이다. 이들이 자신의 삶에서 받는 과중한 스트레스나 정서적 문제를 허구적 문학세계의 이해와 표현을

14 본고에서는 문학교육의 대상이 건강한 일반 학습자임을 고려하여, 문학치료의 대상 영역 가운데 발달적 영역을 중심으로 논의를 전개하고자 한다.

15 정운채(2006), 『문학치료의 이론적 기초』, 문학과치료, 참조.

16 이영식(2006), 『독서치료 어떻게 할 것인가』, 학지사; 고미영(2008), 『이야기치료와 이야기의 세계』, 청목출판사, 참조.

17 통합문학치료학은 2004년 경북대학교 대학원에 문학치료학 협동과정이 만들어지면서 본격적인 연구가 이루어지고 있다. 주목할 만한 논의로는 채연숙(2015), 『형상화된 언어, 치유적 삶』, 교육과학사; 변학수(2006), 『통합적 문학치료』, 학지사 참조.

통해 해결해 나갈 수 있도록 적절히 돕는 것이다. 이와 같은 문학치료학은 배경이론과 치료 방법에서 다소간 차이를 보인다.

먼저, 문학치료학의 배경이론에 대해 살펴보자. 정운채(2006)는 상담방법이나 심리학이론을 가급적 배제하며, 문학치료의 이론적 기초를 문학 작품의 서사와 자기 경험 서사에 중점을 두어 진단하고 예측하며 대처 방법을 모색한다. 반면에 변학수(2006), 채연숙(2015)는 통합적 문학치료학의 정립을 위해 문학 및 문학이론(수용미학, 독자반응중심이론), 해석학과 현상학 등의 인식철학, 인성 및 발달이론, 상담 등의 심리학, 매체이론 등에 기반을 둔다.[18]

다음으로 문학치료의 방법론을 살펴보자. 정운채(2006)는 문학을 통해 인간의 정신을 해부한 정신분석학의 방법론을 참고하지만, 철저히 문학 작품의 서사와 자기 삶의 경험에 기반을 둔 서사의 관계를 구조적 측면에서 분석하여 문제를 진단하고 예측하고 처방하고자 하는 인지 중심의 해석 방법에 중점을 둔다. 반면에 변학수(2006), 채연숙(2015)은 독일의 통합적 문학치료이론을 받아들여, 참여자의 텍스트에 관한 미적 해석보다는 수용 과정에서 발생하는 정서적 변화와 자기 내적 통합을 도모하는 방법에 중점을 둔다.

이와 같은 문학치료학의 성격과 특성을 고려하여, 이론적 배경과 실천구조를 도식화해보면, 〈그림 1〉과 같다.

---

18 채연숙(2015: 31-32)은 통합문학치료학을 학문들 간의 통섭의 산물로 보며, 관련 배경이론으로 인간학과 창의학을 기본으로 하여 심층 심리학, 정신분석학, 존재론, 현상학, 게슈탈트이론, 상담이론, 인간발달론, 인성이론, 자아분석이론, 정신병리학, 뇌과학, 사회학, 연극학, 문예학, 철학, 매체학, 문화학, 젠더학 등을 제시한다.

〔그림 1〕 문학치료학의 배경이론과 실천구조

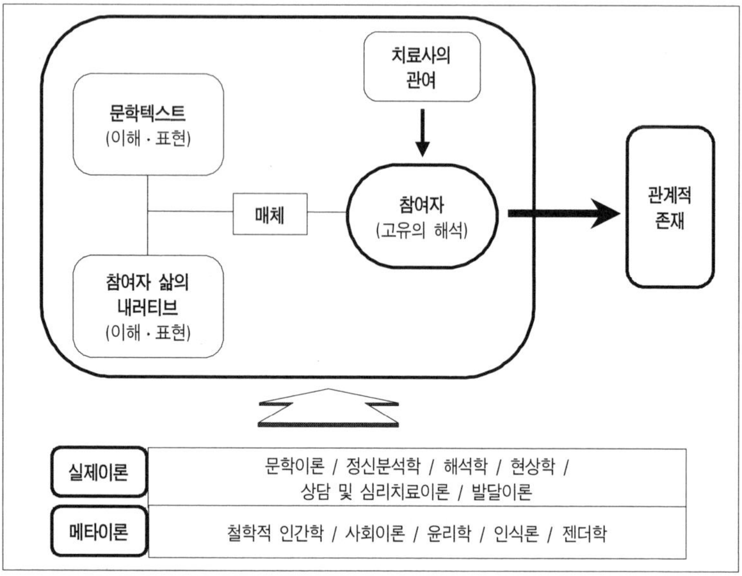

위의 [그림 1]에서 알 수 있듯이, 문학치료학의 배경이론과 실천구조는 교사가 학습자를 대상으로 교실 공간에서 전개하는 문학교육과 유사한 점이 많다. 그러나 문학 향유를 통해 자아성찰을 도모하고 공동체 사회 발전에 기여하고자 하는 문학교육의 목적과 내용 및 방법에서 다소간 차이를 보인다. 그럼에도 불구하고 문학교육학이 문학치료학과의 접점 가능성을 모색해야 하는 이유는 학교 현장에서 이루어지는 문학교육이 개인의 정서와 발달을 위한 실천의 문학교육으로 거듭날 수 있기 때문이다. 현재 실행되고 있는 제도로서의 문학교육은 특정한 교실 공간에서 이루어지면서 학습자 개인의 삶과 분리되어 전개되어온 것이 사실이다. 문학교육을 연구하는 학문 분야 역시 문학교육이 평생교육으로 전개될 수 있어야 한다는 당위성은 수없이 밝혀 왔지만, 제도로서의 문학교육과 삶으로서의 문학교

육을 통합하려는 연구는 미흡했다. 또한 문학 텍스트의 분석, 이해, 감상에 초점을 두면서도 자아의 내면(특히 불안정한 마음)에 귀를 기울이는 소통(이해와 표현) 방법을 가르치는 일에 대해서는 소홀했다. 정서 교육에 중점을 두어야 한다고 강조하면서도, 문학을 통해 개인의 공개할 수 없는 상처나 갈등, 스트레스 등을 치유해주고 텍스트 해석 이후에 발생하는 정서적 변화에 관심을 두지는 못했던 것이 사실이다. 따라서 문학교육학은 문학치료학과 다양한 방식의 접점 찾기를 통해 아름다움을 추구하는 과정 속에서 진정한 자기 치유를 체험할 수 있는 학문으로 거듭날 필요가 있다.[19]

3. 문학치료학과의 접점 가능성

이 장에서는 학습자가 언어적 형상화 과정을 통해 자기 치유의 힘을 신장할 수 있는 방향으로 문학교육이 전개될 수 있도록 하기 위해 목표 및 대상, 내용, 방법의 차원에서 접점 가능성을 탐색해보고자 한다. 학습자 개인의 상처나 소외현상에 주목하는 치유적 기능이 강화된 문학교육학이 현장의 문학교육에 적용될 수 있기 위해서는 학문과 실제를 이어주는 교육과정 층위에서 접점 가능성을 살펴볼 필요가 있기 때문이다.

19 Adler(김인자 옮김, 1989)는 인간관계와 자기표현에 대한 상관성을 연구하면서 유머를 포함한 미적 표현행위가 원만한 인간관계를 형성할 수 있다고 주장한다. 이는 문학 소통이 특히 문학적 표현행위가 인간관계 형성에 상당한 영향을 미칠 수 있을 뿐만 아니라, 이를 통해 자기 정서의 정화를 도모할 수 있음을 의미하는 것이다.

3.1. 목표 및 대상의 차원

문학치료학과의 접점 가능성을 탐색하기 위해 제일 먼저 고려해야 할 사항은 문학교육의 목표 및 대상(학습자 변인)이다. 문학교육에서 추구하는 학습자의 이상적 모습은 문학교육과정을 통해 확인할 수 있다. 2015 국어과 교육과정 선택과목 〈문학〉에서는 문학교육의 목표를 아래와 같이 밝히고 있다.[20]

> 문학 작품의 수용생산 활동을 통해 창의적인 문학능력을 기르고, 문학의 본질과 양상에 대한 이해를 심화하며, 타인 및 세계와 소통하며 자아를 성찰하고 문학문화의 발전에 기여한다.
>
> 가. 문학의 본질과 가치, 한국 문학의 성격과 역사에 대해 체계적으로 이해한다.
>
> 나. 작품의 수용과 생산 활동을 중심으로 창의적 · 심미적 · 성찰적으로 사고하고 소통하는 능력을 기른다.
>
> 다. 문학을 통해 인간과 세계를 총체적으로 이해하고 공동체의 문화 발전에 기여하는 태도를 기른다.

위의 진술을 보면, 문학교육의 목표를 통해 추구하는 인간상은 문학의 본질과 가치를 이해하고 작품의 수용과 생산을 통해 창의적, 심미적, 성찰적으로 사고하고 소통하는 인간이다. 또한 인간과 세계를 총체적으로 이해하고 공동체 문화의 발전에 기여하는 태도를 가진 인간임을 알 수 있다. 이러한 진술은 다소 포괄적이긴 하지만, 개인의 소외와 갈등에 주목하고 자기 치유를 통해 원만한 의사소통을

---

20 교육부(2015: 123), 「일반선택 문학」, 『국어과교육과정』, 참조.

영위하고자 하는 문학치료학이 추구하는 인간상과 크게 다르지 않다. 변학수(2006: 20)는 문학치료의 목표를 아래와 같이 제시하고 있는데, 여기서 추구하는 인간상이 어떤 모습인지 짐작해볼 수 있다.

> 문학치료의 목표는 인지적 통찰과 정서적 이해다. 정서적 이해란 지금까지 가져 온 감정, 행동에 대한 이해를 말한다. 그리고 인지적 통찰이란 자기가 아닌 다른 사람에 의해서 발생하였지만 자신이 고통을 당하는 왜곡된 감정과 행동의 통찰을 의미한다. 그래서 치료란 곧 지금까지와는 다른 인지적 통찰, 정서적 이해를 추구하는 것이다. 지금까지는 덮여져 외부만 이해하던 참여자가 내부의 변화를 이해하고, 그것을 현재의 삶에 통합하는 것이다. 이렇게 보면 통찰과 이해는 사유하고 느끼는 인간의 잠재적 힘이다. (생략) 이 힘을 참여자는 행동이 있는 언어로, 서정적 은유로, 이야기로 표현하면서 '지금-여기'의 왜곡된 자신을 인지하고 정서적으로 이해한다. 나아가 다른 자신을 받아들이고, 다른 사람 속에서 공존하고, 다른 사람에게 인정을 받고, 다른 사람을 인정해 주면서 참여자는 통합을 이루게 된다.

위의 진술에서 알 수 있듯이, 문학치료에서 추구하고자 하는 궁극적인 목표는 개인의 인지적 통찰과 정서적 이해의 통합이다. 이는 개인이 의사소통 과정에서 자기에게 발생하는 여러 문제들을 주체적으로 해결해나가면서 다른 사람과 더불어 살 수 있는 배려와 나눔의 정신으로 공동체 발전에 참여하는 인간을 의미한다. 개인이 문학 활동을 통해 인지적, 정서적 통합을 주체적으로 도모한다는 데 있어 상당한 유사성을 찾을 수 있다. 따라서 향후 문학교육의 목표에는 발달적·치유적 관점에서 보다 구체적인 진술이 추가되거나 보완될 필요가 있다. 문학치료의 대상은 일반적인 개인을 포함해 치료가 필요한 환자까지 그 영역이 광범위하다. 문학치료의 대상을 살펴보면, 아래 [그림2]와 같다.

〔**그림 2**〕 문학치료의 대상 영역[21]

삶의 위기상황에 직면한 사람들 (실직, 이별, 상실, 파산, 재난재해 등으로 고통 받는 사람들)	문학 치료 대상	**중독에 빠진 사람들** (마약, 알코올, 도박, 쇼핑, 인터넷 등에 빠진 사람들)
일반인, 청소년, 중장년층 (인간 발달과정에서 오는 존재론적 불안이나 두려움)		**유년의 상처, 내면의 아픔을 가진 사람들** (이유를 알 수 없거나 말로 표현할 수 없는 것에 대한 불안)

문학치료의 대상은 크게 네 가지 영역으로 구분된다. 실직이나 이별, 상실, 파산 등 삶의 위기 상황에 직면한 사람들과 인간 발달과정에서 오는 존재론적 불안이나 두려움을 겪고 있는 일반인, 중장년층, 청소년, 그리고 유년의 상처나 내면의 아픔을 가진 사람들, 마지막으로 마약, 알코올, 도박, 쇼핑, 인터넷 등에 중독된 사람들이다. 문학치료에서는 자기 치유가 필요한 사람들을 모두 대상으로 삼고 있음을 알 수 있다. 위에서 제시한 상실, 이별, 두려움, 도박, 쇼핑, 인터넷 중독, 이유를 알 수 없는 불안 등은 오늘날 현대인에게서 찾을 수 있는 습관처럼 익숙한 질병이라 할 수 있다. 따라서 문학교육(학)에서는 교육의 대상을 이상적인 학습자로 규정하고 목표를 설정할 것이 아니라, 건강한 일반인임을 전제하되 아울러 언제든 학교나 일상의 생활공간에서 소외되거나 심각한 갈등을 경험하고, 심지어 중독에 빠져 낙오되는 학생들까지 모두 아우를 수 있는 포괄적 시각이 요구된다. 무엇보다 중요한 것은 학생들이 학교라는 공간에서 문학

21 문학치료의 일반적인 4가지 대상 영역은 채연숙(2015: 40) 참조.

을 통해 자기 삶의 체험을 언어적으로 이해하고 형상화하는 활동 가운데 치유의 힘을 신장할 수 있어야 한다는 점이다. 자기 치유의 힘을 주체적으로 형성해 나갈 수 있다는 것은 성찰적 사고를 통해 타인과의 올바른 관계를 정립해 나가는 인간이라 정의할 수 있는데, 이와 같은 인간상은 다름 아닌 Peters(1980)가 말한 '자아실현인(自我實現人)'과 같다고 할 수 있다.[22]

3.2. 내용의 차원

문학교육에서 무엇을 가르칠 것인가 하는 문제를 범주화한 것이 교육 내용의 범위라고 한다면, 문학교육의 내용범위는 크게 네 가지 차원에서 살펴볼 수 있다. 구인환 외(2007: 24-27)에 따르면, 문학교육의 내용범위는 다음과 같다. 첫째, 작가가 텍스트를 생산하는 과정과 관련된 내용범위, 즉 생산이론과 관련된 내용범위이다. 둘째, 텍스트 그 자체의 구조에 관한 것으로 작품의 절대론적 관점과 관련된 내용범위이다. 셋째, 작가가 산출한 텍스트를 수용자가 받아들이고 체험하는 과정으로 수용이론과 관련된 내용범위이다. 넷째, 작가-텍스트-수용자를 기본축으로 하면서 역사적 실천의 요소를 문제로 삼는 반영이론과 관련된 내용범위이다. 그런데 이러한 내용범위에서 본격적으로 다루어지고 있지 않은 것이 바로 읽기·감상·이해를 넘어서는 표현과 관련된 영역과 독자의 텍스트 수용 이후의 삶, 즉

22 Peters(1980: 38-41)는 오늘날 교육의 위기를 '교실이라는 공장'으로 비유하며, 획일화된 지적 기계를 생산해내는 것에 대한 반성으로 '생각하고 느끼고 생활하며 행동하는 인간적이고 인간다운 전인적 존재인'인 '자아실현인'을 양성해야한다고 주장한다. '자아실현인'의 양상에 대한 구체적인 내용은 Peters(1980: 37-52), 인간주의 교육의 목표 부분 참조.

자기 삶의 내러티브 형성과 정서변화에 관련된 영역이다. 이를 그림으로 나타내보면, 아래 [그림3]과 같다.

〔**그림 3**〕 문학교육의 내용 범위[23]

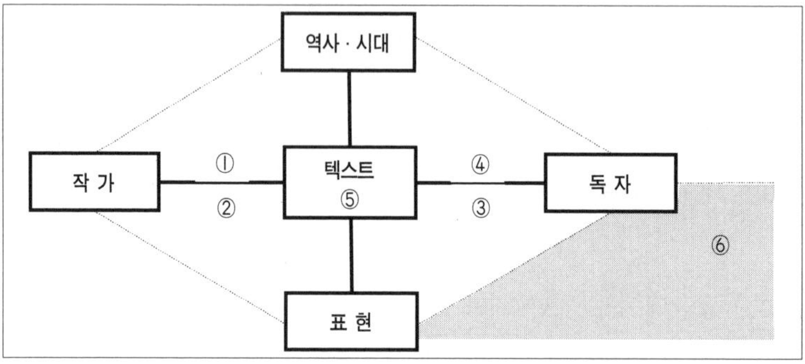

위에서 알 수 있듯이, 첫째, 생산이론과 관련된 내용범위로 ①, ②의 영역이 이에 해당된다. 이 영역은 작가와 텍스트를 중심으로 역사주의적인 것과 표현에 관련된 것이 기본축을 이룬다고 할 수 있다. 이 내용범주에 해당하는 구체적인 교육활동 자료로는 역사주의적 비평자료, 작가론적 탐구자료, 전기적 자료, 시대적 배경과 시대정신에 관련된 자료 등이 포함된다. 둘째, 텍스트 그 자체의 구조에 관한 것으로 ⑤의 영역이 이에 해당된다. 이 영역은 신비평이론에 의한 우리나라 문학연구 경향을 반영한 결과로서 문학 경험 자체를 텍스트 구조 속에 가두어 작품을 객관적 대상물로 바라보게 하는 한계를 지닌다. 셋째, 수용이론과 관련된 내용범위로 ③, ④의 영역이 이에 해당된다. 이 영역에서는 작가가 산출한 텍스트를 수용자가 받아들이고 체험하는 과정에서 발생하는 수용자 개입으로 인한 텍스트의 의

23 이 그림은 구인환 외(2007: 24)에서 제시하고 있는 문학교육의 내용적 차원의 범위를 논의에 맞게 적절히 변용한 것이다.

미화를 중요하게 여긴다. 넷째, 반영이론과 관련된 내용범위로 ①, ④의 영역이 이에 해당된다. 이 영역은 단순한 세계 모방의 기법론 수준을 넘어 문학사나 시대정신 등의 내용까지 포함된다.[24]

이렇게 문학교육에서 가르쳐야할 내용의 범주는 광범위하다고 할 수 있다. 그런데 문제는 ⑥의 영역이다. 이 영역은 작품의 수용을 넘어 생산(표현)에 해당된다. 지금까지 문학교육(학)은 작품 읽기 방법에 지나치게 함몰된 경향이 있어, 창작과 관련된 표현 교육의 필요성을 넘어 내용과 방법에 관한 교육과 연구가 활발히 이루어지지는 않았다. 또한 이 영역은 교실이라는 특정한 시간과 공간이 작용하는 수업 상황에서 가시적으로 통제될 수 있는 부분이 아니다. 이 영역은 제도로서 학교교육을 넘어 평생교육 차원에서 수용자의 생활세계[25] 체험과 관련되어 나타나는 잠재적 교육 내용들을 의미한다. 따라서 문학교육에서는 다양한 학문 영역의 담론과 융복합을 통해 이 영역에 대한 교육 내용과 방법을 적극적으로 마련해야 한다. 어떻게 하면 학교라는 공간에서 이루어지는 문학교육의 지식 습득이 실제 생활 체험과 연계되어 앎으로서의 삶을 영위해 나아갈 수 있는지, 표현을 중심으로 '학습자와 문학 교육 공간의 관계'에 대한 연구가 이루어져야 한다.

문학교육에서는 문학치료에서 중요한 비중을 차지하는 참여자의 독서 과정 이후에 나타나는 태도(문학 텍스트를 읽고 서사적 메시지보다는 그것을 읽고, 쓰고, 연행함으로써 얻어지는 개인의 정서 변화), 즉

---

24 문학교육의 내용 범위 가운데 ①, ②, ③, ④, ⑤영역에 대한 진술은 구인환 외(2007: 23-27)를 요약 정리한 것임을 밝힌다.

25 생활세계(lifeworld)는 학문적으로 수립된 객관적 세계와 대립되는 일상적 삶의 세계를 말한다. 특히 현상학에서 생활세계란 과학적 인식을 바탕으로 파악되는 세계가 아닌 자연 그대로의 세계를 의미한다. 이에 대한 자세한 설명은 고진호(1994) 참조.

치료과정에서 일어나는 현상을 교육 내용으로 치환할 수 있는 접점을 찾아내야 한다.[26] 문학치료와 적절한 접점 찾기를 통해 문학 작품의 구조적 차원에서의 심미적 이해를 넘어 텍스트 분석 후에 이루어지는 학습자의 과거 경험이나 고통, 불안 등에 대한 자기 해석과 치유를 위한 긍정적 태도에 주목하는 '문학 텍스트의 소통 현상'까지 연구할 수 있어야 한다.

3.3. 방법의 차원

넓은 의미에서 개인이 삶의 문제를 스스로 인식하고 사회와의 발전적 통합 방향을 끊임없이 모색하고자 하는 것이 통섭의 목적이라면, 교육과 관련된 보다 구체적인 의미에서 융복합의 목적은 전인적 존재로서 개인이 가지고 있는 개별성을 존중하는 방법을 찾는 데 있다(차윤경 외, 2014: 33). 따라서 문학교육(학)에서는 학습자가 자기 치유를 통해 자존감을 형성할 수 있는 방향으로 문학 활동을 전개할 수 있도록 하기 위해 방법 차원의 논의가 요구된다.[27]

문학교육과 문학치료의 접점 찾기는 어떤 방법으로 전개되는 것

26 그간의 국어과 교육과정을 살펴보면, 국어교육에서 태도는 '제7차 국어과 교육과정'에서 '태도' 범주를 설정한 방식을 거의 그대로 답습해오는 경향이 있다. 국어생활과 관련된 가치, 흥미, 동기 등 주로 국어를 학습하는 과정에서 형성되는 긍정적 태도에 초점을 두고 있는데, 이렇게 태도와 관련된 모든 내용요소들이 의도적으로 가르칠 수 있는 교육 내용의 대상이 될 수 있는지는 근본적인 고민이 요구된다. 이에 대한 문제의식의 구체적 설명은 박종임(2011: 249-255) 참조.

27 이 때 학습자가 문학 교수·학습 과정에서 자존감을 형성해나간다는 것은 자기 치유의 힘을 발휘할 수 있도록 하는 자아의 경험 인식과 가치 판단이 성장함을 의미한다. 여기서는 구체적 방법론을 제시하기보다 문학치료학과의 융합 방향에 대해 제시할 것이다.

이 바람직한가. 김성원 외(2012)는 다양한 학문의 융합을 다학문적(multi-disciplinary) 방식, 간학문적(inter-disciplinary) 방식, 탈학문적(extra-disciplinary) 방식으로 나누어 설명하고 있다.[28] 그러나 실상 이러한 방식의 범주 안에서 또 다시 고려되어야 할 세부적인 접점 찾기는 매우 광범위하다고 할 수 있다. 따라서 문학교육학은 학문 간의 융복합 방식에 초점을 두기보다 현장의 문학 수업이 실제적인 개선 방향으로 흘러갈 수 있도록 하는 데 중점을 두고 이루어지는 것이 바람직하다.[29] 이는 교과로서의 문학교육을 연구하는 문학교육학과 개인의 상처받은 삶과 회복성을 연구하는 문학치료학이 만나 현장의 문학교육에 어떤 방식으로 적용될 수 있는지 다양한 연구들이 전개되어야 함을 의미한다.

여기서는 학문과 실제를 이어주는 교육과정 차원의 매개 담론에 대한 중요성을 인식하고 국어과 빅 아이디어로 생태언어학에 기반을 둔 '생태적 균형성'을 제안한 김규훈(2015)을 주목하고자 한다. 이 연구에서는 학문 간 효과적인 접점 찾기를 위해 융복합 교육의 실행을 가능하게 하는 교육과정 층위의 국어과 빅 아이디어[30]의 필요성을 언

---

28 김성원 외(2012: 129-131), 차윤경 외(2014: 129-131)는 Klein(2005)에서 도구적 학제성, 인식론적 학제성, 탈학문성, 비판적 학제성으로 구분한 논의를 바탕으로 융복합의 방식을 다학문적 학제성, 간학문적 학제성, 탈학문적 학제성, 완전 학제성으로 나누고 있다. 그러나 완전 학제성은 모든 학문 사이의 벽을 허무는 것뿐만 아니라, 기존의 학문을 부정하고 인정하지 않고자 하는 것이기 때문에 학문의 경계를 허물지 않고 자유롭게 넘나들고자 하는 융복합의 개념과 일대일 적용은 무리이다. 따라서 일반적으로 융복합 방식은 다학문적, 간학문적, 탈학문적 방식으로 요약해볼 수 있다.

29 김규훈 · 김혜숙(2015: 307-312)은 융복합의 개념과 융합형 국어교육의 명제를 언급하면서, 융복합교육은 교육 현장에서의 적용 가능성을 고려하여 간학문적 융합을 중심으로 다학문적 융합을 포함하는 방향으로 흘러가는 것이 바람직하다고 말한다.

30 빅 아이디어(big idea)란 교육과정 층위에서 학습자의 이해를 돕고 다양한 상황

급하며, 빅 아이디어의 매개 담론으로 생태언어학을 도입한다. 그리고 생태언어학에서 지향하는 '인간, 언어, 환경'의 관계성과 총체성에 주목하여, 빅 아이디어로 '생태적 균형성'을 제안하고 핵심 내용 요소를 추출한 뒤 그것에 해당하는 세부내용과 접점 찾기를 통한 융복합의 사례를 효과적으로 제시하고 있다.[31]

이와 같은 방법론을 참고해보면, 현장의 문학수업을 고려한 문학교육학과 문학치료학의 접점 찾기를 통해 실행될 문학교육에서는 빅 아이디어로 '문학 향유를 통한 자기 치유의 회복성'을 제안할 수 있다. 이러한 빅 아이디어의 핵심 내용으로는 내용 차원에서 살펴보았던 '삶의 공간으로서 문학 교육 공간의 변화', '문학 텍스트 소통 현상의 확장' 등을 제시할 수 있다.

먼저, 삶의 공간으로서 문학 교육 공간의 변화이다. 학습자들이 문학을 삶과 분리된 지식을 전수받는 물리적 공간으로 받아들이지 않고 삶의 현장으로 인식할 수 있도록 하기 위해서는 문학 수업 공간의 재인식이 요구된다. 문학치료학에서는 치료의 과정에서 참여자가 기억을 통해 자신의 내면 깊은 곳에 존재하는 자신을 위한 언어들을 꺼내고, 자신에 의한 은유와 상징을 가져올 수 있는 치유적 공간을 중요하게 생각한다. 기억의 핵심은 이미지와 장소인데, 이미지란 기억의 내용을 명확한 형상으로 코드화한 것이고, 장소란 이 형상을 일정한 구조로 되어 있는 어떤 공간 속의 구체적 장소에 대응하는 것으로 간주한다.[32] 따라서 참여자가 기억을 통해 떠올리는 이미

에의 적용을 유도하는 개념으로, '이해 중심 교육과정'에서는 교과의 핵심(원리, 기능, 태도 등)이면서도 다른 교과나 비교과에 전이 가능한 요소를 담은 핵심 내용을 의미한다(김규훈, 2015 재인용).

31 생태언어학의 연구 내용을 통한 국어과 빅 아이디어의 제안과 융복합 가능성의 구체적인 사례 설명은 김규훈(2015: 43-47) 참조.

32 기억과 공간의 문제에 대한 구체적 설명은 채연숙(2015: 185-186) 참조.

지에 대한 느낌이나 인상, 생각 등은 자신만의 언어를 통해 구체적 장소로 표현된다. 그렇기 때문에 문학치료학에서는 참여자들이 수행할 수 있는 외적인 공간과 함께 그와 연계된 내적인 기억의 공간도 중요하게 생각한다. 이는 치료과정에서 참여자가 과거의 부정적인 기억과 화해를 하면서 새로운 기억을 형성해 나가는 데 적당한 기억의 공간이 요구되기 때문이다. 그러므로 이 범주에서는 학습자의 내면적 공간과 문학 수업 공간의 다양화 방법을 중심으로 하는 내용들이 마련되어야 한다. 이는 학교의 교실을 벗어난 여타의 생활공간을 교육의 공간으로 인정하여 교육의 자율적 맥락을 실현하는 것이다. 또한 문학 수업 공간에서 이루어지는 참여자들의 관계에 대한 재설정을 통해 자유로운 문학 활동이 전개될 수 있도록 하는 방법의 내용들이 마련되어야 한다. 이는 교사와 교사, 교사와 학생, 학생과 학생의 관계를 경직된 방식이 아닌 자유로운 관계로 재설정함으로써 교육적 공간의 감소와 위축을 벗어나 진정한 삶으로서의 문학 향유를 가능하게 할 것이다.[33]

다음으로, 문학 텍스트 소통 현상의 확장이다. 문학교육에서는 텍스트 이해 및 감상에 중점을 두는 수용 차원의 교육 내용에서 벗어나 텍스트와 독자 사이의 상호작용이나 주체의 사고와 표현의 관계에 주목한 내용들을 가르치기 시작하였다. 그러나 학습자의 생활에서 실제적 표현 과정을 통해 자기 삶의 체험을 해석하고 새로운 의미를 발견하게 함으로써 자기 상처를 치유하고 이해할 수 있도록 하는 존재론적 교육 내용은 찾아보기 어렵다.[34] 문학치료에서 치료사들

---

33 최성욱(2006: 5-6)은 학교 교육의 공간에 대한 인식이 경직된 방향으로 흘러가면서 점점 삶과 분리된 교육으로 변질되어가고 있다고 지적한다. 이러한 논의를 참고해보면, 학교 교육의 공간에 대한 변화와 재인식의 방법적 논의는 반드시 필요하다고 볼 수 있다.

은 소외된 언어의 위해성과 참여자들의 삶에서 언어로 이루어지는 폭력에 의해 발생한 심한 상처들을 보았으며, 자신의 상처에 대해 심지어는 침묵하는 사람들을 만나게 된다고 한다.[35] 그런 까닭에 문학치료학은 참여자들이 치료의 과정에서 표현해내는 비언어적 표현을 포함한 일체의 형상화된 언어, 즉 형상으로서의 언어에 주목한다. 문학치료의 과정에서 치유의 본질은 참여자들이 스스로 표현하고, 그것에 자기 나름의 해석의 의미를 실어냄으로써 자신에게 내재된 모든 상처와 아픔으로부터 벗어날 수 있는 진심의 말들과 삶의 언어들을 만나게 된다는 데 있다.[36] 그러므로 이 범주에서는 학습자 스스로 삶의 의미를 부여해보는 기회를 많이 갖고, 자기 삶에 대한 신뢰감을 형성할 수 있는 언어, 형상화, 표현과 말, 해석, 공감하는 방법 등의 내용이 마련되어야 한다. 또한 자기 경험 존중, 텍스트를 둘러싼 교사와 학습자 간의 언어이해 및 성찰, 자유로운 텍스트 이해 및 표현 유발, 교사와 학습자의 신뢰감 형성, 학습공동체의 정서 유대 등의 내용도 마련되어야 한다. 이는 문학 텍스트 소통의 과정과 결과로 발생하는 학습자의 정서적 변화를 스스로 인식할 수 있게 해줌으로써 자기 치유의 힘을 형성할 수 있게 해줄 것이다.

이 장에서는 현장의 문학교육이 문학을 통한 자기 치유로 이어질 수 있도록 하기 위해 학습자와 관계를 맺고 있는 교육 공간의 재개

---

34 물론, 국어교육에서 정서와 관련된 표현교육에 대한 본격적인 연구가 이루어지고 있다. 그러나 문학교육에서 논의되고 있는 표현교육은 주로 문학 텍스트 해석에 기반을 둔 쓰기 방법에 초점을 두고 있다. 문학 서사와 자기 서사와의 관계적 이해를 통해 인지와 정의의 통합을 추구하는 교육 내용과 방법이 체계화될 필요가 있다. 표현교육의 연구 동향에 대해서는 최인자(2003) 참고.

35 변학수(2006: 156-302)는 문학치료에서 일어나는 참여자의 반응에 대한 사례를 구체적으로 제시하고 있는데 참고할 만하다.

36 문학치료학에서 형상으로서 언어의 중요성에 대한 자세한 설명은 채연숙(2015: 28) 참조.

념화, 문학 텍스트 소통 현상의 확장을 중심으로 살펴보았다. 치유적 문학 활동을 강조하는 문학교육의 빅 아이디어 '문학 향유를 통한 자기 치유의 회복성'의 핵심 내용과 접점 가능성의 예를 정리해보면, 아래 [표2]와 같다.

〈표 2〉 치유 중심 문학교육의 핵심 내용과 접점 가능성의 예

빅 아이디어	핵심 내용	접점 가능성(방법 차원의 예시)
문학 향유를 통한 자기 치유의 회복성	삶의 공간으로서 문학교육 공간의 변화	기억을 통한 경험의 재구성, 언어적 형상화, 학습자의 자유로운 텍스트 이해 및 표현 유발, 텍스트 제재에 적합한 교실환경 형성, 교수학습 환경에 대한 느낌 및 생각 소통 등
	문학 텍스트 소통 현상의 확장	형상화된 언어 이해, 텍스트 해석, 텍스트 공감, 현재 자기 상태 인식, 자기 삶의 이야기 표현, 타인의 이야기 이해, 타인의 이야기 공감, 표현과 이해를 통한 자기 정서의 변화 인식, 학습자의 자기 경험 존중, 교사와 학습자의 신뢰감 형성, 학습자와 교사 간의 언어 이해, 교수학습 과정에 대한 언어적 성찰, 공동체의 정서 유대 형성 등

4. 결론 및 제언

본고에서는 문학교육(학)과 문학치료학과의 접점 찾기를 통해 치유적 문학교육의 실천 가능성을 탐색해보았다. 이 과정에서 향후 문학교육은 학습자의 개별성을 존중하고 삶의 건강성을 유지하기 위한 방향으로 전개되어야 함을 확인하였다. 이를 위해 본고에서는 학문과 실제를 이어주는 교육과정 차원의 매개 담론으로서 빅 아이디어를 구축할 필요가 있다고 판단하고, '목표 및 대상', '내용', '방법'의 차원에서 문학치료학과의 접점 가능성을 살펴보았다. 발달 또는 치유적 차원에서 문학교육에 필요한 빅 아이디어로 '문학 향유를 통한 자기 치유의 회복성'을 제안하였다. 이러한 빅 아이디어의 핵심 내용으로는 '삶의 공간으로서 문학교육 공간의 변화', '문학 텍스트 소통

현상의 확장' 등을 제시하였다.

이와 같은 접점 찾기 과정에서 반드시 전제되어야 할 것이 있는데, 그것은 바로 융복합적 관점 또는 융복합적 사고라 할 수 있다. 융복합이 시대와 교육의 쟁점으로 떠오른 것은 크게 세 가지 측면에서 살펴볼 수 있다. 첫째, 시대사적인 패러다임의 변화이다. 후기 산업사회로 접어들면서 많은 분야와 직업, 경험 영역이 파생되어 점점 전문화되는 경향이 심해져서 같은 분야에 종사하는 사람도 세부 전공 분야가 다르면 소통이 어려워진지 오래기 때문에 의미 없는 지식과 정보가 난무하는 현실을 극복하고자 하는 데서 융복합교육의 필요성이 대두된다. 둘째, 인류 차원의 문제 확대이다. 현재 인류가 당면하고 있는 문제는 그 심각성과 복잡성이 매우 심화되어 개인 혼자서 해결할 수 있는 것이 아니다. 이러한 위기감에서 융복합적 사고나 능력은 반드시 필요할 수밖에 없다. 셋째, 새로운 교육, 교육적 혁신의 요구다. 평생교육의 시대로 접어들고 있는 지금 시점은 학습자의 삶과 교육이 더욱 밀착되고, 동시에 인간화된 형태의 교육이 지향되고 있기 때문에 제도로서의 교육을 통해 배운 지식을 삶의 문제에 적용할 수 있어야 한다. 이렇게 세 가지 차원의 요구에서 융복합의 교육적 필요성은 강조될 수 있다.[37]

향후 문학교육은 이와 같은 융복합적 관점에서 학습자 개인의 발달과 올바른 정신적 성장을 위해 치유와 관련된 다양한 학문과 적극적인 접점 찾기를 모색할 필요가 있다. 치유 중심 문학교육의 빅 아이디어를 구축하는 매개 담론은 문학교육에서 발생하는 학습자와 관계된 모든 현상을 심리 차원에서 연구할 수 있는 다양한 관련 학문

37 국어교육에서 융복합 교육의 필요성에 대한 구체적인 설명은 차윤경 외(2014: 126-131) 참조.

들이어야 한다. 이러한 매개담론의 기반이 되는 학문들을 묶어 범박하게 표현해보자면, '문학교육심리학'이라 부를 수 있을 것이다.[38] 만일 문학교육에서 학습자와 관련된 심리 차원의 문제들을 깊이 있게 연구하는 학문 분야가 구체화된다면, 우리의 문학교육은 진정한 의미에서 삶으로서의 문학 향유가 가능해질 것이다. 그러한 면에서 문학 수업에서 교사의 대화가 학생의 감상능력을 형성 또는 성장시키는 데 어떤 역할을 하는지 살펴본 노철(2008)이나, 교실에서의 문학 수업이 실생활로 확장되기 위해 교사가 겸비해야할 능력과 역할을 논의한 김지현(2015)은 주목할 만하다. 향후 문학 교수·학습 과정에서 학습자의 정서심리를 중심으로 발생하는 다양한 현상에 주목하는 '문학교육심리학'이라는 학문 분야가 활성화되기를 기대해본다.

38 교육심리학에서 심리학적 측면을 강조하는 경우에는 학습자의 발달과정이나 학습 방법과 관련된 법칙 정립이 그 핵심이 되어 가치중립적인 과학적 연구가 된다(임규혁·임웅, 2007). 이를 문학교육 현상에 적용하여 생각해보면, 문학교육심리학은 문학 텍스트를 이해하려는 학습자의 인지적·정서적 발달과정이나 학습 과정 또는 결과로 일어나는 모든 행동을 심리학적인 방법을 통해 이해하려는 학문이라 정의할 수 있을 것이다.

참고문헌

교육부(2015), 국어과교육과정.

고진호(1994), 「교육경험의 질에 관한 현상학적 고찰」, 동국대 박사학위논문.

구인환 외(2007), 『문학교육론』, 삼지원.

김규훈(2015), 「융복합 교육을 위한 생태언어학 기반 국어과 빅 아이디어 제안」, 『교육과정평가연구』 제18권 제3호, 한국교육과정평가원.

김규훈 · 김혜숙(2015), 「융합형 국어교육의 창의 · 인성 교수학습 방향」, 『동악어문학』 65집, 동악어문학회.

김성원 외(2012), 「융합인재교육(STEAM)을 위한 이론적 모형의 제안」, 『한국과학교육학회지』 32권 2호, 한국과학교육학회.

김성훈(2008), 「Ted Aoki의 교사론-교사와 교육과정의 관계를 중심으로」, 『인간연구』 제15호, 가톨릭대학교 인간학연구소.

김지현(2015), 「융합형 문학교육을 위한 교사 역할 연구 - 가상지위적용 과정을 중심으로」, 『어문논총』 제65호, 한국문학언어학회.

김현희 외(2001), 『독서치료』, 한국어린이문학학회.

노철(2008), 「문학수업에서 교사 화법과 감상능력의 상관성 관찰」, 『문학교육』 25권, 한국문학교육학회.

문학과문학교육연구소 편(2000), 『문학교육의 인식과 실천』, 국학자료원.

박민(2009), 「문학치료학적 관점에서의 독서감상문 지도 사례 연구」, 『문학치료연구』 제11집, 한국문학치료학회.

박종임(2011), 「2011 개정 국어과 교육과정에서 '태도'범주의 문제점 고찰-쓰기 영역을 중심으로-」, 『청람어문교육』 44집, 청람어문교육학회.

변학수(2006), 『통합적 문학치료』, 학지사.

송순재(2011), 『상상력으로 교육에 말 걸기』, 서울 : 아침이슬.

송진희(2006), 「문학치료와 적극적상상」, 경북대 석사학위논문.

신헌재(1998), 「문학교육학과 학교제도」, 『문학교육학』 제2호, 한국문학교육학회.

이규호(1981), 『앎과 삶』, 연세대학교 출판부.

임규혁 · 임웅(2007), 『학습효과를 위한 교육심리학』, 학지사.
염은열(2010), 「문학교사 '되기'에 대한 치료적 접근의 필요성과 그 방향 탐색」, 『문학치료연구』 제14집, 한국문학치료학회.
장상호(1997), 『학문과교육(상): 학문이란 무엇인가』, 서울대학교 출판부.
전점이(2007), 「공감적 대화와 문학치료를 활용한 소설교육 방법」, 『문학교육학』 22권, 한국문학교육학회.
정운채(2007), 「문학치료학의 학문적 특성과 인문학의 새로운 전망」, 『겨레어문학』 제39집, 겨레어문학회.
정운채(2006), 『문학치료의 이론적 기초』, 문학과치료.
정운채(1999), 「시화에 나타난 문하의 치료적 효과와 문학치료학을 위한 전망」, 『고전문학과교육』 제1집, 한국고전문학교육학회.
정재찬(2009), 「문학교육을 통한 개인의 치유와 발달」, 『문학교육학』 29권, 한국문학교육학회.
조은상(2011), 「설화 〈여우구슬〉을 활용한 문학치료적 글쓰기의 자기성찰 양상과 글쓰기교육」, 『고전문학과교육』 제22집, 한국고전문학교육학회.
차윤경 외(2014), 『융복합교육의 이론과 실제』, 학지사.
채연숙(2015), 『형상화된 언어』, 치유적 삶, 교육과학사.
최성욱(2006), 「교육적 시간의 의미」, 『교육원리연구』 제 11호, 한국교육원리학회.
최인자(2003), 「표현교육 연구의 동향과 과제」, 『선청어문』 제31집, 서울대학교 국어교육연구소.
최재천 · 주일우(2007), 『지식의 통섭』, 이음.
최현섭 외(1998), 『국어교육학개론』, 삼지원.
한귀은(2010), 「서간체 글쓰기의 문학치료 및 문학교육적 효과」, 『배달말교육』 31권, 배달말교육학회.
한명숙(2002), 「문학교육의 정서 탐구」, 『청람어문교육』 24권, 청람어문교육학회.
황혜진(2009), 「문학교육학과 문학치료학의 습합에 대한 소고 - 창작교육 연구의 한 사례를 중심으로-」, 『국어교육』 제 129호, 한국어교육학회.
Adler, Ronald B.(1989), Confidence in Communication : A Guide to Assertive

and Social Skills, 김인자 옮김, 『인간관계와 자기표현』, 중앙적성출판부.

Bollnow, O.F.(1955), Existenzphilosophie, Stuttgart : W. Kohlhammer, 최동희 옮김, 『실존철학』, 서울: 이성과 현실.

C. G. Jung(2001), Grundwerk C. G. Jung · Grundfragen zur Praxis, 한국융연구원 C. G. 융 저작 번역위원회 옮김, 「정신요법의 기본문제」, 솔.

Edward O.Wilson(2005), Consilience: The Unity of Knowledge; chlwocjs, 장대익 옮김, 『통섭: 지식의 대통합』, 사이언스북스.

Gerald Corey(2004), Theory and Practice of Counseling and Psychotherapy, 조현춘, 조현재 옮김, 『심리상담과 치료의 이론과 실제』, 시그마프레스.

Gold, Joseph(2003), Read for Your Life, 이종인 옮김, 『비블리오테라피』, 북키앙.

James W. Pennebaker, Opening Up: The Healing Power of Expressing Emotions, 김종한 외 옮김(1999), 『털어놓기와 건강』, 학지사.

Klein, J.T.(2005), Humanities, Culture and Interdisciplinarity: The Changing American Academy. New York: State University of New York Press.

Rollo May(1991), Man's search for himself, 백상창 옮김, 『자아를 잃어버린 현대인』, 문예출판사.

융복합교육으로서 문학관 체험학습의 가능성 연구*

이 연구는 국어교육이 지속적으로 실천해 온 문학관 체험학습이 융복합교육의 가능성이 있음을 밝히고, 그것이 가지는 융복합적 특성을 밝히는 것에 목적이 있다.

융복합교육, 문학관 체험학습, 문화콘텐츠, 창의적체험활동, 복합양식 문식성

이 연구는 문학관 체험학습이 문학작품을 중심으로 하는 문화콘텐츠라는 점, 문학 수업과 창의적체험활동을 연계한다는 점, 복합양식 문식성 향상을 가능하게 한다는 점에서 융복합교육임을 증명했다는 의의를 갖는다.

---

* 이 논문은 “이호형(2016), 「융복합교육으로서 문학관 체험학습의 가능성 연구」, 『우리말교육현장연구』 10-2, 우리말교육현장학회.”를 수정 및 보완한 것이다.

1. 융복합적 국어교육의 전개와 방향

2015 국어과 교육과정에서는 사회적 요구를 반영하여 '창의융합'[1]을 개정의 핵심 사항으로 제시하고 있다. 김창원 외(2015: 3)에서는 창의융합형 인재를 길러내기 위해서는 문이과 통합교육이 필요함을 역설한다. 차윤경 외(2014: 127-128)에서도 창의융합은 시대적 패러다임의 변화, 전 지구적 문제의 해결, 21세기 학습자가 살아갈 환경과 긴밀하게 연관되면서 국가와 사회적 차원의 과제임을 밝히고 있다.[2]

그런데 창의융합의 실천 양식인 융복합교육에 대해서는 필요성만 인지되고 있을 뿐 융복합교육의 개념부터 범위와 실현 방식에 이르기까지 구체적인 논의가 충분하게 이루지지는 못하고 있다.[3] 특히 국어교육에서는 융복합교육을 기존 국어교육을 넘어서는 대안적 개념으로 바라보는 측면과 기존 국어교육의 영역을 확장하고 심화하는 방향으로 바라보는 측면이 있다. 전자의 경우 대체로 국어과와 타교과와의 융합이 강조되면서 국어교과의 '도구성'만이 강조되는 양상을 보여주고 있다. 대표적으로 김평원(2010)을 볼 수 있는데, 이

1 서영진 외(2013: 16)에서는 '창의융합'을 "다양한 분야의 지식을 융복합하여 새로운 문제적 상황에 능동적이고 창의적으로 대처할 수 있고, 다른 사람들과 원만하게 어울려 살아갈 수 있는 능력"으로 규정하고 있다.

2 박인기(2016: 3-5)에서도 융복합적 인식론이 촉진된 원인으로 현실비판적 미래학의 관점, 테크놀로지와 지식 생태의 지형 변화, 인간 발달에 대한 회의를 담은 교육철학적 관점 등을 제시하고 있다.

3 특히 융복합교육의 범위는 논의하는 학자마다 다르고, 범위에 따라 사용하는 용어도 다르다. 예를 들어 김시정·이삼형(2012)에서는 결합의 정도에 따라 집합, 접합, 절충, 조합, 합치, 융합 등으로 구분하는데, 각각을 확연하게 가르는 기준이 명확하게 제시되지는 않는다. 또한 박영석 외(2013)에서도 단학문적 접근, 다학문적 접근, 간학문적 접근, 초학문적 접근 등으로 구분하는데, 이러한 구분에 따르면 단학문적 접근도 융복합교육의 양상으로 볼 수 있다.

연구에서는 '화차 복원'이라는 주제를 중심축으로 역사, 한문, 지리, 미술, 물리, 수학 등의 연구를 진행한 뒤 작문과 화법을 통해 하나로 융합되는 과정을 보이고 있다. 이때 작문과 화법은 주제 중심의 프로젝트를 구현하는 데 도구로 사용되면서 국어교과가 융복합교육에 종속되는 양상을 보여주고 있다. 이러한 양상은 예비 국어교사들의 융복합 수업을 고찰한 정민주(2015)에서도 엿볼 수 있다. 이 논의에서는 교과 융합을 위한 타 교과 선택 방식을 제시하면서 기능 영역과의 교과 통합이 내용 영역과의 교과 통합보다 2배 정도 높은 비율로 활용됨을 밝히고 있다. 그러면서 타 교과 중심의 교과 융합 수업에서는 대부분 발표하기나 이야기하기, 작성하기 등의 도구적이면서 기능적인 요소들이 융합의 접점으로 활용되고 있음을 보인다.

한편 후자의 입장에서는 대체로 국어교과에 내재하는 융복합교육의 특성을 탐구해야 한다는 의견이 제시되고 있다. 이는 국어교과가 가지는 도구성보다는 소통성, 고등사고능력, 문화의 계승과 창달이라는 국어교육의 특성들이 한데 어우러질 때 융복합교육 본연의 모습으로 실현될 수 있음을 전제한 논의에 해당한다. 이러한 전개 양상은 다시 두 갈래로 나눌 수 있는데, 하나는 융합의 접점을 모색하는 이른바 국어과 '빅 아이디어'[4]를 제시하는 것이고, 다른 하나는 기존의 국어교육에서 찾을 수 있는 융복합교육을 재개념화하는 방안에 대한 논의이다.

국어과 빅아이디어를 탐구한 연구로는 김종철(2015), 최인자(2015), 김규훈(2015)을 들 수 있다. 먼저 김종철(2015: 75)에서는 교과 사이

4 빅 아이디어는 2015 교육과정에서 '대주제', '연결 개념', '핵심 개념' 등으로 번역되어 나타난다. 주로 사회교과와 과학교과의 융합에서 사용되는 용어로, 김규훈(2015: 40)에서는 '다른 교과와 개념적 연관성을 바탕으로 전이가능성을 지닌 특정 교과의 핵심 내용'으로 규정한다.

의 공동 학습 영역을 설정하고, 이 공동 영역이 각 교과와 연계되는 양상을 점검한 다음, 교과 사이에 서로 전이될 수 있는 정보, 즉 '소통어'를 설정할 것을 제안한다. 이 논의에서는 소통어 설정의 세 가지 조건을 제시하는데, 첫째는 두 교과의 소통을 통해 얻고자 하는 대상이 공통적이어야 하고, 둘째는 두 교과 사이에 소통 가능한 정보를 지칭하며, 마지막으로 두 교과의 소통을 기반으로 학습자가 공동의 대상에 대한 총체적 인식을 추구하는 데 기여해야 한다는 것이다. 최인자(2015: 345)에서는 융합의 기반으로 내러티브를 제시하고 있다. 내러티브는 보편적인 규범과 가치가 아니라 특정 공동체의 사회문화적 맥락 속에서 자기 자신의 삶의 문제를 통합적으로 성찰하고, 나아가 행동과 태도를 조정할 수 있는 해석적이고, 실천적인 지식을 제공하며, 사회적 정체성과 개인적 정체성의 조화를 추구하기 때문에 융합의 기반이 된다는 것이다. 그래서 이 연구에서는 국어, 역사, 윤리, 예술 등이 내러티브를 기반으로 융합될 수 있음을 밝힌다. 마지막으로 김규훈(2015: 46)에서는 국어과에서 다룰 수 있는 빅 아이디어로 '생태적 균형성'을 제시한다. 생태적 균형성은 생태계가 자정 능력을 발휘하듯 언어 사용의 균형성을 유지할 수 있는 핵심 개념으로, 불균형한 인간 관계를 유발하는 국어(다문화, 윤리 등과 융합), 사회에서 부정적으로 변이되는 국어(매체언어, 지역 방언, 사회 방언 등과 융합), 자연과 공존을 지향하는 국어의식 형성(인간 중심 개발 등과 융합) 등의 융복합교육 내용으로 발전될 수 있음을 시사한다.

한편 기존의 국어교육에서 융복합교육의 양상을 발견하여 이를 재개념화하려는 연구에는 정희모(2015), 김라연(2015), 서명희(2015) 등이 있다. 정희모(2015: 68)에서는 융복합교육이 단일 교과 영역 내에서의 통합적 접근으로도 가능함을 제시한다. 이는 작문을 기반으로 한 융복합교육으로 국어교과 내 통합교육을 강화하려는 시도로 볼 수 있다. 그래서 교과 내에서도 학생들이 접근할 수 있는 새로운 주제나 방법을 기존의 것과 연결할 수 있으며, 분리되어 있던 개념도 서로 결합될 수 있음을 강조한다. 김라연(2015: 344)에서는 융합독서를 위한 워크북을 개발하면서 국어교육에서 이미 실시하고 있는 독서토론을 융합교육으로 보고 있다. 이 논의에서는 주제 중심 독서지도 모형을 통해 특정한 화제나 주제가 관련된 제재를 가지고 학습자들이 함께 이야기를 나누는 과정에서 다양한 분야의 정보와 생각을 함께 공유할 수 있음을 보인다. 서명희(2015)에서는 「고산구곡가」가 다양하게 향유되면서, 한시로도 번역되고 병풍인 「고산구곡시화병」으로도 제작된 점에 착안하여 전통 사회에서 일반적으로 행해진 문화적 현상으로서의 융복합 활동에 주목한다. 이러한 활동은 작품의 의미를 확장하고 심화시키며, 새로운 의미를 생성하고 있기에 융복합교육의 가능성에 시사하는 바가 많다고 제시한다.

지금까지 살펴본 국어교육에서의 융복합교육 전개 방향은 국어교과의 내적 심화와 외적 확대가 동시에 작용하면서 이루어진 것으로 볼 수 있다. 이러한 선행 연구들은 소박한 수준의 교과 통합, 기존 국어교육의 재개념화, 프로젝트 중심의 범교과학습 등의 양상을 보이면서 국어교육에서의 융복합교육은 융복합교육의 개념과 범위 등에서 다양하게 혼용되고 있다.[5] 이러한 혼용은 자칫 융복합교육을 국어과 교육을 넘어서는 획기적인 기획으로 보지 않게 하거나, 국어과 교육에 대한 전면적인 변화를 보여주지 못하는 것으로 오해받을

5 융복합교육이 실천적 측면에서 개념과 범위가 혼용되어 사용되는 것은 융복합교육의 특성으로 볼 수 있다. 차윤경 외(2014: 24)에서는 융복합교육을 고정된 실체가 아닌 지속적으로 진화하는 유연한 교육적 개념이자 실천 양식으로 보고 있다. 이는 다양한 학습자들이 다양한 사회적 맥락에서 의미 있는 학습 경험을 실천하는 것을 융복합교육으로 보고 있는 박영석 외(2013)과 궤를 같이 한다.

수 있다. 하지만 융복합교육이 기존의 교과 중심 국어교육을 역량 중심이나 주제 중심으로 재편하더라도 현장의 국어교육을 전면적으로 바꾸어 놓기는 쉽지 않을 것이다. 오히려 현장의 국어교육은 차윤경 외(2014: 25)에서 언급하듯이 기존 국어교과의 내부에서 교과의 다양한 주제나 개념 혹은 맥락 등에 대해 지속적으로 유기적인 연결성을 확인하고 발견할 수 있는 교육으로 거듭나야 할 것이다. 즉 융복합교육은 기존의 교과 중심 교육을 허물고 전면적으로 새로운 교육적 실천을 지향하는 것이 아니라 기존 교과에 대한 자기 비판과 성찰을 통해 사회적 요구에 적합한 교과로 거듭나야 한다.

이런 관점에서 이번 연구는 문학관 체험학습이 국어교과에 내재한 융복합교육의 특성을 가지고 있음에 주목하여 그 실천 가능성을 탐구하고자 한다. 융복합교육은 주로 외부적 요인에 의해 주어진 교육적 과제이므로 교과 스스로 이에 대한 적응력이나 회복력을 갖고 있지 않다면 교과는 변화하는 교육생태계에 적응하지 못하고 도태될 수 있기 때문에 교과에 내재한 융복합교육의 특성을 밝히는 것이 필요하다. 체험학습은 체험학습 자체가 주체를 관계적 존재로 살아가게 하고, 공동체 내 소통 작용을 살아나게 하는 융복합교육의 전형으로 볼 수 있다(박인기, 2016: 23-24). 국어과 체험학습은 다양한 양상으로 실천될 수 있는데 이번 연구에서는 '문학관 체험학습'으로 범위를 한정하고자 한다. 그 이유로 우선 문학관 체험학습은 문학 텍스트를 중심으로 여러 교과가 융합되어 나타나는 양상을 쉽게 접하고 배울 수 있는 기회를 제공해 주기 때문이다. 즉 문학관 체험학습은 그자체로 융복합적 양상을 보이는 문화콘텐츠가 학습의 중심이 된다는 것이다. 또한 문학관 체험학습이 학교와 문학관을 연계하면서 문학교육의 활성화에 이바지할 수 있다. 문학관 체험학습은 언어화된 문학을 보다 폭넓게 감상할 수 있는 기회를 제공하기에 충분하다.

즉 문학 작품은 문학관에서 다양한 문화콘텐츠로 제작되면서 학습자들에게 문학 작품의 수용과 재구성, 표현 등을 쉽게 알려줄 수 있다. 마지막으로 문학관 체험학습은 현장에서 쉽게 접할 수 있기 때문에 실천태로의 변환이 용이하다. 물론 지금의 문학관 체험학습은 체계적인 이론화가 부족하다. 그렇지만 문학관 체험학습은 국어교육의 현장에서 흔하게 실행되는 방법이라는 사실 또한 부인하기 어렵다.[6] 이에 문학관 체험학습을 체계화하여 이론적으로 다듬으면 융복합교육의 한 실현 양상으로 발전시킬 수 있을 것이다.

2. 융복합교육과 문학관 체험학습의 접점

체험학습은 교과서와 교사 중심의 교육, 결과 중심의 교육, 인지와 정서의 분리, 실생활과 연계되지 않는 교육에 대한 총체적인 반성으로 7차 교육과정부터 시작되었다. 특히 체험학습은 "학습자의 능력, 적성, 진로에 적합한 학습자 중심의 교육적 실천을 강조하면서 학습자의 인지적, 정의적, 심동적 측면을 조화롭게 발전시켜 전인교육을 목적으로 한다(이광우 · 김수동, 2004: 135)."는 점에서 융복합교육과 긴밀한 연관성을 갖는다. 체험학습은 교과 안의 영역 간 통합과 교과 간의 융합, 그리고 탄력적인 교육과정 운영을 통해 학습자의 창의성과 협동심, 인성 등에 이바지한다는 점에서도 융복합교육의 지향과 맞닿아 있다. 김영진 · 김영환 · 정지언(2007: 12-13)에서는 체험학습을 삶의 총체성을 지향하는 교육으로 규정하면서, 교과 내의 지식

6 이와 같은 맥락으로 김영란 · 이인호(2016: 152)에서는 외국의 고유한 맥락에서 발생한 교육 방법을 우리 교실 현장에 적용하는 데에는 한계가 있다면서, 교실 현장에서 흔히 사용되는 '讀 · 討 · 論' 모형을 이론화할 것을 제안하고 있다.

과 기능의 통합, 개인과 타인의 통합, 자아와 세계의 통합을 강조한다.

또한 체험학습은 학습자의 적극적인 의미 구성을 강조하는 교육이다. 학습자의 적극적인 의미구성을 위해서는 교실 내적 학습으로 한정되어서는 안 된다. 삶의 총체성을 지향하는 체험학습에서는 교실에서 배운 이론적이며 개념적인 지식이 학습자의 실제 삶의 맥락에 적용되어 사용될 때 의미가 역동적으로 재구성될 수 있음을 알려준다. 이때 중요한 것은 자신의 행위에 대한 반성인데, 이러한 반성을 통해 선행 학습과 후행 학습이 재구조화되어 새로운 인지구조로 체화된다는 점이다. 이렇게 볼 때 체험학습은 윤철경(1999: 19)에서 제시하는 것처럼 지식 전달 위주의 교육을 탈피하고 학생들의 풍부한 인간성 함양을 목적으로 직접 체험을 강화하기 위한 학습 방법만이 아니라 교육철학적 관점을 획득할 수 있다. McGill & Weil(1996: 244-248)에서는 체험학습을 의도적으로 반성하고 정당화시키며 변형하여 개인적이고 사회적인 의미를 부여하며 이러한 과정의 결과를 그들의 세계와의 관계 속에서 알고 존재하고 행위하는 상호작용의 새로운 방식에 통합하는 과정으로 해석한다(고미숙, 2006: 137에서 재인용). 이러한 체험학습의 개념은 융복합교육에서 중요하게 여기는 '능동적 참여, 다양성 이해, 협력적 수행, 맥락성 활용, 통합 추구(차윤경 외, 2014: 99)' 등의 요소들을 모두 아우르고 있다고 볼 수 있다. 이런 이유에서 체험학습은 융복합교육의 한 방향으로 설정할 수 있다.

현장 학교에서 체험학습은 주로 사회교과에서 '현장체험학습'으로 불리면서 사회적 현실에 직접 참여하는 수업으로 구체화되었고(남상준, 2008), 지리교과에서는 '현장 답사'로 불리며, 실제 지리적 장소에 학습자가 직접 들어가는 방식으로 구현되어 왔다(박철웅, 2013; 정재승, 2015). 사회교과와 지리교과에서의 체험학습은 일반적으로 교실과 대비되는 공간으로 현장을 강조하여 현장에 대한 설명이나 방문 등을 학습 방법의 측면에서 구상하고 실천한다. 체험학습은 자연현상이나 사회적인 사실이 구체적으로 드러나는 현장(장소)의 답사, 견학, 면접, 조사, 관찰 등의 활동으로 구현된다. 이러한 양상으로 미루어 볼 때 국어교과에서의 체험학습 역시 교실에서 배운 이론적이고 분절적인 지식을 삶의 맥락으로 환원하여 실제적인 지식을 습득할 수 있는 형태로 이루어져야 한다.

국어교과에서의 체험학습은 문학 답사가 주를 이루면서 이론적 체계를 이루기보다는 학습자와 문학공간을 함께 겪어 보는 활동에 초점을 맞추고 있다. 강세환 외(2014)와 전국국어교사모임(2015)에서는 현직 국어교사가 학습자들과 함께 작품의 배경이 되는 곳, 작가가 작품을 집필하거나 살았던 곳 등에 대한 답사를 마친 후 그 감상을 제시하고 있다. 이러한 현장 실천에서 특이한 점은 문학 답사 코스로 '문학관'을 경유한다는 것이다. 예를 들어 김수영문학관, 윤동주문학관, 한국현대문학관, 다산문화관, 허난설헌기념공원, 김유정문학촌, 이효석문학관, 대전문학관, 신동엽문학관 등이 문학 답사의 단골로 등장한다. 이처럼 문학관을 문학 답사의 주요 코스로 설정하는 것은 문학관이 '국어교육적 체험'[7]을 제공할 수 있다는 국어교사들의 확신이 작용하기 때문이다. 또한 이러한 문학관 체험학습은 텍스트 내적 공간과 의미적 상관성을 가지는 텍스트 외적 공간에 대한 탐사

7 이호형(2015: 61-69)에서는 국어교육적 체험의 공간으로 국어생활문화 공간과 문학문화 공간을 제시하고 있다. 이 논의에서는 국어생활문화 공간을 국어 사용자가 듣고 말하고 읽고 쓰는 활동을 하면서 살아간 흔적을 일정한 기획 의도에 따라 대표성을 갖는 콘텐츠를 전시한 곳으로 보고 있다. 또한 문학 문화 공간의 경우 문학 문화를 이루고 있는 콘텐츠, 예를 들어 육필원고, 상징적 소재, 작가의 유품, 작품의 재현물 등을 기획 의도에 따라 전시한 공간으로 보고 있다.

를 통해 정태적이고 고정적인 문학교실에서 벗어나 문학의 현장성과 역동성을 복구하는 작업이 될 수도 있다(김수복, 2003: 112). 이런 의미에서 문학관 체험학습은 새로운 문화 환경에 적응하는 문화적 감수성을 길러 주기에도 충분하다(간복균, 2005: 254).

문학관 위주의 문학 답사에서는 일반적으로 전시된 콘텐츠만 둘러보고 오는 경우가 대부분인데 이는 문학관이 박물관으로서의 기능만 수행하기 때문이다. 문학관이 박물관으로서의 기능을 수행할 때 문학관에 전시된 콘텐츠들은 작가의 생애사 또는 문학 작품과 관계가 있기 때문에 작가가 살았던 시대, 작가가 작품을 집필했던 시대의 사회문화적 맥락을 복원하여 당대의 현실을 콘텐츠화하여 제시하는 경우가 많다. 예를 들면 양평의 '황순원 소나기마을'의 경우, 작가가 월남하여 창작에 전념하다가 영면한 곳이 양평이기 때문에 작가의 생애사적 공간을 비중있게 다루면서 작가가 살아간 전쟁 이후 상황을 콘텐츠로 제작하여 전시하고 있다.

그런데 김종우 · 윤학로(2007: 377)에 의하면 문학관은 박물관으로서의 기능만을 수행하는 것이 아니라, 지역 관광의 거점, 보조 교육기관, 복합 문화 공간, 연구 지원 공간의 기능도 함께 수행해야 한다. 즉 문학관은 국어교육과 긴밀한 관계로 설정되면서 상호발전의 계기로 작동해야 한다는 것이다. 함태영(2011: 332)에서는 문학관이 자료의 수집과 보존, 전시 중심에서 벗어나 전시를 비롯한 다양한 교육과 체험 프로그램으로 운영되어야 한다고 주장한다. 문학관은 더 이상 작품이나 작가와 관련된 자료만을 관람하는 것에 그치는 것이 아니라 문학과 관련된 행사나 프로그램, 나아가 문학 외 다른 장르의 문화까지도 향유하고 체험할 수 있는 복합문화공간으로 진화해야 한다는 것이다. 윤재웅(2009: 448)에서는 미당서정주문학관이 '에코뮤지엄'[8]으로 발전될 가능성이 높다고 평가하면서, 전시의 공간이 향유의 공간으로 바뀌면 생태문화관광의 명소가 될 수 있음을 주장한다. 즉 미당서정주문학관에서의 관람에만 그치는 것이 아니라 고창 지역의 여러 문화 축제들과 연계를 맺으면서 서정주 시(詩) 창작의 구체적인 배경으로 작용하는 문학공간으로서의 질마재 마을을 새로운 관점으로 변화시키려는 노력이 필요하다는 것이다.

이러한 논의를 통해 볼 때 문학관 체험학습은 '문학 텍스트와 의미적 상관성을 가지는 텍스트 외적 공간인 문학관에 참여하여 다양한 문화콘텐츠를 향유하며 학습자의 총체적이고 전인적인 삶을 지향하는 융복합교육'으로 볼 수 있다.

3. 융복합교육으로서 문학관 체험학습의 가능성

3.1. 문화콘텐츠로서의 문학관

문학관 체험학습은 문학 텍스트를 기반으로 한 다양한 문학 콘텐츠를 향유하면서 국어과 내부 영역 간의 통합, 다른 교과와 국어교과의 융합, 학교와 지역사회의 연계를 가능하게 하는 융복합교육의 한 양상이다. 그런데 문학관 체험학습은 문학 텍스트를 기반으로 하기 때문에 그 안에서 주제 중심 통합과 역량 중심 통합, 활동 중심 통합을 모두 아우를 수 있다. 김창원(2015: 19)에서는 이러한 텍스트 기반 통합에 대해 국어과의 고유성과 교과 간 통합으로의 확산성을 동시

---

8 에코 뮤지엄은 생태를 의미하는 '에콜로지(ecology)'와 박물관을 뜻하는 '뮤지엄(museum)'의 합성어로, 인간을 포함하고 자연과 생태, 산업을 포함한 문화 유산을 모두 아울러서 특정 유산 지역까지도 뮤지엄의 범주로 지정하는 것을 뜻한다(배은석, 2014: 105).

에 추구할 수 있다고 제시한다. 이런 측면에서 볼 때 문학관은 문학 텍스트를 기반으로 건립되기 때문에 문학 텍스트와 밀접한 연관성을 가지면서도 문학 텍스트를 새롭게 변형한 일종의 예술적 구조물, 즉 '문화콘텐츠'[9]로 볼 수 있다. 문학관의 전시를 이루는 문화콘텐츠는 작가의 생애사적 콘텐츠만 존재하는 것이 아니라 문학 텍스트를 다양한 방식으로 조명한 재현 콘텐츠도 있기 마련이다. 전자의 생애사적 콘텐츠는 작가에 대한 이해를 폭넓게 확장하면서 작가의 세계관에 대한 학습에 도움을 줄 수 있다. 또한 재현 콘텐츠는 문학 텍스트를 현실 세계로 소환하여 그림, 영상, 조각 등으로 형상화함으로써 학습자들에게 문학 텍스트에 대한 기억을 환기시키고, 문학 교실에서 배웠던 텍스트의 의미를 재구성하게 함으로써 문학 학습을 강화한다.

이러한 점에서 문학관의 문화콘텐츠는 여러 교과의 통합의 결과물로 볼 수 있다. 우선 문화콘텐츠는 문학 텍스트를 중심으로 역사(작가의 전기적 사실), 지리(작품의 배경, 또는 창작의 공간), 미술(인물이나 상황의 재현) 등의 다양한 분야가 결합하여 만들어진다. 따라서 학습자가 문화콘텐츠를 수용하는 경험은 문학 텍스트가 다양하게 재구성되고 다른 양식으로 생산될 수 있으며, 이것이 다른 사람들과 공유하는 색다른 문화 현상을 체득하게 한다.

한편 문화콘텐츠가 사회적 가치와 역사적 가치를 부여받기 위해서는 문화 콘텐츠가 문화적 가치와 재화적 가치, 그리고 콘텐츠 자체

---

9 황혜진(2015: 422)에서는 국어교육과 관련된 문화콘텐츠를 디지털매체성과 상품성으로 한정한다. 하지만 최혜실(2007)에 의하면 문화콘텐츠는 텍스트 콘텐츠, 비텍스트 콘텐츠(공연 등), 시청각 텍스트, 디지털 콘텐츠로 구분하면서, 하나의 콘텐츠가 여러 매체의 콘텐츠로 변주되면서 문화 상품을 만들어내는 융합과 통합의 방식은 문화콘텐츠 사업의 존재 방식을 규정짓는다고 밝힌다.

의 미적 가치를 확보해야 한다(박기수, 2008: 135).[10] 문화콘텐츠가 이러한 가치들을 갖는다는 점은 문학 텍스트가 유통되면서 다양한 장르로 변형되거나 다른 콘텐츠로 제작되는 행위 자체가 사회문화적 활동임을 알려준다. 이런 측면에서 볼 때 문화콘텐츠를 통한 문학관 체험학습은 문학교육에 '유통과 제작'이라는 관점을 제공하면서 학습자에게 문학이 가지는 문화적 측면과 경제적 측면 등을 추가적으로 알려줄 수 있다.

문학관 체험학습이 문화콘텐츠를 수용하고 향유하는 학습 형태라는 점은 교실 문학교육을 강화하는 역할 이외에도 지역의 문화와 산업을 진작시키는 작용을 할 수 있다는 점에서 중요하게 다루어져야 한다. 정경운(2005)에서는 문학관이 문화적 유산을 기억하고 새로운 문화 활동을 생산케 하고자 하는 공공성과 이를 바탕으로 지역 경제 또한 활성화시킬 수 있는 상품성을 동시에 만족시켜야 한다고 주장한다. 이러한 시각의 변화는 문학교육의 시각이 문학 텍스트의 내부에서 외부로, 구조론적 관점에서 문화론적 관점으로 이동해야 함을 시사한다. 박덕규(2006: 56-57)에서는 그동안 문학 작품의 순수 지향성과 그 작품에 대한 수요가 원만한 순환 구조를 이루지 못하면서 문학은 삶의 현장을 외면하게 되어 스스로 고립과 소외를 자초하게 되었다고 역설한다. 좋은 문학 작품은 훌륭한 문화콘텐츠가 될 수 있으며 나아가 그 작품과 관련된 문학관, 문학관 체험학습의 프로그램도 지역의 문화 산업을 이끌 수 있는 훌륭한 문화콘텐츠가 될 수 있다.

---

10 문학관에 전시되는 문화콘텐츠가 재화적 가치를 갖는다는 점은 교육의 관점으로 바라보아야 한다. 즉 전시된 문화콘텐츠는 사고 파는 대상이 아니라는 점을 확실하게 주지시키면서, 문화콘텐츠가 지키고 보존해야 할 대상임을 알게 해야 한다.

지금까지 살펴본 것처럼 문학관 체험학습은 문학관의 다양한 문화콘텐츠를 통해 문학의 수용과 생산뿐만 아니라 장르 변용과 유통도 함께 학습시킬 수 있다는 장점을 갖는다. 또한 문학관 체험학습은 문학교육을 문화콘텐츠 학습으로 전환시키면서 현장 문학교육에 새로운 활기를 불어 넣을 가능성이 충분하다.

3.2. 다양한 연계를 통한 국어 학습의 맥락 부여

융복합교육으로서 문학관 체험학습은 학습자의 국어 학습에 연계성과 맥락성을 부여하면서 학습이 개인적 상황에서 사회적 차원으로 전이될 수 있도록 돕는다. 문학관 체험학습은 문학 텍스트를 기반으로 텍스트 내적 세계와 텍스트 외적 세계를 연계하고, 학교와 지역사회를 연계하면서 학습자의 국어 학습에 살아 있는 맥락을 제공하여 의미 있는 학습 경험을 꾀할 수 있다는 것이다. 한편 문학관 체험학습이 가지는 다양한 연계의 양상 중 텍스트 내적 세계와 외적 세계의 연계는 앞에서 제시한 문화콘텐츠로서의 문학관을 통해 해결 가능한 연계 양상이다. 이에 따라 여기서는 교실 내부와 교실 밖의 연계, 즉 학교와 지역 사회의 연계 등에 대한 논의를 전개하기로 한다.

문학관 체험학습의 실천 과정은 대체로 교실에서의 문학 수업 단계, 문학관 답사 단계, 교실에서의 결과물 발표 단계 등으로 구체화될 수 있을 것이다. 문학관 체험학습은 교실에서만 이루어지는 것이 아니라 교실 밖, 문학관에 직접 가서 참여해야만 제대로 된 학습이 이루어질 수 있기 때문에 교실 내부와 교실 외부가 자연스럽게 연결되는 것이다. 또한 문학관에서 자체적으로 진행하는 교육 프로그램은 대체로 한 학급이나 학교를 위한 것이 아니라 문학관에서 지역사회 문화 활동의 일환으로 전개되는 만큼 학교와 지역 사회의 연계로 볼 수 있다. 이호형(2015: 147)에서는 「황순원소나기마을」에서 2014년도에 실시한 '황순원문학과 소나기마을 콘텐츠'를 사례로 제시하고 있다. 황순원소나기마을에서는 황순원 문학 세미나를 개최하고, 백일장과 그림그리기 대회, 황순원사이버 백일장, 황순원신진문학상, 황순원문학연구상 등을 열고 있다. 또한 학술적인 부분 이외에도 소나기 동화 구연 교실 운영, 첫사랑콘서트, 손편지쓰기, 흙으로 빚은 소나기 마을 이야기를 진행하며, 장애인과 비장애인이 어울리는 양평 하모니카 페스티벌을 운영하고 있다. 지금까지 이러한 수준에서의 연계는 대체로 개인의 여행 또는 모임의 답사 수준에서 진행되면서 비형식적이고 비공식적이며, 비계획적으로 이루어졌다.

학교 교육의 관점에서 학교와 지역사회를 연계할 수 있는 연결 고리는 '창의적체험활동'[11]에서 찾아볼 수 있다. 김숙정(2011: 189)에서는 창의적체험활동이 지역사회의 인적, 물적 자원을 학교 교육과정과 연계시켜 다양한 체험활동을 하도록 하는 지역사회와 협력하는 지역단위의 교육과정임을 밝히고 있다. 창의적체험활동은 다시 자율활동, 동아리활동, 봉사활동, 진로활동의 4개 영역으로 구분된다. 변종필・강인애(2013: 229)에서는 박물관에서 이루어지는 창의적체험활동을 일회성과 다회성 프로그램으로 구분한 후, 일회성 프로그램의 경우는 행사와 자치활동 등의 자율활동과 자연환경보호, 캠페인, 지역구호 등의 봉사활동에 적합하다고 제시한다. 또한 다회성 프로

11 2015 교육과정의 창의적 체험활동은 교과와 상호 보완적 관계 속에서 앎을 적극적으로 실천하고 심신을 조화롭게 발달시키기 위하여 실시하는 교과 이외의 활동으로 규정되어 있다. 또한 창의적 체험활동은 초・중등학교 학생들이 건전하고 다양한 집단 활동에 자발적으로 참여하여 나눔과 배려를 실천함으로써 공동체 의식을 함양하고 개인의 소질과 잠재력을 계발・신장하여 창의적인 삶의 태도를 기르는 것을 목표로 한다.

그램의 경우 연중 일정한 시수를 확보하여 꾸준히 지도하거나 한 학기 동안 집중 이수할 수 있기 때문에 진로활동이나 동아리활동에 활용할 수 있다고 강조한다.

교과교육과 창의적체험활동을 연계한 논의는 대체로 사회교과에서 진로활동과의 연계 가능성을 살핀 것들이 있다. 임경수(2012: 99)에서는 사회과가 성격상 인간 삶의 다양한 방식, 사회생활과 사회문제의 다양한 양상을 다룰 뿐만 아니라 사회의 변화에 매우 민감한 교과로써 사회의 변화에 따라 나타나는 직업의 세계를 반영하는 내용을 담고 있기 때문에 진로활동과 연계될 확률이 높다고 보고 있다. 문학관 체험학습을 창의적체험활동과 연계하여 논의한 연구는 찾아보기 어렵지만, 문학관 체험학습은 주로 문학, 국어, 어문학과 관련되기 때문에 진로활동과의 연계보다는 동아리활동과의 연계가 타당하다고 볼 수 있다. 강세훈 외(2014)를 참고하더라도 실제 문학 답사의 일반적인 방식은 국어교사 자신이 운영하는 동아리의 학생들과 함께 문학공간을 탐방하는 형태로 이루어지고 있다.

동아리활동은 학술활동이나 문화예술활동, 스포츠활동 같은 집단활동에 자발적으로 참여하여 공동체 구성원으로서 협동 자세를 기르고, 동시에 스스로 취미와 특기를 창의적으로 계발하는 활동으로 구성된다. 문학관 체험학습과 관련되는 동아리로는 다양한 독서 또는 문학 동아리 등이 있다. 최인자(2006: 169)에서는 '문어에 대한 특정의 가치와 신념, 의미를 공유하며 특정의 상호작용 패턴으로 의미를 구성하는 문식 공동체'로 문식적 클럽을 제시하고 있다. 또한 이 연구에서는 문식적 클럽의 장점으로 학습자 개인에게 독서 맥락을 제공해주며, 수업 장면에서 벗어나 이루어지는 학습자들의 독서 맥락을 고려할 수 있다고 말해 준다.

학교 교육의 맥락에서 동아리활동 차원의 다회성 문학관 체험학습을 설계하고 운영하려면, 학교와의 '거리' 또는 학습자와의 '친밀감 형성'이 매우 중요하다. 이런 이유에서 동아리활동과 연계된 문학관 체험학습은 지역사회에 존재하는 문학관을 대상으로 이루어질 확률이 다분하다. 또한 문학관 체험학습은 문학 수업에서 교사가 설명해 주는 것과 함께 문학관에 상주하는 큐레이터의 전문적인 해설을 경청할 수 있게 된다. 이러한 해설은 문학 교실의 학습 내용이 문학관에서 계속적으로 다루어지는 것이므로 학습자의 문학 학습에 긍정적으로 작용할 수 있다. 마지막으로 문학관 체험학습은 지역 사회를 거점으로 하기 때문에 학습자의 삶의 경험과 맞물리면서 의미 있는 문학독서 맥락을 구축할 수 있다. 학습자가 살아가는 지역에서 태어난, 또는 그 지역에서 창작 활동을 하거나 그 지역이 작품의 배경으로 등장하는 문학 작품을 문화콘텐츠로 변형한 문학관과의 만남은 학습자에게 실질적으로 의미 있는 문학독서 맥락을 형성시키기에 충분하다.

3.3. 통합적 국어활동을 통한 복합양식 문식성의 향상

융복합교육으로서 문학관 체험학습은 통합적 국어활동을 통해 복합양식 문식성 향상에 기여한다. 그런데 여기서의 통합적 국어활동은 기존의 독서-토론-작문의 통합 모형과는 다소 차이가 있다. 기존의 통합 모형이 대체로 음성언어와 문자언어를 중심으로 한다면, 융복합교육으로서 문학관 체험학습은 문화콘텐츠의 수용과 생산이 중심이 되면서 다양한 통합적 국어활동을 가능하게 한다. 이러한 체험학습은 학습자에게 실질적인 사회문화적 학습 맥락을 제공하면서 문화콘텐츠의 수용과 생산, 공유와 유통을 통해 자연스럽게 복합양식 문식 활동을 보이는 것으로 이해할 수 있다. 정현선(2014: 64)에서는 복합양식 문식성 교육을 위해서는 시각적 이미지를 포함한 텍스트의 의미 구성 방식을 이해하도록 하는 읽기교육, 그리고 자신의 글을 읽을 독자와의 소통을 위해 필요할 경우 시각적 이미지를 적절히 포함하고 배치할 수 있는 텍스트 생산 능력을 지니도록 하는 쓰기교육이 필요함을 주장한다.

「한국현대문학관」의 교육 프로그램은 복합양식 문식성이 발현될 수 있는 통합적 국어활동을 적절하게 보여준다. 「한국현대문학관」에서는 '북아트 체험', '큐레이터 직업 체험', '근현대문학의 흐름 이해하기' 등의 수시 운영 프로그램과 '청소년을 위한 문학향연' 등의 강연을 준비하고 있다(한국현대문학관, 2016: 9). '북아트 체험'은 백석과 오장환의 작품을 컬러링 아트북으로 제작하는 활동인데 폴드북, 전통책, 액자북 중 하나를 골라 나만의 책을 만들고, 작가들의 사진, 작품집, 시 · 소설이 담긴 자료를 오려붙이거나 옮겨 써보며 책을 제작한다. 제작된 책은 결과물 전시회에서 전시하고 자신이 만든 책을 다른 학습자에게 소개하는 활동도 함께 구안할 수 있도록 구성되어 있다. '큐레이터 직업 체험'의 경우, 문학관(박물관)의 개념과 큐레이터의 업무 등에 대해 알아보고, 자신이 큐레이터가 되어 친구들 앞에서 학생들에게 설명해보는 시간을 갖는 활동이다. 그런데 이 활동에서는 김소월, 윤동주, 한용운, 김유정 중 한 작가를 정해 그 작가의 삶과 문학세계가 담긴 영상자료를 보기가 있으며, 큐레이터가 미리 준비해둔 질문을 함께 읽고 영상자료를 보면서 펜북을 만드는 활동 등이 포함되어 있어 다양한 매체언어의 수용과 생산 활동이 필요함을 알 수 있다. '근현대문학의 흐름 이해하기' 의 경우에도 대표 작가의 영상 자료를 통해 근현대문학의 흐름을 보여주고, 이후 학습자들의 이해도를 점검하기 위한 십자퍼즐 맞추기 활동과 1910-40년대 주요 시인인 최남선, 김소월, 김영랑, 윤동주의 대표시를 가지고 나만의 책 만들기 활동을 진행한다.

「한국현대문학관」에서 제시한 프로그램은 일종의 문화콘텐츠를 수용하고, 이를 바탕으로 학습자들이 새로운 문화콘텐츠를 제작하고 이를 공유하고 유통하는 과정을 통해 통합적 국어능력은 물론 복합양식 문식성을 획득할 수 있음을 알려준다. 문화콘텐츠로서의 문학관 체험학습은 국어교과의 학습을 새로운 방향으로 이끌 수 있다. 장창영(2015: 338-339)에서는 문화콘텐츠의 체험적 글쓰기가 텍스트를 위주로 표현력을 신장시키는 기존 글쓰기의 한계를 극복하고 독자적인 자생력을 확보할 수 있다고 강변한다. 즉 문화콘텐츠는 문학 텍스트와 그것에 관련된 여러 콘텐츠들의 복합적 형태로 존재하면서 이를 향유하는 체험학습은 기존의 이해와 감상이라는 수용적 행위만을 담보하는 것이 아니라 다시 다양한 형태와 다양한 매체의 문화콘텐츠를 만들어낼 수 있다는 것이다. 문화콘텐츠의 수용과 생산, 제작과 유통에서 복합양식 문식성이 발현될 수 있다는 것은 짐작하기 쉽다. 또한 이러한 문화콘텐츠를 통한 체험학습은 다각적인 접근이 가능하며, 개방적이면서 친화적이기 때문에 학습자의 호기심과 학습 동기를 유발하기에 유리할 뿐만 아니라, 새로운 방식의 복합적이고, 혼합적인 표현 양식을 배우고 익힐 수 있다는 측면에서 미래의 사회에 적응할 수 있는 역량을 길러주는 교육이라고도 볼 수 있다.

4. 문학관 체험학습의 실천을 위한 제언

문학관 체험학습은 현장에서 종종 찾아볼 수 있으며 흔하게 실천하는 문학 답사의 한 방법이다. 그런데 현장에서의 문학관 체험학습은 체계적인 이론화의 부족으로 국어교육의 영역으로 들어와 국어교육에 긍정적인 작용과 효과를 제시하지는 못하고 있다. 이에 이번 연구에서는 문학관 체험학습이 융복합교육의 특징을 함유하고 있음을 밝히면서 문학관 체험학습의 이론화를 모색하고자 하였다. 이번 논의는 그 가능성만을 탐구하는 차원에서 이루어진 것으로 차후 교수-학습의 실제가 다루어지면서 본격적인 이론화 작업에 천착해야 할 것이다.

한편 문학관 체험학습이 국어교육의 울타리에 성공적으로 들어오기 위해서는 학교 차원에서의 지원과 문학관 차원의 지원이 필요하다. 우선 탄력적인 교육과정 운영이 필요하다. 지금의 학교 교육은 교과 중심으로 교육과정을 운영하기 때문에 50분 단위, 또는 100분 단위의 수업 설계가 가능하다. 하지만 문학관 체험학습의 경우 체험학습의 각 단계에 따라 수업 설계의 양상이 달라지고, 특히 학습자가 실제로 문학관에 참여할 경우 더 많은 시간이 소요될 수 있다. 이에 따라 학교 선택 교육과정이나 창의적체험활동의 동아리활동 등에서 문학관 체험학습이 가능한 시간을 확보할 수 있도록 교육과정을 느슨하게 또는 탄력적으로 운영할 필요가 있다.

다음으로 문학관의 다양한 변신이 필요하다. 지금의 문학관은 정체되어 있다. 10년 전의 전시물이나 지금의 전시물에 큰 차이가 없고, 문학관마다 특색있는 프로그램도 찾아보기 어렵다. 또한 인물 중심 문학관의 경우 해당 문인의 이상화에 치우쳐 있기도 하다. 이런 이유에서 문학관은 대중적인 관심을 받지 못하고 있다. 문학관은 문학교육의 확장적 측면에서 중요한 의미를 가질 수 있다. 이를 위해서는 전시 중심의 문학관에서 벗어나 다양하고 특색있는 문화콘텐츠의 개발과 이에 대한 체험 프로그램이 절실하다.

마지막으로 학교와 문학관의 상호 연계 체제를 구축해야 한다. 문학관 체험학습은 문학 텍스트를 중심으로 학교와 지역사회를 연계한다. 하지만 지금으로서는 그 연계의 기반이 거의 없다고 해도 과언이 아니다. 학교와 문학관이 상호 연계를 맺을 수 있는 가능성은 교사와 큐레이터의 협력을 생각할 수 있다. 여타의 융복합교육이 그러하듯 서로 다른 영역을 가르치는 두 전문가가 힘을 합쳐 함께 가르치는 노력을 기울인다면 그리 어렵지 않을 것이다. 이를 위해서는 교사와 큐레이터가 함께 할 수 있는 연수나 프로젝트가 필요하다. 한편 학교와 지역사회의 연계는 지역의 학습공동체를 형성하는 작업이기도 하다. 학교와 지역의 문학관이 자매결연을 맺어, 학교에서는 해당 문학관에 대한 수업을 교육과정으로 운영하고, 문학관에서는 해당 학교 학생들을 문학관으로 불러 문학관의 교육 프로그램을 수강하게 한다면 학교와 문학관은 학습공동체의 좋은 파트너가 될 것이다.

참고문헌

간복균(2005), 「문학공간 연구를 위한 현장답사의 방법과 실제」, 『우리문학연구』 제21집, 우리문학연구회.

강세환(2014), 『선생님과 함께 떠나는 문학 답사』, 창비.

고미숙(2006), 「체험교육의 의미」, 『아시아교육연구』 제7집 1호, 서울대학교 교육연구소.

김규훈(2015), 「융복합 교육을 위한 생태언어학 기반 국어과 빅 아이디어 제안」, 『교육과정평가연구』 제18집 3호, 한국교육과정평가원.

김라연(2015), 「융합독서를 위한 워크북 개발 사례 분석 연구」, 『독서연구』 제35집, 한국독서학회.

김수복(2003), 「문학공간답사를 활용한 문학교육방안 시안」, 『한국언어문화』 26, 한국언어문화학회.

김숙정(2011), 「2009 개정 교육과정의 이해」, 『국어교과교육연구』 제19집, 국어교과교육학회.

김시정 · 이삼형(2012), 「융복합 교육의 양상에 대한 국어교육적 접근」, 『국어교육학연구』 제43집, 국어교육학회.

김영란 · 이인호(2016), 과학과 언어의 통합적 교수 · 학습을 위한 '讀 · 討 · 論' 모형화 연구, 교육과정평가연구 19-1, 한국교육과정평가원.

김종우 · 윤학로(2007), 「김유정문학촌과 이효석문학관의 운영 현황과 전망」, 『비교문학』 제41집, 한국비교문학학회.

김종철(2015), 「융합교육을 위한 교과교육의 소통과 언어적 창의성」, 『한중인문학연구』 제47집, 한중인문학회.

김창원 외(2015), 「2015 개정 교과 교육과정 시안 개발 연구 II」, 한국교육과정평가원, 연구보고 CRC 2015-25-3.

김창원(2015), 「문 · 이과 통합형 교육과정 논의와 국어과 교육과정의 시계열적 구조화」, 『국어교육』 제148집, 한국어교육학회.

김평원(2010), 「프로젝트 수행법을 위한 융합교육과정 설계」, 『교육과정평가연구』 제13집 3호, 한국교육과정평가원.

남상준(2008), 「사회참여 체험학습의 모형과 프로그램의 개발」. 『사회과교육』 제47집 2호, 한국사회과교육연구학회.

박기수(2008), 「문화콘텐츠 정전 구성을 위한 시론」. 『문학교육학』25, 문학교육학회.

박덕규(2006), 「문학 공간의 문학관 조성 방안과 문화산업화 전략」, 『한국문예창작』 제5집 2호, 한국문예창작학회.

박인기(2016), 「국어교육의 융복합교육 기능과 작용」, 『국어교육』 제152집, 한국어교육학회.

박철웅(2013), 「지리교육에서 체험활동으로서 야외답사의 함의」, 『한국지리환경교육학회지』 제21집 3호, 한국지리환경교육학회.

배은석(2014), 「에코뮤지엄의 개념을 활용한 지역의 유산보존과 발전 방안에 대한 연구」, 『글로벌문화콘텐츠』 제15집, 글로벌문화콘텐츠학회.

변종필 · 강인애(2013), 「박물관 · 미술관 창의적 체험활동의 현황과 활성화 방안」, 『조형교육』 제48집, 한국조형교육학회.

서명희(2015), 「융합교육의 지향과 시가의 생성적 향유」, 『새국어교육』 제103집, 한국국어교육학회.

서영진 외(2013), 「미래 사회 대비 국가 수준 교육과정 방향 탐색: 국어」, 한국교육과정평가원 CRC 2013-19.

신재한(2013), 『STEAM 융합교육의 이론과 실제』, 교육과학사.

이호형(2015), 「국어과 체험학습의 원리와 설계 방안 연구」, 동국대학교 박사학위논문.

임경수(2012), 「창의적 체험활동을 활용한 사회과 교과 지도와 진로활동의 연계 가능성 탐색」, 『교육종합연구』 제10집 2호, 교육종합연구소.

장창영(2015), 「문화콘텐츠를 활용한 체험형 글쓰기 학습 모형 개발」, 『국어문학』 제59집, 국어문학회.

전국국어교사모임(2015), 『함께 여는 국어교육』, 전국국어교사모임.

정경운(2005), 「한국문화콘텐츠의 활성화 방안 연구」, 『현대문학이론연구』 제25집, 현대문학이론학회.

정민주(2015), 「국어과 예비 교사의 교과 융합형 수업 구성 양상에 관한 분석적 고찰」, 『국어교육연구』 제36집, 서울대국어교육연구소.

정재승(2011), 「지리과 현장체험학습의 효과에 대한 연구」, 『중등교육연구』 제59집 2호, 중등교육학회.
정현선(2014), 「복합양식 문식성 교육의 의의와 방법」, 『우리말교육현장연구』 제8집 2호, 우리말교육현장학회.
정희모(2015), 「창의 융합 과정으로서 작문과 작문교육」, 『독서연구』 제35집, 한국독서학회.
차윤경 외(2014), 『융복합교육의 이론과 실제』, 학지사.
최인자(2006), 「청소년 문학 경험의 질적 이해를 위한 독서 맥락의 탐구」, 『독서연구』 제16집, 한국독서학회.
최인자(2015), 「사회정서 학습을 위한 내러티브 기반 교과 융합 인성교육」, 『국어교육연구』 제36집, 서울대국어교육연구소.
최혜실(2007), 「문화 기술과 스토리텔링의 결합」, 『문화콘텐츠, 스토리텔링을 만나다』, 삼성경제 연구소.
한국현대문학관(2016), 『문학관』 제69집, 한국현대문학관.
함태영(2011), 「문학관 현황과 인천문화재단이 만드는 한국근대문학관」, 『민족문학사연구』 제47집, 민족문학사학회.
황혜진(2015), 「문화콘텐츠의 관점에서 본 국어교육의 교육과정과 교과서」, 『국어교육』 제148집, 한국어교육학회.

융복합 교육으로서 학교문화예술교육의 개념 정립 및 프로그램 설계*

- 문학, 음악, 미술, 연극의 연계를 중심으로

이 연구는 융복합 교육으로서의 학교문화예술교육의 개념을 정립하면서, 특히 문화 역량의 개념을 재개념화하고, 문학 소통 능력의 개념 정립을 토대로 문학 기반 학교문화예술교육이란 무엇인지 그 의미를 탐색하는 것에 목적이 있다.

융복합 교육, 학교문화예술교육, 상호 소통과 연계, 문화 역량, 문학 소통 능력, 문학 기반 학교문화예술교육

이 연구는 융복합 교육으로서 학교문화예술교육의 개념을 밝히고, 미래 역량으로 요구되는 사회문화적 소통능력의 중요성에 착안하여 문학 기반 학교문화예술교육의 의미를 탐색해보았다는 데서 의의를 찾을 수 있다.

---

* 이 논의는 "전두리(2016), 「융복합 교육으로서 학교문화예술교육의 개념과 의미 탐색」, 『새국어교육』 106, 한국국어교육학회"를 수정 및 보완한 것이다.

1. 연구의 목적과 필요성

21세기는 인지과학[1] 기반의 지식 · 정보화 사회이다. 즉 사회는 많은 지식을 습득한 인재보다는 오히려 지식을 기반으로 하여 그러한 지식을 활용하거나 창출하여 급변하는 사회에 대응할 수 있는 인재를 필요로 하고 있다. 그러나 미래 인재 양성의 중심에 있는 학교에서는 이러한 사회의 변화에 역동적으로 적응할 수 있는 인재를 양성하기 위하여 적절한 교육을 해야 함에도 불구하고 여전히 기존의 교육을 답습하고 있는 실정이다. 결국 기존의 전통적인 교과중심 교육에 대한 이와 같은 회의와 맞물려 새로운 교육을 추구하는 움직임이 대두되었다.

이는 교수-학습 현장에서 교육되는 각 교과들이 학습자의 삶과 유기적으로 연계되어 미래 사회에 적합한 '능력(ability)' 또는 '역량(competence)' 등을 과연 올바르게 함양시키고 있느냐에 대한 의문에서 비롯된다. 즉 오래 전부터 교과 중심 교육과정이 명제적 지식과 방법적 지식 중에서 명제적 지식만 강조함으로써 죽은 지식, 무기력한 지식을 강조(이인제, 2009: 26)해 왔다는 비판의 목소리와 같은 맥

1 인지과학은 마음에 관한 과학이며 전통적인 경험적 심리학에서 통상적으로 이루어지던 것보다 마음의 본질을 더 깊이 탐구하려는 새로운 학문분야이다. 인지과학의 토대는 마음의 철학이다. 지식의 융합과 통일을 다루면서 인지과학을 빼놓을 수 없는 이유가 여기 있다. 인지과학이 이처럼 융합 학문일 수밖에 없는 것은 한마디로 그것이 '마음에 관한 과학'이기 때문이다(박만준, 2010 : 100-101). 마음에 대한 물음을 던지며 탐구한 사람들이 발견한 가장 중요한 사실이 마음에 관한 과학은 "어떤 하나의 학문에서 모든 것을 다 알아내고 해결할 수 있는 것이 아니라, 여러 학문 분야들이 함께 생각하고 질문을 던지며 수렴적으로, 협동적으로 탐구하는 과정을 통해서만 가능하다"는 것이었다. 인지과학은 마음에 관한 '다학문적인 학제적 연구'이다(이정모, 2010: 22, 35; 박만준, 2010 : 100-101에서 재인용).

락으로 이해할 수 있다. 융복합 교육은 이러한 기존 교육의 한계를 해소하기 위한 하나의 교육적 대안으로서 주목받고(김시정 · 이삼형, 2012: 127) 있다.

이른바 평생교육의 시대로 접어들고 있는 지금 시점은 학습자의 삶과 교육이 더욱 밀착되고, 동시에 인간화된 형태의 교육이 지향되고 있다. 이는 본질적으로 교육으로 제공되는 지식이나 기능을 학습자가 자신의 삶 속에서 연결 지을 수 있는 형태여야 함을 의미한다. 학습자가 처한 삶의 현장은 다양한 문제가 풀기 쉽게 분리 · 정리되어 있는 것이 아니라, 매우 맥락적이고 복합적인 성격을 띠므로 교육도 융복합의 형태를 더욱 추구해 나가야 한다(차윤경 외, 2014: 127-128).

이러한 융복합 교육이 학교에서 구현될 때 이상적 교육이 학교문화예술교육이다. 실제 학교 현장에서 이루어지고 있는 학교문화예술교육의 운영 실태를 고찰해보면 다양한 문화예술 분야의 수업이 이루어지고 있음을 알 수 있다. 학교문화예술교육에서 다루는 문화예술교육 분야는 '국악, 연극, 영화, 무용, 만화 · 애니메이션, 공예, 사진, 디자인'과 같이 8가지였으나 '문학 창작, 관현악, 미디어아트, 서예' 분야가 추가로 확대되어 실시되고 있다. 그런데 현재 학교문화예술교육은 해당 분야의 고유성과 특수성만을 강조하는 수업으로 진행되고 있다. 문화예술교육은 예술교육이나 문화교육과 별개의 새로운 독립된 영역에 속한 것이 아니라, 예술 · 문화 그리고 교육의 영역 안에서 유기적으로 연계되어 이해되어야 하는데 이러한 개념이 제대로 정립되지 못한 채 수업이 이루어지고 있는 실정이다. 이는 학교문화예술교육의 개념과 관련한 법령 및 선행연구에서 교육 목표나 방법을 구체적으로 제시하지 못했거나 각 영역간의 연계를 간과했기 때문이다. 결국 실제 운영 사례에서도 각 분야간의 연계성 부족으로 인한 이와 같은 문제점을 발견할 수 있다.

이에 이번 연구에서는 학교문화예술교육의 개념과 관련한 선행연구를 바탕으로 학교문화예술교육의 개념을 일반화한 후 그 문제점을 찾을 것이다. 또한 학교문화예술교육의 운영 실태를 통해 문제점을 파악할 것이다. 그런 다음 이러한 문제점을 보완한 내용을 바탕으로 융복합 교육으로서의 학교문화예술교육의 개념을 제시할 것이다. 그리고 문학 기반 학교문화예술교육이란 무엇인지 그 의미를 탐색한 후 문학 기반 학교문화예술교육 프로그램을 설계하고자 한다.[2]

2. 융복합 교육으로서 학교문화예술교육의 개념

정부가 문화예술진흥을 위해 1972년 문화예술진흥법을 제정하면서 그 이후 예술진흥법이 만들어졌고 이때 문화예술교육이라는 용어도 자리 잡히기 시작하였다. 정부는 문화예술진흥을 위해 같은 해 8월 14일 문화예술진흥법을 공포하였다.[3] 이 때 「문화예술교육지원법」에서 사용되는 용어 '문화예술교육'이라 함은 「문화예술진흥법」 제2조 1항 1호의 규정에 따른 문화예술, 「문화산업진흥 기본법」 제2조 제1호의 규정에 따른 문화산업, 「문화재보호법」 제 2조 제1항의 규정에 따른 문화재를 교육내용으로 하거나 교육과정에 활용하는 교육을 말한다(문화체육관광부, 「문화예술교육지원법」 법률 제7774호, 제2조 제1항).

구체적으로 문화예술교육의 개념에 대해 살펴보아야 그 의미를 명확히 파악할 수 있는데 문화예술교육[4]의 개념에 관한 다양한 논의

---

2 이 때 '문학, 음악, 미술, 연극' 과목의 융복합 교육으로서의 교육과정적 관련성을 밝히고자 한다.

3 이 부분은 민경훈(2013: 15-16)의 내용을 참고하여 작성하였음을 밝힌다.

는 크게 3가지 기준으로 분류할 수 있다. (1) 그 개념이 모호하거나 포괄적인 경우, (2) 예술교육과 문화교육의 연계를 강조한 경우 (3) 문화역량함양이나 문화예술 향유 능력을 추구하는 경우이다.

먼저, 문화관광부(2006)에서는 문화예술교육이란 '문화예술 및 문화 산업, 문화재를 교육 내용으로 하거나 교육과정에 활용하는 교육', '문학, 미술(응용미술 포함), 음악, 무용, 연극, 영화, 연예, 국악, 사진, 건축, 어문 및 출판과 같은 문화예술, 문화상품의 기획 · 개발 · 제작 · 생산 · 유통 · 소비 등과 관련된 서비스 산업인 문화산업, 유형 · 무형 · 민속 문화재, 기념물 등을 교육 내용으로 하거나 교육과정에 활용하는 교육(김정희 · 이주연 · 이지연, 2013: 202에서 재인용)으로 제시하는데 학교문화예술교육을 제도로 활용할 수 있는 권한과 기반을 부여하였다는 측면에서 의미가 있으나 너무 거시적인 관점으로 제시하였다는 한계가 있다. 즉 그 내용이 너무 포괄적이라 문화예술교육의 목표나 방법을 추측하기 어렵다. 이와 마찬가지로 정연희(2008: 150)에서는 그 개념을 예술교육을 통한 문화교육의 실천 혹은 예술교육의 문화교육적 재구성이라고 논하는데 이 때 '실천'이라는 표현이 무엇을 어떻게 실행하는 것인지 그 의미가 명확하지 않고 '재구성' 또한 의미가 모호하여 구체성을 찾기 힘들다.

다음으로, 예술교육과 문화교육의 연계를 강조한 논의로는 김세훈 외(2004)[5]과 이동연(2008)[6]이 있다. 김세훈 외(2004: 15-16)에서는 다

---

4 문화예술교육은 '문화교육'과 '예술교육'의 복합어로, 문화교육은 인간이 속한 집단에 의해 공유되는 생활양식, 언어, 관습, 학문, 예술 및 가치관의 총체를 가르치는 의미로 사용되며 여기서 문화는 물질적 · 정신적 과정의 모든 산물을 포함한다. 예술교육은 주로 개별 장르들에 대한 교육을 총칭하는 의미로 사용되며, 주로 무용교육, 음악교육, 미술교육, 연극교육 등 개별 예술의 고유한 교육방식, 교육과정 등과 같이 각 장르를 중심으로 이루어져 왔다(송미숙 · 김경은 · 홍애령, 2014: 14).

양한 문화예술교육 영역의 유기적 연계성을 제시하였다는 측면에서 의미가 있지만 교육 목표를 '특정한 지향'이라고 표현하여 목표의 구체성이 떨어져 아쉽다. 예능교육 교과의 기능적인 구분을 비판하며 통합교육적인 의미를 강조한 이동연(2008)의 논의도 통합을 지향했다는 측면에서 의의가 있으나 마찬가지로 목표가 제시되지 않았다.

마지막으로, 예술교육을 통한 문화교육 모색에서 더 나아가 문화역량 함양이나 문화예술 향유 능력을 강조한 논의로는 민경훈 외(2013)과 박현옥(2011: 447)이 있다. 민경훈(2013: 17)[7]에서는 예술 장르에 대한 체험과 이해, 감상을 통한 문화예술리터러시의 향상을 강조하였다. 이 때 문화교육과 예술교육의 상호 보완성과 유기적 연관성을 언급하면서 문화예술 리터러시 향상을 교육 목표로 제시했다는 측면에서 주목할 만하다. 또한 박현옥(2011: 447)에서는 문화예술교육이란 예술교육을 통해 학교와 사회에서의 국민의 문화예술 향유 능력을 높이는 교육으로 예술을 통한 문화교육을 의미한다고 논한다. 이러한 논의들은 문화예술교육의 목표를 '문화예술리터러시 향

5 문화예술교육은 '문화 · 예술'이라기보다는'문화예술교육'으로 이해하는 것이 타당. 문화예술교육은 미적교육, 문화다양성 교육, 여가교육, 매체교육, 문화적 문해교육 등을 병렬적으로 나열하는 교육이라기보다는 이러한 교육 영역들이 특정한 지향 속에 유기적으로 연계된 교육(김세훈 외, 2004 : 15-16; 김은영, 2014 : 117에서 재인용).

6 예능교육 교과가 가지고 있는 매체상의 기능적인 구분을 넘어서려는 통합교육적인 의미를 가지고 있으며, 기존 교과목에 포함되지 않은 대중문화와 매체에 대한 교육을 구체화하고 학교교육과 학교 밖의 교육을 통합하는 데 효과적인 개인의 자율적인 표현과 상상력을 극대화하는 교육(이동연, 2008 ; 황정현 외, 2009 : 30에서 재인용).

7 문화교육과 예술교육의 상호 보완적이면서 유기적 연관성을 가지는 개념으로서, 다양한 예술 장르에 대한 체험과 이해 그리고 감상을 통해 문화예술 리터러시를 향상시키고, 인지교육과 감성교육의 조화로운 발전을 통해 전인교육을 지향하는 교육.

상, 문화예술 향유 능력 향상'과 같이 구체적으로 제시하였다는 측면에서 의의를 찾을 수 있으나 연계 방법에 대한 논의가 부족하다.

한편 교육부(2005)[8]와 박은영(2007)[9]에서는 문화예술교육의 목적이 국민의 문화예술 향유 능력 향상과 국가의 문화역량 강화임을 명시했는데 이러한 논의를 통해 문화예술교육의 궁극적 목적이 국민의 문화적 삶의 질 향상과 국가의 문화역량 강화임을 되짚어 볼 수 있어 유의미하였다.

이와 같은 개념 분류를 통해 문화예술교육에는 '문화역량 함양'과 같이 명료하고 구체적인 교육 목표가 제시되어야 함을 알 수 있다. 이러한 문화역량은 예술교육을 통한 문화교육을 통해 함양될 수 있다. 이 때 문화교육과 예술교육의 연계를 지향하며 궁극적인 교육의 목적은 국민의 문화적 삶의 질 향상이다. 이에 이번 연구에서는 '문화예술교육'을 다음과 같이 정의하고자 한다.

> 문화예술교육은 예술교육을 통한 문화교육으로 예술교육과 문화교육의 연계를 지향한다. 이 때 학습자는 문화역량 함양을 목표로 능동적으로 학습에 참여하여 문화적 삶의 질을 향상할 수 있다.

우리나라의 문화예술교육지원법은 문화예술교육을 학교문화예술

---

8 문화교육과 예술교육을 상호 연계적이고 보완적인 관계 속에서 설정한 개념으로 예술교육을 근간으로 하여 현행 예술교육이 지향하는 미적 감수성 함양이나 창의성 육성, 정서 함양을 통해 궁극적으로 예술교육을 통한 교육적 가치들이 사회, 문화적 맥락에서 모든 국민의 문화적 삶의 질 향상과 국가의 문화역량 강화를 지향하는 교육(교육부, 2005; 황정현 외, 2009: 31에서 재인용).

9 학교와 사회에서의 예술교육을 통해 국민의 문화예술 향유 능력을 높이는 교육. 즉, 문화예술 및 문화산업, 문화재 등을 교육내용으로 하거나 교육과정에 활용하여 실시한 교육 결과가 국민의 문화적 삶의 질 향상과 국가의 문화역량 강화를 지향하도록 하는 교육(박은영, 2007; 25-27; 황정현 외, 2009: 31에서 재인용).

교육과 사회문화예술교육으로 구분하며 문화예술 및 문화재를 교육 내용으로 하거나 교육과정에 활용하는 교육법으로 정의하는데 이번 연구에서는 학교문화예술교육으로 논의에 초점을 두고자 한다.

학교문화예술교육의 개념에 관한 선행연구로는 김선아 외(2010)와 박미정 · 이에스더(2014)와 박소연 · 홍성만 · 임채홍(2011), 문화체육관광부(2005)가 있다. 김선아 외(2010)에서 말하는 학교문화예술교육은 음악교육 혹은 미술교육과 같이 특정한 예술 장르에 국한된 교과교육을 넘어서, 학교 정규교육과정과의 관계 속에서 이루어지는 다양한 방식의 문화예술교육을 포괄적으로 의미한다(김선아 외, 2010; 김정희 · 이주연 · 이지연, 2013: 205에서 재인용). 또한 박미정 · 이에스더(2014: 114)에서는 학교문화예술교육이란 예술체험을 넘어 학교교육 현장에서의 인성과 창의성 교육의 통합적 모델로 다양한 예술 분야인 음악, 미술, 동작, 연극, 사진, 문학 등의 매체를 활용한 전인교육이라고 논한다. 즉 학교 내 문화예술교육을 학교교육(초 · 중 · 고등학교 학교급별)에서 이루어지는 학교문화예술교육으로 정의하였고 주체는 학교로, 진행 주관은 예술문화교육 관련 단체 및 개인이 가능함을 제안함과 동시에 학교문화예술교육의 목적을 문화예술교육을 통한 인성 및 학습 능력 함양(박미정 · 이에스더, 2014: 117-118)에 두었음을 알 수 있다. 이러한 논의를 통해 학교문화예술교육은 '학교 정규교육과정 속에서 다양한 예술 분야인 문학, 음악, 미술, 동작, 연극, 사진 등의 매체를 활용한 전인교육으로 예술체험과 더불어 인성 및 학습능력 함양을 목적으로 하는 문화예술교육'으로 정리할 수 있다.

그런데 이러한 개념을 통해 학교문화예술교육이 음악교육 혹은 미술교육과 같이 특정한 예술 장르에 국한된 교과교육과의 변별점을 설명할 수 있을지 의문이다. 결국은 기존의 교과중심 교육처럼 각

예술 분야의 특수성과 고유성만을 강조하는 수업이 운영되고 있는 실정이다.[10] 이러한 개념으로는 과학주의, 분석주의, 분리주의 교육을 넘어서기 힘들다. 따라서 총체적 교육을 위해서 융복합 교육으로서 학교문화예술교육이 될 수 있도록 해야 한다.

선행연구의 내용을 좀 더 자세히 살펴보면, 김선아 외(2010)에서는 학교 내에서 이루어지는 문화예술교육의 의미를 강조하기 위해 '학교 정규교육과정과의 관계'를 강조하고 있으나 '다양한 방식의 문화예술' 교육이 무엇을 의미하는 것인지 그 구체성이 떨어져 어떠한 방식으로 문화예술교육이 이루어지는 것인지 알 수 없다. 또한 박미정 · 이에스더(2014)에서도 '학교 교육현장'을 강조하며 '학교'에서 이루어지는 문화예술교육임을 전제로 하고 있다. 다만 학교문화예술교육의 목적을 문화예술교육을 통한 인성 및 학습 능력 함양으로 설정하고 있는데 '인성 및 학습 능력 함양'과 같은 교육 목적은 범교과적으로 어떠한 과목에서든 교육 목적이라 할 수 있기에 학교문화예술교육을 통한 보다 적합한 목표 제시가 필요하다. 이처럼 김선아 외(2010)와 박미정 · 이에스더(2014)에서는 사회문화예술과의 변별을 나타내기 위해 먼저 '학교 내 학교문화예술'을 강조하였다. 다만 어떠한 방식으로 문화예술이 이루어져야 하는지 그 방법이 제시될 필요가 있다. 또한 학교문화예술교육에 부합하는 교육 목표가 명시적으로 제시되는 것이 바람직해 보인다. 이러한 교육 목표를 통해 '인성 및 학습 능력 함양'과 같은 교육 목적을 달성할 수 있기 때문이다.

---

10 영화예술강사의 경우 영화촬영을 위한 기초적인 연기지도 등에 대한 내용적인 보완 및 연극과의 연계에 대한 절실한 필요성을 호소하는 것을 보았다. 실제 연극-무용, 무용-국악 등의 경우 중복되거나 유사한 부분들이 있어 각각의 수업을 경험한 학생들이 '선생님, 이것은 다른 시간에 이미 한 내용이에요.'라고 반응하여 매우 난처했다는 사례가 보고된 바 있다(황정현 외, 2009: 91).

한편 박소연 · 홍성만 · 임채홍(2011)에서는 Q 방법론[11]을 활용하여 학교문화예술교육 이해관계자를 중심으로 인식분석을 시도하여 학교문화예술교육의 40가지 속성 중 '감수성, 창의성, 자아정체감'을 학교문화예술교육의 핵심적인 개념적 속성으로 제시하였는데, 이러한 연구 결과를 통해 학교문화예술교육의 개념과 목적을 보다 명확히 정립하고 이에 대한 공감대를 형성할 필요가 있다고 밝혔다. 다만 이러한 시사점만 도출하였을 뿐 학교문화예술교육의 개념을 명료하게 제시하지 않아 아쉽다. 또한 몇 차례의 개정을 통해 2005년에 공포된 '문화예술교육지원법'(법률 제7444호, 2005) 제 2조 1항에 따르면, 학교문화예술교육은 교육과정의 일환으로 행하여지는 교육으로서 학생들의 문화예술 향유와 창조력 함양을 위한 교육으로 정의되며 국민의 문화적 삶의 질 향상과 국가의 문화역량 강화에 이바지함을 그 목적으로 하고 있다(문화체육관광부, 2005). 법령에는 목표는 명시되어 있지만 여기서 제시한 학교문화예술교육의 개념은 구체적이라기보다는 종합적인 접근을 취하고 있다는 한계가 있다.

학교문화예술교육에서 다루는 문화예술교육 분야는 '국악, 연극, 영화, 무용, 만화 · 애니메이션, 공예, 사진, 디자인'과 같이 8가지였으나, '문학 창작, 관현악, 미디어아트, 서예' 분야가 추가로 확대되어 실시되고 있다. 2014년에는 초 · 중등 교육 현장에서 다양한 분야의

---

11 Q 방법론은 세계를 계량적으로 설명하려는 입장과 질적으로 이해하려는 입장의 대립을 해소하기 위해 1935년 William Stephesonol 창안한 현상학적 연구방법이다. 이는 고유한 준거를 가진 개인 행위자의 관점에서 현상에 대한 주관적 반응 유형을 이해하기 위한 방법으로 외부로부터 현상을 설명하는 것이 아니라 내부로부터의 이해에서 출발하여 개인의 주관적 이해, 신념, 경험의 범위와 다양성을 연구하기에 적합한 연구방법으로 행정, 교육, 체육, 의학 등 다양한 분야에서 대상에 대한 주관적인 인식 및 태도 유형을 도출하는데 활용되고 있다(박소연 · 홍성만 · 임채홍, 2011: 118).

문화예술교육 수업이 이루어졌는데 경기 · 충청 · 경상 지역 16개 고등학교에서는 문학 창작 분야, 전국 초 · 중등 45개교에서는 관현악 분야, 수도권 10개 중학교에서는 미디어아트 분야, 전국 15개 초등학교에서는 서예 분야가 신규분야 시범사업으로 진행되었다.

그런데 현재 학교문화예술교육의 실태를 살펴보면 다음과 같은 의문점이 생긴다. 다양한 예술 분야의 고유성과 특수성만을 강조하여 수업이 진행되고 있는 것은 아닐까? 예술교육을 위한 교육이 이루어지고 있는 것은 아닌가? 문화예술교육과 예술교육의 변별점은 존재하는가? '문화역량 함양'이라는 문화예술교육의 목표를 달성할 수 있는가?

실제 학교문화예술 교육이 이루어지고 있는 교수-학습 현장에서는 두 가지 문제점이 나타나고 있는 실정이다. 하나는 다른 분야의 연계를 통해 심화될 수 있는 내용들을 포함하고 있으나 다른 분야와 연계하지 않는 경우이고, 다른 하나는 동일하거나 유사한 내용이 중복되어 교수-학습되는 경우이다. 따라서 문화예술교육의 심화를 위해 각 분야별로 서로 연계하여 내용적으로 지원하고 보완해야 하며 또한 내용이 중복되지 않도록 해야 한다.

창의적인 자기주도 학습을 유도하기 위한 다양한 방법들이 각 분야의 시각에서만 체계를 형성하여 내용을 구성하고 있기 때문에 서로 중첩되는 부분도 발생하게 되는 것이다. 각 분야의 내용이 문화예술교육의 통합적인 시각 속에서 연계, 심화될 수 있는 내용으로 체계화될 필요성이 절실해 지고 있는 것이다. 이러한 현상은 현행 교육과정에서 발생하고 있는 교과중심의 시각과 다르지 않다고 할 수 있다(황정현 외, 2009: 91-92).

문화예술교육은 예술교육이나 문화교육과 별개의 새로운 독립된 영역에 속한 것이 아니라, 예술 · 문화 그리고 교육의 영역 안에서 유기적으로 연계되어 이해되어야 하는 개념임을 간과해서는 안 된다. 무엇보다 문화예술교육에서의 예술은 단순히 작품으로 표현되는 활동을 넘어 인간의 자기이해와 의미구현의 장으로서 '체험에 의미를 부여하는 과정'으로 이해해야 한다. 사회의 한 구성원으로서의 인간이 예술적 행위를 통해 자기이해를 얻고 성장한다는 점에서 '문화'와 '예술'과 '교육'은 만난다. 인간 자신의 존재성을 형성하며 그렇게 형성된 존재성이 현재화되는 과정을 바로 문화예술교육의 본질로 볼 수 있다. 이는 세계와 사회에서 인간이 스스로 형성되어 가는 과정, 역동적으로 자신의 존재성을 이루어가는 과정을 문화로 정의하는 철학적 근거에 기초한다(송미숙 · 김경은 · 홍애령, 2014: 26-27).

이러한 내용을 바탕으로 학교문화예술교육은 다음과 같이 정리할 수 있다. 학교문화예술교육은 학교 내 문화예술교육으로 융복합 교육으로서의 학교문화예술교육을 지향한다. 이 때 '문화역량 함양'이라는 목표를 분명히 밝히고 다양한 예술 분야의 고유성, 각 분야 간의 공유를 통한 상호 소통성, 연계성 나아가 총체성, 학습자의 자기이해와 성장을 강조한다. 이에 융복합 교육으로서의 학교문화예술교육의 개념을 정의해보면, 아래 〈표 1〉과 같다.

〈표 1〉 융복합 교육으로서 학교문화예술교육의 개념 정의

융복합 교육으로서 학교문화예술교육	학교 정규교육과정 속에서 문화역량 함양을 목표로 하는 교육으로, '문학, 연극, 음악, 미술' 등과 같은 각 분야의 고유성을 존중하면서 여러 분야 간의 공유를 통한 상호소통성, 연계성과 함께 총체성 또한 아울러 학습자의 자기이해와 성장을 통한 전인적 발달을 꾀하는 교육

3. 문학 기반 학교문화예술교육의 의미

앞서 기존의 학교문화예술교육의 문제점을 살펴보았다. 이를 요약해보면 다음과 같다. 첫째, 각 예술 분야의 특수성만을 강조한 점, 둘째, 이로 인한 상호 소통과 연계의 부재, 셋째, 문화역량 함양이라는 목표의 부재, 넷째, 학습자의 자기이해와 성장적 측면 간과이다. 이 장에서는 이와 같은 문제점을 인지하여, 다양한 예술 분야 간의 융복합 교육을 통해 학습자가 문화역량을 함양하고 자기이해와 성장을 이룰 수 있는 전인적 발달교육을 강조하고자 한다. 따라서 이번 연구에서는 '문학'을 기반으로 한 융복합 교육으로서의 학교문화예술교육을 제안한다.[12]

다양한 예술 분야 중에 왜 '문학'이 학교문화예술교육의 기반이 될 수 있는가? '문학'이 그 역할을 수행할 수 있기 때문이다. 현대의 다매체적 문화예술의 수용은 강렬한 감각적 체험을 동반하며 내러티브

---

12 황정현 외(2009: 99)에서는 각 분야의 내용이 문화예술교육의 통합적인 시각 속에서 연계, 심화될 수 있는 내용으로 체계화될 필요성이 있다고 밝히며 '통합형, 통합선택형'으로 문화예술교육의 수준별 편성 체계를 제시하였다.

형태	통합형	통합선택형
수준	구체적/경험적/자기중심적 언어	형식적/추론적/내적 언어
과정	기초 과정	통합 전이 과정
목표	다양한 매체 통합의 이해와 표현	매체 통합을 통한 학습 전이력 신장
통합형식	매체 간 통합	핵심 매체 중심 통합
운용방식	몸의 매체, 청각매체, 시각매체, 언어매체 통합	몸의 매체, 청각매체, 시각매체, 언어매체 중 핵심 매체 중심 통합
소재와 내용	실제 경험 중심의 친숙하고 구체적인 내용에 관한 소재	다양한 예술 형식과 내용에 관한 문화적 소재와 타 교과교육

여기서 제시한 '통합'은 이번 연구에서 의미하는 '융복합'과 같은 의미로 해석할 수 있다. 이에 이번 연구에서는 '통합선택형'의 한 형태로써 문학을 기반으로 한 융복합 교육으로서의 학교문화예술교육을 제안한다.

적인 동시에 이미지의 기호를 읽고 쓰는 과정을 동반한다. 동시에 이러한 이미지의 기호를 읽고 쓰는 데는 문화에 대한 이해가 필요하며 이를 위해서는 전통적인 인류의 유산인 철학과 역사, 문학 등 인문학에 대한 이해가 수반되어야 한다(황정현 외, 2009: 79). 같은 맥락에서 박인기(2005: 22-25)에서는 문학이 지니는 모든 교과와의 연계 코드, 범교과적 속성 및 탈교과의 에너지를 강조하며 다음과 같이 문학의 내적 자질을 제시한다. "문학은 현실세계의 재구성 무대이며, 현실과 상상력의 상호 교섭을 경험하게 한다. 또한 이성과 감성의 공동 지주로서 문학은, 인간의 동기와 인간의 환경이 어떻게 교섭되는지를 그려낸다. 더불어 문학은 다른 예술 장르와 부단한 상호성을 가진다. 한편 문학은 현실의 언어이면서 동시에 상위 언어의 세계를 보여주는, 상징 위에 존재하는 현상이다. 그리고 문학은 '있어야 할 것'과 '있는 것'의 대립을 통해서 윤리의 구체성을 가르치기도 한다." 이때 문학이 지니는 다양한 예술 장르와의 상호성에 주목할 필요가 있다. 박인기(2005: 23)에서는 이러한 점을 잘 활용하면 더욱 통합적이면서도 문화 경험의 실제성을 높이는 예술 교육의 가능성을 얻을 수 있다고 밝힌다. 더불어 그 통합의 중심 자리에 문학이 일정한 기여를 할 수 있고 이는 미술이나 음악이 통합의 매개 기능을 할 수 있는 것보다 훨씬 더 현실적이고 합리적이라고 논한다. 이는 문학을 기반으로 하여 다양한 예술 분야를 아울러 교육할 수 있다는 의미로서, 여기서 사용된 '통합'이라는 용어는 이번 연구에서 강조한 '융복합'과 같은 맥락으로 이해할 수 있을 것이다.

특히 문학교육의 중요한 의의는 문학교육을 통해 세계 인식방법에 있어 자유를 획득하여 과학적 합리주의 일변도의 현대문화가 지닌 한계를 극복하여 마침내 문학적 문화로 나아가는 데 있다. 낭만주의적인 문학관과 고전주의적 세계관, 이 양자는 문학을 바라보는 대표적 관점으로 보이는데 문학적 문화란 이러한 양 극단을 조화시키고 인간의 본성과 인간다움과 인간의 가치를 최대한 발휘하는 문화를 뜻한다(구인환 외, 2012: 79-80). 이는 융복합 교육으로서의 학교문화예술교육이 지향하는 학습자의 문화적 삶의 질 향상과 일맥상통한다. 결국 문학교육이 이러한 문학적 문화를 고양시킬 수 있기에 문학은 다른 예술 장르와 융복합될 때 그 기반이 될 수 있다. 그러므로 '문학'은 인문학을 대표하는 분야로 범교과적 속성 및 탈교과의 에너지를 갖고 있어 다른 예술 분야와의 상호성이 매우 높다 할 수 있다. 특히 문학교육의 지향점은 문학문화의 고양이고 문학교육에서의 내러티브에 따라 인간은 세계를 발견하고 문화를 인지하고 현실을 학습하고 비판할 수 있다. 따라서 내러티브의 발생, 형태, 소통, 작용, 변이, 상징, 의미화, 브랜드화 등을 현대의 문화 생태 속에서 이해하고 해석하고 평가할 수 있는 능력을 길러주는 것이 교육이다. 이러한 필요가 굳이 국어과에만 요청되는 것이 아니다. 그렇게 때문에 내러티브는 강한 상호성의 에너지를 가지고 있는 것이다(박인기, 2006: 13-14).

문학 기반 학교문화예술교육은 문학을 기반으로 한 다양한 예술 분야간의 연계를 통한 융복합 교육이다. 이 때 범교과적 속성 및 탈교과의 에너지, 특히 문학적 문화를 고양하고 내러티브에 따라 문화를 인지할 수 있는 에너지를 갖고 있는 문학은 '음악, 미술, 연극' 분야를 융복합 할 수 있는 매개가 될 수 있다. 가령, 시나리오를 작성하고 그러한 시나리오에 어울리는 음악을 직접 연주할 수도 있고, 음악을 듣고 이야기를 조직하거나 재구성할 수도 있다. 또한 적절한 배경을 그림으로 그리거나 미술 작품을 통해 얻은 영감으로 인물의 외모와 성격을 구체화할 수도 있다. 특히 연극은 교육연극[13]에 초점화하여 진행되어야 할 것이다. 이처럼 문학을 기반으로 한 '음악, 미술, 연극' 분야의 융복합 교육으로서의 학교문화예술교육을 통해 학습자는 문화적 삶의 질을 향상시킬 수 있다. 이는 문학 기반 학교문화예술교육의 목적이라 할 수 있다. 이를 위해 이번 연구에서는 특히 문학 소통 능력을 기반으로 한 문화역량 함양을 강조하고자 한다.

문학을 기반으로 한 융복합 교육으로서의 학교문화예술교육의 목표는 문화역량을 함양하는 것이다. 이 때 문학 소통 능력이 중요한 역할을 한다. 그렇다면 이번 연구에서 말하는 문화역량이 무엇인지 먼저 그 의미를 살펴볼 필요가 있다. 문화역량의 개념과 관련한 선행 연구는 많지 않은 편이다. 그 가운데 선진국에서의 문화역량 담론을 분석한 다음 문화역량에 대한 시각과 접근방식에 대해 살피고 예술역량과 문화역량과의 관계를 파악한 후 문화역량의 개념을 제시한 이병준 외(2010)의 논의가 참고할 만하다. 이에 여기서 제시한 문화역량 개념을 바탕으로 이번 연구의 목적에 부합하도록 문화역량을 재개념화하고자 한다.

이병준 외(2010: 385)에서 문화·예술 관련 전문가 포커스 그룹 인터뷰(Focus Group Interview: FGI)와 델파이 조사를 실시하여 문화역량의 개념을 '개인 및 조직, 사회가 상상력과 놀이, 인공물을 통해 문화와 예술을 생산, 축적, 공유, 이해, 소통하며 차이와 다양성을 인정하고 창조적이고 비판적으로 느끼고 표현하며 행위하는 역량'으로

13 교육연극에서의 주된 지향점은 '교육'이고, 연극은 그 목적 달성을 위한 수단·방법임을 이해해야 한다. 곧 교육연극은 전인교육이라는 궁극적인 목적 달성을 위하여, 보다 효과적인 매개체로서 연극을 교육 현장에 활용하는 것이라고 할 수 있다. 이러한 교육연극의 종류는 크게 DIE(Drama-In-Education), TIE(Theatre-In-Education), 창조적 드라마로 살펴 볼 수 있다(전두리, 2013: 2). DIE에서 연극은 설정한 교육 목적 달성을 위한 수단·방법으로서 작용하는 것으로 이는 드라마적 행위를 함으로써 배우는 것에 의의가 있으며 TIE는 연극교육을 교실현장에서 실현하는 과정과 그 결과이며 창조적 드라마는 참여자들에 의해 창조되는 즉흥적이고, 비공개적이며, 과정 중심적인 드라마 형태이다(정성희, 2006: 36-39).

제시하였다. 다만 그 대상이 포괄적이고 '상상력, 놀이, 인공물'간의 범주화에 문제가 있고 특히 인공물이라는 개념이 모호하다. 또한 '소통'이라는 단어가 차이점과 다양성 인정의 의미를 포함할 수 있기에 간결하게 제시할 필요가 있다. '표현하며 행위하는'이라는 표현에서도 '표현'이 '행위'의 의미를 포괄할 수 있기에 반복해서 제시할 필요가 없다.

이에 이 연구에서는 문화역량을 다음과 같이 개념화한다. 우선 이번 연구에서는 융복합 교육으로서의 학교문화예술교육을 다루고자 하므로 그 대상은 학습자로 명명한다. 문화역량이란 학습자가 융복합으로서의 문화예술 활동을 공유하고 소통하면서 창조적으로 자신의 생각을 융복합적 방법으로 표현하는 역량이다. 학습자는 문학, 음악, 미술, 연극과 같은 다양한 분야의 융복합적 문화예술 활동을 통해 자신의 생각을 융복합적으로 표현할 수 있을 것이다. 다만 이번 연구에서는 문학 소통 능력을 기반으로 한 문화 역량을 강조하고자 하므로 이 때 기본적으로 갖추어야 할 문학 소통 능력이 무엇인지 살펴 볼 것이다. 이는 문학 능력과 관련한 선행연구를 통해 개념화할 수 있다. 문학 능력에 관한 선행 연구로는 김창원(1997), 교육과학기술부교육과정(1997), 김상욱(1996 · 2006), 최지현(2000 · 2006), 전한성(2008), 김선희(2009), 우한용(2009)이 있는데, 몇 가지 시사점으로 문학 능력의 개념에 대한 논의를 분류할 수 있다. 그것은 '문학에 관한 지식 강조 논의',[14] '문학의 수용과 생산 활동(기능) 강조 논의'[15],

14 지식을 강조한 논의에는 컬러(J. Culler, 1975: 113-130)가 있다. 컬러는 '의미화의 규칙, 비유적 응집성의 관습, 주제적 단일성의 관습'과 같은 문학의 암묵지를 강조하며 독자로 하여금 텍스트를 문학 작품답게 읽을 수 있게 하는 지식적 측면을 강조한다.

15 수용과 생산 활동을 강조한 논의에는 최지현(2000 · 2006), 김상욱(1996 · 2006)과 김선희(2009)가 있다. 최지현(2000 · 2006)에서는 '문화적 감수성, 상상력, 심미적

문학에 대한 '지식, 기능, 태도' 통합 논의이다. 대부분의 논의들은 '지식, 기능, 태도'의 유기적 통합을 지향하고 있지만 그 중 특히 강조한 부분이 있다.

이번 연구에서는 '지식, 기능, 태도'의 통합을 강조한 논의에 동의하며, 이를 바탕으로 문학 소통 능력의 개념을 정립하고자 한다. 이와 관련한 선행 연구로는 교육부 7차 교육과정(1997), 김창원(1997), 전한성(2008), 우한용(2009)이 있다. 교육부에서는 7차 교육과정에 문학 능력을 개념화하여 제시하였는데, 학습자의 능동적 참여를 강조하면서 문학문화를 언급하고 이러한 문학 능력의 하위 요소로 '문학적 소통능력, 문학적 사고력, 문학 지식, 문학 경험과 문학에 대한 가치와 태도'를 제시하였다. 한편 김창원(1997)에서는 '기호'에 중심을 두고 문학 능력을 세계지식을 바탕으로 한 언어-기호 능력과 문화-기호 능력, 기호-소통 능력을 하위 범주로 갖는 '텍스트 해석 능력'과 동일하게 보았다. 그리고 전한성(2008)에서는 기존의 논의에 성찰적 사고능력을 포함시키면서 문학텍스트의 문학적 관습을 터득하는 데서 나아가 자아 정체감 확립을 통한 자신의 삶의 가치를 깨닫는 데까지 이르는 보다 넓은 범주로 문학 능력을 정립할 필요가 있다고 강조한다. 마지막으로 우한용(2009)에서는 문학 현상과의 다면적 '관계'에 주목하여 문학 능력에 '문학적 감수력, 문학적 사고력, 문학적 판단력, 문학적 지향의지'를 포함하여 제시하였다. 이상의 논의들은

체험, 윤리적 가치 판단, 비판적 인식' 등을 포함시켜 문학 능력의 개념을 확장하면서 특히 '방법으로서의 문학교육과정용어'에 초점화한다. 그리고 김상욱(1996 · 2006)에서는 '내면화된 문학적 문법'을 의미한다는 촘스키 이래의 문학 능력관을 긍정하면서도 문학적 경험을 통한 후천성을 강조한다. 문학 체험, 특히 심미적 정서 체험을 강조하며 문학 능력을 문학 체험으로 설정하여 시조를 사례로 논의를 구체화한 김선희(2009)의 논의도 이와 같은 맥락에서 문학의 기능적 측면을 강조한 논의라 할 수 있다.

'지식, 기능, 태도'의 통합을 통해 문학 능력을 규정하려고 시도한 논의라고 볼 수 있다.

문학 능력을 개념화하고 이러한 문학 능력을 평가하기 위해 특히 정의적 측면인 자기 이해를 강조한 논의들이 있다. 전한성(2008), 염은열(2009)의 논의들이 이를 대표하는 논의라 할 수 있는데, 이와 같은 논의들은 자기 이해를 목표로 설정하고 문학 능력을 재개념화하고 이에 적절한 문학 평가 방안을 모색했다는 측면에서 의의를 찾을 수 있다. 그러나 두 논의 역시 자기 이해에 머물러 있는 상태다. 좀 더 자세히 살펴보면 전한성(2008: 416)에서는 Pinar의 논의를 변용하여 자서전적인 방법을 활용한 평가를 통해 표준화된 인간상에서 정신적 실존의 해방을 할 수 있다고 주장한다. 이 논의는 자서전적인 방법을 도입함으로써 학습자의 '개별적 특수성'을 존중했다는 측면에서 주목할 만하다. 이에 대해 염은열(2009: 365)에서는 평가의 방법으로 제안한 세 가지 방법이 읽기 교육 등에 적용할 일반적인 방법이라는 점에서 문학교육의 특수성이나 고유성을 반영하여 보완할 필요가 있다고 비판하며 문학 능력의 측정 외에 학습자의 자기 이해 및 성장을 위한 평가의 필요성과 가능성을 제안하였다. 이때 서사의 구성력과 반성적 사고력에 대한 신뢰를 바탕으로 서사를 이해하고 생산하는 활동을 통해 건강한 자아를 형성할 수 있다고 본 '문학치료학'의 발상에 착안하여 논의를 전개했다. 다만 이 논의도 자기 이해를 위한 평가 방법을 구체화하여 제시하지 못한 한계를 갖고 있다. 하지만 문학교육의 목표와 내용은 학습자의 성장과 자기 이해에만 국한되지 않으며 문학 경험이라는 것이 사회적 실천으로서의 국면과 언어문화에의 동참과 계승 발전이라는 측면, 그리고 사고 작용이라는 측면 등을 아울러 지닌다는 사실을 언급한다.

이와 같은 논의에 동의하며, 이번 연구에서는 문학 소통 능력을 자기 이해와 같은 개별적 특수성뿐만 아니라, 더 나아가 사회적 실천으로서의 문학 능력 발현, 언어문화에의 동참과 계승 발전과 같은 거시적 측면을 모두 포괄하는 것으로 개념화하고자 한다. 특히 문학적 상호소통을 강조한다. 정재찬 외(2014: 72-73)에서는 문학교육의 목표는 일반적인 자아실현이 아니라 '문학적 주체', 곧 '문학의 가치와 아름다움을 향유하며 공동체의 문화 발전에 적극적으로 참여하는 존재'에 주안점을 두고 있다고 말하며 사회적 가치도 "우리 공동체의 문학 문화 발전"이라고 하여 국가나 민족이 아닌 열린 공동체 화합과 유대를 추구하고 있다고 논한다.

공동체 화합과 유대를 위해서는 상호 이해가 먼저 전제되어야 한다. 상호 이해는 자기 이해의 과정을 거치기도 하고 서로를 이해하면서 이루어지기도 한다. 이처럼 이제 자기 이해와 더불어 상대에 대한 이해, 나아가 공동체 화합과 유대를 추구해야 한다. 이 때 향유한 문학을 서로 소통하는 것이 유대의 매개가 될 수 있을 것이다. 곧 문학 소통 능력이란 문학작품을 알고 찾아 읽고 이해하고 향유하는 것으로 타인에게 자신이 수용하고 생산한 문학작품을 이해시키고 설명할 수 있는 즉 사회문화적으로 소통할 수 있는 역량으로 이해할 수 있다. 이 때 자신이 경험한 문학을 전하고 공유할 수 있는 것을 강조한다. 지금까지의 논의를 바탕으로 이번 연구에서 의미하는 문학 소통 능력의 개념은 다음과 같이 정의할 수 있다.

> 문학 소통 능력이란 문학적 지식과 그것을 활용할 수 있는 능력 그리고 내면화하는 것에서 나아가 향유한 문학을 사회문화적으로 상호소통할 수 있는 능력이다. 이 때 자기 이해와 공동체의 문화 발전을 지향한다.

이처럼 이번 연구에서 제시한 문학 소통 능력의 핵심은 문학에 관한 총체적 이해를 바탕으로 하는 학습자의 사회문화적 상호소통역량임을 알 수 있다. 이러한 문학 소통 능력을 기반으로 할 때 융복합 교육으로서의 학교문화예술교육이 이루어질 수 있을 것이다. 예컨대 융복합 교육으로서의 문학 기반 학교문화예술교육 프로그램은 '상상력과 융복합 창작'이라는 자유주제 아래, '문학', '음악', '미술', '연극' 분야의 융복합 표현 교육을 통해 이루어질 수 있다. 이 때 학습목표는 문학 소통 능력을 기반으로 문화역량을 함양하는 것이다. 이러한 프로그램은 문학을 기반으로 설계한다. 학습자는 상상력을 발휘하여 시나리오를 쓸 수 있고 시나리오를 구상하면서 시나리오에 어울리는 음악을 연주할 수 있고 무대 배경을 연출할 수도 있다. 또한 시나리오의 한 장면을 시연할 수 있다. 이처럼 시나리오 창작을 중심으로 음악, 미술, 연극의 융복합적 문화예술 활동을 할 때 융복합 교육으로서의 문학 기반 학교문화예술교육이 실현될 수 있다. 문학 기반 학교문화예술교육의 실천 모형을 제시해보면, 아래 〈그림 1〉과 같다.

〔**그림 1**〕 문학 기반 학교문화예술교육 실천 모형

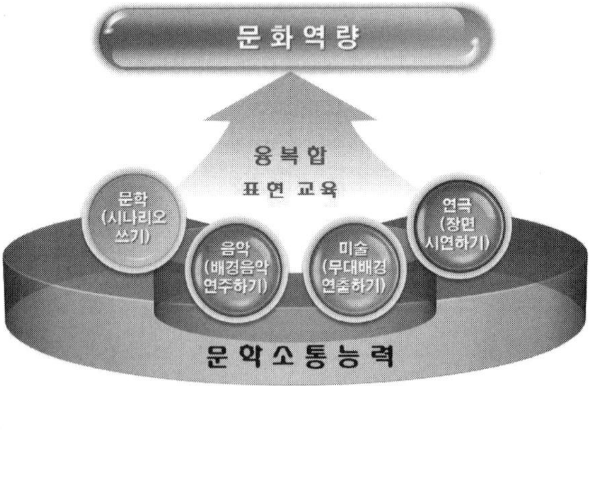

위의 [그림 1]에서 제시하고 있는 문학, 음악, 미술, 연극 영역의 내용이 융복합적으로 실행되기 위해서는 각 영역 간의 관련성을 보다 심층적으로 탐구해야 한다. 이에 다음 장에서는 선택 중심 교육과정의 일반선택 과목인 '문학, 음악, 미술, 연극'의 교육과정적 관련성을 살펴보고 문학 기반 학교문화예술교육 프로그램을 설계하고자 한다.

4. 문학 기반 학교문화예술교육 프로그램 설계

그동안 융복합 교육에서 각 영역 간의 관련성은 매우 시론적인 수준에 그치고 있다. 그러나 교육과정에 나타난 '성격, 목표, 내용체계 및 성취기준, 교수 · 학습 및 평가의 방향'의 분석을 통해 보다 구체적으로 그 관련성을 찾을 수 있다. '문학, 음악, 미술, 연극' 과목의 교육과정적 관련성은 '문화, 소통 능력, 연계'라는 핵심어로 정리할 수 있다. 문화의 한 양식으로서 '문학, 음악, 미술, 연극'은 이와 관련한 역량을 추구한다. 이 때 소통 능력을 강조하고 다른 분야와의 연계를 지향한다. 그 구체적인 내용은 다음과 같다.

첫째, '문학, 음악, 미술, 연극'은 모두 문화의 한 양식이고 이와 관련한 역량을 추구한다. 이는 교육과정의 처음에 제시되어 있는 '성격'을 통해 알 수 있다. 문학은 인간의 체험과 상상력으로 이우러진 언어 예술이자 소통 행위이며, 개인과 생활 경험 및 미의식을 담은 문화의 한 양식(교육부, 2015 별책 5: 122)이며 '문화 향유 역량'을 추구한다. 음악은 소리를 통해 인간의 감정과 사상을 표현하는 예술로 인간의 창의적 표현 욕구를 충족시키고 다른 사람과 소통할 수 있도록 하며 인류 문화를 계승, 발전시키는데 기여하며(교육부, 2015 별책

12: 23) '문화적 공동체 역량'을 기를 수 있도록 한다. 미술은 그 시대의 문화를 기록하고 반영하기 때문에 우리는 미술 문화를 통해서 과거와 현재를 이해하고 나아가 문화의 창조와 발전에 공헌 할 수 있으며(교육부, 2015 별책 13: 23) '미술 문화 이해 능력'을 추구한다. 연극은 그 시대 인간의 삶과 사회를 반영함으로써 과거와 현재를 이해하고 올바른 세계관을 확립하는 데 도움이 될 뿐 아니라 미래의 문화 창조와 발전에 공헌하며(교육부, 2015 별책 237) 미래 사회에서 바른 인성을 갖춘 창조적인 문화 시민으로 살아가는 데 필요한 '소통 능력, 협업 능력, 창의적 구성 능력, 연극적 상상력'을 과목의 역량으로 삼고 있다.

둘째, '문학, 음악, 미술, 연극'은 소통 능력을 강조한다. 이는 교육과정에 제시되어 있는 '목표'를 통해 알 수 있다.[16] 문학 과목은 '목표 나'(작품의 수용과 생산 활동을 중심으로 창의적 · 심미적 · 성찰적으로 사고하고 소통하는 능력을 기른다.) 항목에 소통 능력을 제시하였고 음악 과목은 '목표 다'(음악적 활용과 소통의 즐거움을 느끼고, 음악 애호가로서의 자질을 함양한다.) 항목에 소통의 즐거움을 명기하였다. 그리고 미술 과목은 '목표 가'(주변 세계를 미적으로 인식하고 시각적으로 소통하는 능력을 기른다.) 항목에 소통 능력을 나타냈고 연극 과목은 '목표 가'(연극적 표현 방법을 익혀 자신의 생각과 느낌을 창의적으로 표현하고 소통할 수 있는 능력을 기른다.) 항목에서 소통 능력을 제시하였다.

셋째, '문학, 음악, 미술, 연극'은 서로의 연계를 지향한다. 이는 주로 교육과정의 '내용 체계 및 성취기준'을 통해 알 수 있다. 문학은 문학의 수용과 생산 영역에 내용 요소로 '문학의 인접 분야'를 제시

16 이 부분은 교육부, '2015 별책 5 : 123, 2015 별책 12 : 24, 2015 별책 13 : 24, 2015 별책 22: 238'의 내용을 참고하여 작성하였다.

하였다. 그 구체적인 내용은 성취기준 [12문학02-03](문학과 인접 분야의 관계를 바탕으로 작품을 이해하고 감상하며 평가한다.)을 통해 알 수 있다. 문학은 언어 예술이라는 점에서 음악, 미술, 연극, 영화, 무용 등 다양한 예술 분야와 밀접한 관계가 있음을 제시하며 문학과 인접 분야의 관계를 고려하여 작품을 수용하고 생산하게 함으로써 문학 활동의 범주가 깊어지고 넓어지도록 지도해야 해야 한다. 이때 문학을 다른 예술로, 또는 다른 예술을 문학으로 변환하는 활동 등을 구성할 수 있다(교육부, 2015 별책 5: 126-127).

음악 과목은 교육과정의 '목표'에서 타 과목과의 연계를 강조하여 제시한다. 음악과 춤, 미술, 연극, 영화, 문학 등 다른 예술 영역들과의 연계는 다른 예술의 표현 수단과의 결합을 통해 음악적 정서를 표현하고 다양하게 소통하는 방법을 배우도록 함으로써 학생의 문화적 소양을 높일 수 있도록 해 준다(교육부, 2015 별책 12: 24). 또한 '내용 체계'의 '표현'과 '감상' 영역의 교수·학습 방법 및 유의사항에서도 다른 예술과의 연계를 언급한 부분을 찾을 수 있다. 이는 음악과 다른 예술이 연계된 작품, 활동 사례 등을 탐색하고 다양한 예술에 어울리는 음악 작품을 만들어 표현하게 하도록 하거나 다른 예술 영역이나 교과와 연계된 사례를 찾아 음악의 특성이나 가치를 이해할 수 있도록 지도하라고 제시한 부분(교육부, 2015 별책 12: 26, 28)을 통해 알 수 있다.

미술 과목은 '내용 체계'의 '체험' 영역의 '핵심 개념' 중 '연결' 부분을 통해 타 영역과의 연계를 강조하고 있음을 알 수 있다. 미술은 타 학습 영역, 다양한 분야 등과 연계되어 있고, 삶의 문제 해결에 활용된다(교육부, 2015 별책 13: 25). 또한 '교수·학습 및 평가의 방향' 부분에서도 타 영역과의 연계를 제시하고 있다. 이는 미술 교과 역량을 구현하기 위한 다양한 교수·학습 방법과 전략의 활용 부분에 나타난다. 창의 · 융합 능력을 기르기 위해 미술과 다양한 분야를 연계하여 사고를 확장시키고 상상력을 자극할 수 있는 탐구 학습, 주제 학습, 프로젝트 학습, 창의적 문제 해결법 등을 활용할 수 있다(교육부, 2015 별책 13: 29).

연극 과목은 '내용 체계'의 '생활' 영역의 '핵심 개념'인 '연극과 삶'에서 다른 예술 분야와의 융합을 제시한다. 연극은 인간의 삶 속에서 다양한 형태로 발견되며, 인문, 사회, 기술 및 다른 예술 분야와 융합하며 확장될 수 있다(교육부, 2015 별책 22: 239). 그 구체적인 내용은 성취기준 [12연극04-04](연극이 인문, 사회, 기술 및 다른 예술 등과 통합하여 나타나게 된 다양한 공연 예술을 사례 중심으로 탐구한다.)을 통해 알 수 있다. 또한 '표현' 영역의 교수 · 학습 방법 및 유의사항에서도 다른 예술 분야와의 연계를 찾을 수 있다. '표현' 영역은 타 교과와의 연계성을 고려하여 다양한 텍스트(문학, 음악, 미술, 작품, 그림책, 영상, 신문, 뉴스)와 융합하여 구성할 수 있다(교육부, 2015 별책 22: 241).

이처럼 '문학, 음악, 미술, 연극'은 소통 능력을 강조하는 문화의 한 양식임을 알 수 있다. 이 때 다른 예술 과목과의 연계를 지향한다. 이러한 교육과정적 연계성은 융복합 교육으로서의 문학 기반 학교문화예술교육의 실천 근거가 될 수 있다. 이러한 교육과정적 연계성을 바탕으로 문학 기반 학교문화예술교육 프로그램을 제시하고자 한다.

문학 기반 학교문화예술교육 프로그램

1. 수업 목표

본 프로그램은 '자기이해와 성장'이라는 주제 아래, '문학', '음악', '미술', '연극' 분야의 융복합 교육을 지향한다. 문화의 한 양식으로서 '문학, 음악, 미술, 연극'은 소통 능력을 강조하고 다른 분야와의 연계를 지향한다. 본 프로그램은 문학을 기반으로 설계하였는데 학습자는 상상력을 발휘하여 시나리오를 쓸 수 있다. 시나리오를 구상하면서 시나리오에 어울리는 음악을 연주할 수 있고 무대 배경을 연출할 수도 있다. 또한 시나리오의 한 장면을 시연할 수 있다. 이처럼 시나리오 창작을 기반으로 음악, 미술, 연극의 창작 활동을 통한 융복합 교육으로서의 학교문화예술교육을 실현하고자 한다. 학습자는 문학 소통 능력을 기반으로 한 융복합 교육으로서의 학교문화예술교육을 통해 자기를 이해하고 성장할 수 있으며 문화 역량을 함양할 수 있다. 각 분야별 수업 목표는 다음과 같이 제시한다.

❶ 문학 -시나리오를 쓸 수 있다.

❷ 음악 -시나리오에 어울리는 배경음악을 연주할 수 있다.

❸ 미술 -시나리오에 어울리는 무대배경을 연출할 수 있다.

❹ 연극 -시나리오의 한 장면을 시연할 수 있다.

2. 문학 기반 학교문화예술교육 프로그램 모형

3. 주요 학습 내용 및 활동

주제: 자기이해와 성장		
지도 대상 및 시간	고등학교 창의적 체험활동 시간	
학습 목표	1. 시나리오를 쓸 수 있다. 2. 창작 공연을 할 수 있다.	
학습 형태	토의 · 토론 협동 기반의 모둠(5~6명 한 팀)학습, 강의(팀티칭), 시연	
주	주요 학습 내용 및 활동	분야
1	수업 개요, 자기소개(문학, 음악, 미술, 연극)	미술+음악+연극+문학
2	3가지 정지 동작을 보고 이야기 만들기/3개의 그림을 보고 이야기 만들기/제목을 통한 즉흥적 이야기 만들기	미술+연극+문학

<table>
<tr><td>3</td><td colspan="2">음악을 듣고 이야기 만들기/ 이야기에 어울리는 음악 선정하기/음악에 어울리는 동작하기</td><td>음악+연극+문학</td></tr>
<tr><td>4</td><td colspan="2">시나리오 알기</td><td>문학</td></tr>
<tr><td>5</td><td colspan="2">시나리오 구상하기(주요 인물과 사건 설정하기, 줄거리 구상하기)</td><td>문학</td></tr>
<tr><td>6</td><td colspan="2">시나리오 쓰기</td><td>문학</td></tr>
<tr><td>7</td><td>교육연극의 개념과 용어 이해하기</td><td>시나리오 수정</td><td>연극+문학</td></tr>
<tr><td>8</td><td>언어와 목소리</td><td>시나리오 수정</td><td>연극+문학</td></tr>
<tr><td>9</td><td>장면 발표</td><td>시나리오 수정</td><td>연극+문학</td></tr>
<tr><td>10</td><td>배경 음악</td><td>시나리오 수정, 작품 분위기나 배경을 파악할 수 있는 부분에 밑줄 긋기</td><td>음악+문학</td></tr>
<tr><td>11</td><td>무대 배경, 포스터 제작, 등장인물 의상 만들기</td><td>시나리오 수정, 인물의 성격과 의상을 시각적 심상으로 구상하기</td><td>미술+문학</td></tr>
<tr><td>12</td><td colspan="2">시나리오 완성, 무대 음악, 무대 배경, 포스터 완성</td><td>미술+음악+연극+문학</td></tr>
<tr><td>13</td><td colspan="2" rowspan="3">장면 연습(배경 음악, 무대 배경 점검)</td><td rowspan="3">미술+음악+연극+문학</td></tr>
<tr><td>14</td></tr>
<tr><td>15</td></tr>
<tr><td>16</td><td colspan="2">시나리오 장면 시연</td><td>미술+음악+연극+문학</td></tr>
</table>

본 프로그램은 '자기이해와 성장'이라는 주제 아래, 고등학생을 대상으로 한 융복합 수업으로 창의적 체험활동시간에 이루어진다. 주요 학습 내용 및 활동에 맞게 팀티칭(문학, 음악, 미술, 연극)으로 진행되며 학습 형태는 토의 · 토론 협동 기반 모둠(5~6명) 학습이다. 문학 선생님은 모든 수업에 참여하고 나머지 분야 선생님들은 자신이 맡은 분야가 중심이 되는 주차에 참여하여 팀티칭을 한다. 주차별 주요 학습 내용 및 활동에 대해 살펴보면 다음과 같다.

1주차에는 수업 개요를 하고 4가지 분야를 활용하여 자기소개를 한다. 스토리텔링으로 자신을 소개할 수 있고, 노래(랩)로 자기 자신을 표현할 수도 있으며 그림(자화상)으로 자신의 매력을 어필할 수도 있다. 또한 몸동작을 활용하여 자기 자신을 소개할 수도 있다. 이처럼 첫 시간에는 문학, 음악, 미술, 연극 분야의 특성을 활용하여 서로를 알아가는 시간을 갖도록 한다. 이때 관심 있는 분야별로 학생들을 그룹으로 나누어 여러 분야를 활용한 자기소개가 이루어질 수 있도록 한다. 특히 모든 분야의 선생님들과 학생들이 자기소개를 통해 서로 인사하는 시간이 될 수 있도록 한다.

2주차에는 지난 시간 자기소개를 바탕으로 모둠을 구성하여 공지한다. 모둠별로 3가지 정지 동작을 선정하게 한다. 발표 모둠이 나와서 동작을 보여주면 나머지 모둠별로 이에 적절한 이야기를 만들게 한다. 그리고 3개의 그림을 보여주고 모둠별로 이야기를 구성하게 한다. 또한 제목을 듣고 즉흥적으로 이야기를 만들게 한다. 이번 시간에는 미술, 연극이 상상력을 발휘할 수 있게 하는 하나의 도구가 될 수 있음을 알린다. 이때 문학 선생님과 함께 미술 선생님이 수업을 진행하도록 한다.

3주차에는 음악에 어울리는 동작을 하게 하여 몸의 긴장을 풀어준다. 하나의 이야기를 들려주고 이 이야기에 어울리는 음악을 모둠별로 선정하게 한 후 그 이유를 발표하게 한다. 또한 음악을 들려주고 이 음악에 어울리는 짧은 이야기를 구상하게 할 수도 있다. 음악이 이야기 구성에 어떤 역할을 하는지 인지시킨다. 이때 문학 선생님과 함께 음악 선생님이 수업을 진행하도록 한다.

4~6주차에는 시나리오에 대해 알고 직접 시나리오를 써본다. 먼저 4주차에는 다양한 시나리오를 제시하고 시나리오의 개념 및 용어, 특성 등을 파악하도록 한다. 5주차에는 모둠별로 주요

인물과 사건을 설정한 다음 줄거리를 구상하게 한다. 6주차에는 시나리오를 쓰는 시간을 갖는다. 3주 동안 시나리오에 대한 이론과 실제를 이해할 수 있게 지도한다. 시나리오 작성을 힘들어 할 경우 각색하는 활동이 도움을 줄 수 있다.

7~9주차에는 시나리오가 연극으로 시연되기까지의 일련의 과정을 배운다. 이때 교육연극을 활용한다. 7주차에는 교육연극의 개념 및 특성에 대해 이해한다. 8주차에는 언어와 목소리라는 주제로 발성 및 입체낭독[1]을 한다. 9주차에는 시나리오의 한 장면을 선정한 후 역할극을 해보도록 한다. 3주 동안 시나리오는 계속 수정 보완될 수 있도록 지도하고 확인한다. 이때 문학 선생님과 함께 연극 선생님이 수업을 이끌도록 한다.

10주차에는 작품 분위기나 배경을 파악할 수 있는 부분을 밑줄 긋게 한 다음, 이를 바탕으로 작품에 어울리는 배경음악을 구상하도록 한다. 또한 학생들은 음악 선생님의 지도하에 배경음악을 직접 연주할 수도 있다. 이때 문학 선생님과 함께 음악 선생님이 수업을 이끌도록 한다.

11주차에는 인물의 성격과 의상을 시각적 심상[2]으로 구상하게 한다. 이때 무대 배경 연출, 포스터 제작, 등장인물 의상 만들기와 같은 활동을 하는데 문학 선생님과 함께 미술 선생님이 수업을 이끌도록 한다. 10주차와 11주차에도 계속해서 시나리오는 수정 · 보완되도록 지도하고 확인하다.

12주차에는 그동안 수정 · 보완한 시나리오를 최종적으로 완성한다. 또한 시나리오에 어울리는 무대 음악을 선정하고 연주할 수 있도록 하며, 무대 배경 및 포스터도 완성할 수 있도록 한다. 특히 12주차부터 16주차까지는 모든 분야의 선생님들이 수업에 참여하여 팀티칭을 하도록 한다.

13~15주차에는 대사를 외우고 동선 등을 파악하며 시나리오의 한 장면을 시연하기 위한 연습을 한다. 이때 배경 음악과 무대 배경을 점검한다.

16주차에는 시나리오 장면을 시연한다. 이때 연기, 배경 음악, 무대 배경이 조화로운지 확인한다. 창작 공연이 잘 이루어질 수 있도록 지도한다.

지금까지 문학 기반 학교문화예술교육 프로그램의 목표, 모형, 주요 학습 내용 및 활동에 대해 살펴보았다. 16주차 동안 이루어지는 프로그램을 통해 학습자는 '문학', '음악', '미술', '연극'과 같은 다양한 분야의 수업 목표를 달성하면서 자기를 이해하고 성장할 수 있다. 궁극적으로 이를 통해 문화 역량을 함양할 수 있고 나아가 학습자의 문화적 삶의 질을 향상시킬 수 있을 것이다.

5. 결론 및 제언

융복합 교육은 교과 내, 교과 간 또는 교과와 비교과의 고유성을 넘나들면서 동시에 학문간의 유기적 결합, 관계성, 연계성, 지속성과 더불어 총체성 또한 아우르고자 하는 교육으로 이는 사회적 맥락 속에서 올바른 인성과 문제해결력을 구비한 창의적 인재 육성을 목표

---

1 입체낭독: 실제 공연을 하는 것처럼 인물에 감정이입을 하여 시연하듯이 입체적으로 낭독하는 것(전두리, 2013: 21).

2 시각적 심상구상: 글 내용을 머릿속에 상상하거나 직접 그림으로 표현하는 것(전두리, 2013: 21).

로 하는 교육이다. 이러한 측면에서 '문화'와 '예술'과 '교육'의 연계를 강조하며 예술교육을 통한 문화교육을 추구하는 문화예술교육은 그 개념만으로도 충분히 융복합 교육이라 할 수 있다. 이에 이번 연구에서는 학교에서 구현되는 이상적인 융복합 교육을 학교문화예술교육으로 보았다.

그런데 학교문화예술교육의 개념과 관련한 선행연구 및 학교문화예술교육의 운영 실태 분석을 통해 각 분야가 유기적으로 연계되지 못하고 있다는 문제점을 발견할 수 있었다. 즉 현재의 학교문화예술교육은 각 예술 분야의 특수성만을 강조하여 예술교육과의 변별력이 없이 이루어지고 있었다. 이로 인해 각 분야 간의 상호 소통과 연계가 이루어질 수 없었다. 또한 문화역량 함양이라는 목표가 부재하였으며, 학습자의 자기이해와 성장적 측면을 간과했다는 문제점도 발견할 수 있었다. 이에 문제점을 보완하여 융복합 교육으로서의 학교문화예술교육의 개념을 정립하였다. 특히 문학 기반 학교문화예술교육이란 무엇인지 '문화 역량'의 개념을 재념화하고, '문학 소통 능력'의 개념을 정립하여 이를 토대로 그 의미를 탐색하였다. 이 때 '문화, 소통, 연계'라는 핵심어를 통해 '문학, 음악, 미술, 연극' 과목의 융복합 교육으로서의 교육과정적 관련성을 밝혔다.

이번 연구에서는 융복합 교육으로서 학교문화예술교육의 개념을 밝히고, 미래 역량으로 요구되는 사회문화적 소통능력의 중요성에 착안하여 문학 기반 학교문화예술교육의 의미를 탐색하고 문학 기반 학교문화예술교육 프로그램을 설계하였다는 측면에서 의의를 찾을 수 있을 것이다. 다만 논의의 전개상 융복합 교육으로서의 학교문화예술교육의 내용체계와 구성 원리를 마련하지는 못하였다. 이에 대해서는 추후를 기약한다.

참고문헌

교육부(1997),『국어과 교육과정, 교육 고시 제1997-15호 [별책 5]』

교육부(2015),『국어과 교육과정, 교육부 고시 제2015-74호 [별책 5]』

교육부(2015),『음악과 교육과정, 교육부 고시 제2015-74호 [별책 12]』

교육부(2015),『미술과 교육과정, 교육부 고시 제2015-74호 [별책 13]』

교육부(2015),『예술 계열 전문 교과 교육과정(보통 교과 연극 과목 포함), 교육부 고시 제2015-74호 [별책 22]』

교육부(2005),『초등학교 문화예술교육 활성화 방안 연구』.

구인환 외 3인(2012),『문학교육론』, 서울: 삼지원.

김시정 · 이삼형(2012),「융복합 교육의 양상에 대한 국어교육적 접근」,『국어교육학연구』 43, 국어교육학회.

김세훈 외(2004),『문화예술교육 중장기 발전 방안』, 한국문화예술교육진흥원.

김상욱(1996),『소설 교육의 방법 연구』, 서울대학교 출판부.

김상욱(2006),「문학교육 연구방법론의 확장과 그 실제-서사텍스트의 표현능력을 중심으로」,『문학교육학』 21, 한국문학교육학회.

김선아 외(2010),『문화예술교육 핵심 용어 정립 연구』, KACES-1040-R011, 한국문화예술교육진흥원.

김선희(2009),「학습자의 문학 체험과 문학 능력」,『문학 교육』 28, 문학교육학 한국문학교육학회.

김은영(2014),『이론과 현장이 살아있는 문화예술교육』, 학이시습.

김정희 · 이주연 · 이지연(2013),「인격 형성과 학업성취도 향상을 위한 학교문화예술교육 방안」,『문화예술교육연구』 8-2 한국문화교육학회.

김창원(1997),「문학교육 연구 방법론의 비판적 검토」,『문학교육학』 1, 한국문학교육학회.

문화관광부(2006),『2006 문화예술교육 정책백서』, 문화관광부.

민경훈(2013),「우리나라 문화예술교육의 현황과 외국의 사례 고찰을 통한 역량 제고」,『예술교육연구』 11-2, 한국예술교육학회.

박미정 · 이에스더(2014),「문화예술교육에서의 통합예술치료적 접근 가능성 탐색」, 『문화예술교육연구』 9-6, 한국문화교육학회.
박만준(2010), 「지식의 융합과 마음의 문제」, 『철학연구』 113, 대한철학회.
박소연 · 홍성만 · 임채홍(2011), 「학교문화예술교육의 속성에 대한 정책 이해 관계자들의 인식 탐색」, 『문화예술교육연구』 6-4, 한국문화교육학회.
박인기(2005), 『문학을 통한 교육』, 서울: 삼지원.
박인기(2006), 「국어교육과 타 교과교육의 상호성」, 『국어교육』 120, 한국어 교육학회.
박은영(2007), 『문화예술교육 교재분석 및 개발방안 연구』, 한국문화예술교육 진흥원.
박현옥(2011), 「한국의 문화-문화예술교육을 통한 여고생의 무용 이미지」, 「신체 만족도의 변화」, 『한국사상과 문화』 59, 한국사상문화학회.
송미숙 · 김경은 · 홍애령(2014), 『문화예술교육의 이론과 실제』, RainbowBOOKS.
우한용(2009), 「문학교육의 목표이자 내용으로서의 문학능력의 개념, 교육방향」, 『문학교육학』 28, 한국문학교육학회.
이동연(2008), 『예술교육을 넘어서 열 개의 문화고원』, 한길아트.
이병준 외(2010), 『문화역량과 문화예술교육』, 교육과학사.
이인제(2009), 「핵심 역량 강조 시대의 국어 교육의 계획과 실행」, 『국어교육』 128, 한국어교육학회.
이정모(2010), 『인지과학(2판)』, 서울: 성균관대학교 출판부.
염은열(2009), 『학습자의 자기이해를 위한 문학교육 평가 방안 탐색』, 「국어교육학연구」 34, 국어교육학회.
전두리(2013), 『교육연극을 활용한 소설 정교화 읽기 연구』, 동국대학교 석사학위 논문.
전한성(2008), 「자서전적 방법을 활용한 문학교육의 평가 방법」, 『새국어교육』 80, 한국국어교육학회.
정성희(2006), 「헤스컷 교육연극이론의 구성주의적 조망」, 『한국연극학』 29, 한국연극학회.
정연희(2008), 「문화예술교육학 정립의 필요성」, 『모드니 예술』 1, 한국문화예술교육학회.
정재찬 외(2014), 『문학교육개론 Ⅰ 이론편』, 서울: 역락.

차윤경 외(2014), 『융복합교육의 이론과 실제』, 서울: 학지사.

최지현(2000), 「국어과 교육에서 정의적 교육 내용」, 『국어교육학연구』 11-1, 국어교육학회.

최지현(2006), 『문학교육과정론』, 서울: 역락.

황정현 외(2009), 『문화예술교육 교육과정 개발을 위한 기초 연구』, 한국문화예술진흥원.

Culler, J.(1975), *Structuralist Poetics*, NY : Cornell University Press.

| 찾아보기 |

ㅇ

ㅈ

ㅊ

ㅌ

ㅍ

ㅎ

국어교육학총서 9

융복합 담론과 국어교육의 만남

설계와 실천

초판 1쇄 인쇄 2016년 11월 21일
초판 1쇄 발행 2016년 11월 28일

지은이 김혜숙 외
펴낸이 박성복
펴낸곳 도서출판 월인
주소 01047 서울특별시 강북구 노해로25길 61
등록 1998년 5월 4일 제6-0364호
전화 (02) 912-5000
팩스 (02) 900-5036
홈페이지 www.worin.net
전자우편 worinnet@hanmail.net

ISBN 978-89-8477-623-4 93370

값은 뒤표지에 있습니다.